TOT 项目收益分配机制及优化

杜艳华 著

中国建筑工业出版社

图书在版编目（CIP）数据

TOT 项目收益分配机制及优化/杜艳华著. —北京：
中国建筑工业出版社，2022.9
ISBN 978-7-112-27720-9

Ⅰ.①T… Ⅱ.①杜… Ⅲ.①基础设施建设-项目-
利益分配-研究 Ⅳ.①F294

中国版本图书馆 CIP 数据核字（2022）第 143557 号

本书建立 TOT 项目收入分成合约结构均衡模型，为收入分成机制优化提供理论依据；完善影响 TOT 项目收入分成指标体系并对其量化分析；优化基于 Shapley 值收入分成模型构建方法，提升收入分成机制公平合理性；改进 Shapley 值修正方法和模糊表达式，提高收入分成机制的准确性和灵活性。全书分为 7 章及附录，主要内容包括：绪论；理论基础分析及模型构建准备；TOT 项目收入分成合约结构均衡分析；TOT 项目收入分成指标体系构建及其量化分析；基于 Shapley 值的 TOT 项目收入分成机制优化；案例分析；结论及展望。

责任编辑：辛海丽
责任校对：芦欣甜

TOT 项目收益分配机制及优化
杜艳华 著

*
中国建筑工业出版社出版、发行（北京海淀三里河路 9 号）
各地新华书店、建筑书店经销
霸州市顺浩图文科技发展有限公司制版
北京建筑工业印刷厂印刷
*
开本：787 毫米×1092 毫米 1/16 印张：11 字数：240 千字
2022 年 9 月第一版 2022 年 9 月第一次印刷
定价：**45.00** 元
ISBN 978-7-112-27720-9
（39723）

前　言

近年来，中国政府通过 TOT（Transfer-Operate-Transfer，转让-运营-移交）模式将融资平台公司存量公共服务项目转型为政府和社会资本合作项目，以减少地方政府债务，提高存量公共服务项目运营效率。TOT 项目具有合同期限长、风险大、收益不确定性较大等特点。根据案例研究资料，PPP 项目出现争议或失败，大多数因为项目收益不确定及收益分配不合理。收入分成合约在处理项目收益不确定方面具有较高的效率和灵活性，因此，设计一个公平合理、灵活的收入分成机制是解决项目收入不确定、收入分配不合理及提高 TOT 项目效率的关键问题。

然而，目前关于 TOT 项目收入分成合约效率和 TOT 项目收入不确定引发的收入分配合理性研究存在一些不足。受到收入分成合约理论和近年来 Shapley 值法在动态联盟收益分配应用的启发，其为 TOT 项目效率提升、收入分配机制公平灵活性的提高提供了新的分析视角和思路。基于此，本书对以下几点工作开展了深入探索和研究。

（1）建立 TOT 项目收入分成合约结构均衡模型，为收入分成机制优化提供理论依据。首先，根据收入分成合约理论，分析 TOT 项目收入分成合约结构内涵；其次，分别构建 TOT 项目收入分成合约结构均衡代数模型和几何模型，两个模型均衡解一致，且均表明均衡条件下 TOT 项目达到效率最优和参与方收入最大；最后，拓展假设条件，构建固定回报加收入分成合约结构均衡模型，为该合约模式下 TOT 项目效率的提升和收入分配公平与效率的提高提供理论依据。

（2）完善影响 TOT 项目收入分成指标体系并对其量化分析。首先，梳理 2010 年后相关文献，初步确定影响因素；其次，设计影响指标重要性调查问卷，并根据调查结果采用灰色关联度筛选关键指标，根据收入分成公式的机理，完善指标选择依据，构建指标体系；最后，进行指标体系量化分析，为 TOT 项目收入分成机制优化路径做准备。

（3）优化基于 Shapley 值收入分成模型构建方法，提升收入分成机制公平合理性。本书采用双重模糊及多权重等方法对 Shapley 值进行系统改进，然后把各参与方修正 Shapley 值归一化创建参与方收入分成比例函数，进而构建系统修正 Shapley 值的 TOT 项目收入分成模型及供求非均衡系统修正 Shapley 值的 TOT 项目收入分成模型。收入分成机制公平合理性提升体现在以下三个方面：①不确定占比与边际贡献率负相关，改进了不确定占比与边际贡献率一致的弊端。②确立运营绩效与收入分成的多层次关系，例如运营绩效不确定与项目收入不确定、参与方收入分成不确定正相关；参与方相对运营绩效与其收入分成比例正相关；相对运营绩效与不确定占比负相关等多层次关系；优化了多权重区间 Shapley 值修正法中影响因素与收入分成及其不确定占比之间简单线性关系。③相对合作迫切系数与不确定占比负相关，体现让利与风险责任关系，表达了合作联盟需求非均衡时合作迫切程度与收入分成关系的合理性。

（4）改进 Shapley 值修正方法和模糊表达式，提高收入分成机制的准确性和灵活性。①采用双重模糊 Shapley 值解决综合影响机理不同的不确定因素模糊 Shapley 值函数构建难题，提升收入分成模型与实际拟合度。②简化并优化资源投入比例修正系数与收入分成的关联，提升资源投入比例对收入分成影响的合理性。③通过三角模糊结构元表达式，构建弹性收入分成比例，合理地分散参与方风险。④改进模糊数计算规则，修正模糊区间端点估算不足的问题。⑤模糊函数采用三角模糊结构元表达式，完善收入分成机制合同设计阶段动态预测功能，实现合同执行阶段精准动态收入分配功能，并把预测功能和收入分配功能纳入同一收入分成模型。

目　　录

第1章

绪 论

1.1 研究背景及意义

1.1.1 研究背景

1. 存量基础设施项目市场化需求较大

在预算限制、效率低下的情况下，世界许多国家政府都试图利用私营部门的专业知识和资金[1~3]，通过公私合作伙伴关系（Public-Private Partnership，PPP）提供基础设施服务。随着中国深入改革和世界各国改革开放，国内社会资本在中国基础设施领域发展迅速，并逐步走向世界，为中国和世界的经济发展带来新的力量。2014～2018年，中国各级政府共签约4642个PPP项目，总投资规模69.51万亿元，PPP模式已经成为基础设施投资的主要模式[4]。PPP模式是一种明确参与方权利、责任和利益分配，以及项目剩余合理分配的合约关系[5]，其强调政府和社会资本共同分担投资、收入和风险[6]。TOT（Transfer-Operate-Transfer，转让-运营-移交）项目是存量PPP项目市场化常见模式之一（表1-1），即把已建成的基础设施项目通过社会资本参与运营进行市场化，相对于其他PPP项目少了建设环节，为BOT（Built-Operate-Transfer，建设-运营-转让）项目的拓展模式。随着PPP项目在世界范围广泛应用，存量项目市场化需求较大，TOT项目有较大的增长，1994～2013年TOT项目数量占PPP项目总数的10.2%[2]。国内TOT项目在政策支持下，发展速度迅猛。在首批示范的30个PPP项目中，存量项目22个，占比73.33%（财金［2014］112号）。

2. TOT模式为存量基础设施项目市场化常用方式

近年来，国内通过TOT模式将融资平台公司存量公共服务项目转型为政府和社会资本合作项目，引入社会资本参与改造和运营（国办发［2015］42号），以减少地方政府债务，提高存量公共服务项目的运营效率。从2014年起，国务院、国家发展和改革委员会、财政部政府与社会资本合作中心多次出台相应的政策对存量PPP项目市场化工作进行指导和规范。其中《国务院关于创新重点领域投融资机制鼓励社会投资的指导意见》（国发

〔2014〕60号）的第十二条指出：政府可采用委托经营或TOT等方式，将已经建成的市政基础设施项目转交给社会资本运营管理。《关于在公共服务领域推广政府和社会资本合作模式指导意见》（国办发〔2015〕42号）第十三条提出要积极运用TOT、改建-运营-移交（ROT）等方式，将融资平台公司存量公共服务项目转型为政府和社会资本合作项目，引入社会资本参与改造和运营，化解地方政府性债务风险。随后，相关部门根据国务院关于存量项目转为PPP项目的指导意见，发布了一些相关政策。国务院及相关部门关于存量公共服务项目转为PPP项目的相关政策详见表1-2。

财政部政府和社会资本合作中心PPP项目集萃模块典型存量项目　　　　表1-1

项目名称	项目建设性质	运作模式	回报机制	股权结构（%）		合作年限
				政府	社会资本	
张家口桥西区集中供热PPP项目	存量	TOT	使用者付费	10	90	25
徐州市骆马湖水源地及原水管线PPP项目	存量	TOT	政府付费	26	74	30
江苏省南京市城东污水处理厂和仙林污水处理厂PPP项目	存量	TOT	政府付费	25	75	30
河北省唐山市唐山大剧院PPP项目	存量	TOT	可行性缺口补助	0	100	10
平顶山市区污水处理厂PPP项目	存量	TOT	可行性缺口补助	—	—	30
济源市公共存量PPP项目	存量	TOT	可行性缺口补助	1	99	30
玉溪市澄江县城镇供排水及垃圾收集处置PPP项目	存量	TOT+ROT	可行性缺口补助	20	80	25
安徽省滁州市凤阳县县域农村生活污水处理工程PPP项目	存量+新建	TOT+BOT	政府付费	10	90	22
沧州市河间市环卫服务市场化PPP项目	存量+新建	TOT+ROT+BOT	政府付费	0	100	25
山西省农谷园区及配套设施建设工程PPP项目	存量+新建	TOT+BOT	可行性缺口补助	25	75	10
贵州省习水县农村环境综合整治PPP项目	存量+新建	TOT+BOT	可行性缺口补助	10	90	20
山东省威海市荣成市固废综合处理和应用产业园	存量+新建	TOT+BOT	使用者付费	—	—	28
长沙市地下综合管廊试点建设PPP项目	存量+新建	TOT+BOT	可行性缺口补助	34	66	3+25
江苏省徐州市沛县供水PPP项目	存量+新建	TOT+BOT	可行性缺口补助	10	90	3+27
安徽省池州市主城区污水处理及市政排水设施PPP项目	存量+新建	TOT+BOT	政府付费	20	80	26
四平市地下综合管廊PPP项目	存量+新建	TOT+BOT	可行性缺口补助	20	80	30
驻马店市中心城区雨污分流（PPP）工程	存量+新建	TOT+BOT	政府付费	0	100	20
南水北调登封供水工程PPP项目	存量+新建	TOT+BOT+O&M	可行性缺口补助	20	80	30

国务院及相关部门关于存量公共服务项目转为 PPP 项目相关政策　　　表 1-2

文件	编号	鼓励存量项目转为 PPP 模式条文	"优先选择有收入机制、现金流稳定项目"相关条文
《国务院关于创新重点领域投融资机制鼓励社会投资的指导意见》	国发[2014]60 号	政府可采用委托经营或转让-运营-移交(TOT)等方式,将已经建成的市政基础设施项目转交给社会资本运营管理	
《关于在公共服务领域推广政府和社会资本合作模式指导意见》	国办发[2015]42 号	积极运用转让-运营-移交(TOT)、改建-运营-移交(ROT)等方式,将融资平台公司存量公共服务项目转型为政府和社会资本合作项目,引入社会资本参与改造和运营,在征得债权人同意的前提下,将政府性债务转换为非政府性债务,减轻地方政府的债务压力	
《关于市政公用领域开展政府和社会资本合作项目推介工作的通知》	财建[2015]29 号	坚持存量项目为主,为缓解地方债务风险,当前重点推进符合条件的存量项目按 PPP 模式改造。对地方政府自建自管的存量项目,可优先考虑按照 PPP 模式转型	以使用者付费项目为主,优先选择收费定价机制透明、有稳定现金流的市政公用项目
《关于推进水污染防治领域政府和社会资本合作的实施意见》	财建[2015]90 号	水污染防治领域推广运用 PPP 模式以费价机制透明合理、现金流支撑能力相对较强的存量项目为主	以费价机制透明合理、现金流支撑能力相对较强的存量项目为主
《国家发展改革委关于鼓励民间资本参与政府和社会资本合作(PPP)项目的指导意见》	发改投资[2017]2059 号	鼓励民营企业运用 PPP 模式盘活存量资产	鼓励多采用转让项目的经营权、收费权等方式盘活存量资产,降低转让难度,提高盘活效率
《财政部 住房城乡建设部 农业部 环境保护部关于政府参与的污水、垃圾处理项目全面实施 PPP 模式的通知》	财建[2017]455 号	有序推进存量项目转型为 PPP 模式	
《文化和旅游部 财政部关于在旅游领域推广政府和社会资本合作模式的指导意见》	文旅旅发[2018]3 号		优先支持符合本意见要求的全国优选旅游项目、旅游扶贫贷款项目等存量项目转化为旅游 PPP 项目

显然,国务院及相关部门鼓励采用 TOT/ROT 模式对存量基础设施项目市场化,并提出了明确的方向和指导意见,以减少地方政府性债务,提高存量基础设施项目的运营效率。表 1-1 中政策相关条文显示,TOT 模式一般适用于有长期且稳定现金流的存量建设项目,政府部门通过对有收费补偿机制的存量设施经营权转让,即通过出售现有投产项目在一定期限内的现金流量,从而获得资金用于新建项目或者在征得债权人同意的前提下,将政府性债务转换为非政府性债务,减轻地方政府债务压力,化解地方政府债务[7,8]。国内 TOT 模式常用在例如水电[9]、交通[10]、污水处理[11,12]、垃圾处理等基础设施领域。根据项目区分理论,这些项目均为经营性 TOT 项目,本书也将以经营性 TOT 项目为研

究对象，以下简称 TOT 项目。

3. 项目实践经验启示

PPP 项目的快速发展为国内 TOT 项目的实施提供了成功经验。同时，失败的 PPP 项目案例也为我们提供了警示和教训。根据世界银行 PPI 数据库统计，1990～2017 年间，139 个中低收入国家的 7852 个 PPP 项目中失败或取消的项目共计 542 个[13]。TOT 项目作为 PPP 项目一类，具有合同期限长、风险大、收益不确定性较大的特点，受项目风险以及参与者运营绩效未达预期的影响，项目实际内部收益率或者收入将偏离预期。张炳根等[14]（2018）通过对搜集到的 20 个出现争议或失败的 PPP 项目分析，发现 70% 的 PPP 项目出现争议或失败是项目收益不确定引起的。当 PPP 项目收入或内部收益率低于预期时，社会资本方将因不能收回投资而引发重新谈判，或者政府将因最低收益担保而增加政府债务风险[15]，甚至项目失败[16]。在世界范围内，因争议引起合同重新谈判的 PPP 项目非常普遍[17,18]，解决方案的成本特别高[19,20]。同时，较高的特许经营合同重新谈判概率，降低了社会资本方对基础设施的投资意向，减缓了基础设施的发展速度[21]。政府为了挽救陷入财务危机的 PPP 项目而带来高频率的重新谈判，甚至将引发社会资本方利用重新谈判获得收益的机会主义[13,22]。可见，收入低于预期是 PPP 合同重新谈判或项目失败的主要原因之一[23]。例如，南京长江三桥项目、天津双港垃圾焚烧发电厂项目、京通高速公路项目、山东中华发电项目、沈阳第九水厂、长春汇津污水处理杭州湾跨海大桥等项目[16,24]。

此外，收入分配不合理引发项目争议甚至失败。当项目收入及其内部收益率大于预期时，超额收益分配不合理将导致利益相关者利益非均衡而引发一系列问题；甚至导致社会冲突，从而阻碍城市更新的实施[25]。例如，首都机场高速公路、广州李坑垃圾焚烧发电厂、鑫远闽江四桥、泉州刺桐大桥等项目由于出现暴利而未给出合理的分配方案；廉江中法供水厂、大场水厂、北京第十水厂等项目因信息不对称造成政府付费项目定价过高而引起巨大争议[24]，由此带来政府与企业争利、违约、公众反对等一系列问题[26]。

1.1.2 研究意义

通过背景分析，存量基础设施项目市场化较大的需求为本书提供了研究土壤及理论结合实践的机会，使研究更具有现实意义。为了推进 TOT 模式快速稳定地发展，面对 TOT/PPP 项目实践中存在收入不确定性大及收入分配不合理的问题，构建灵活且公平合理的收入分成机制对提升社会资本方投资 TOT 项目的积极性、减少社会资本方收入不确定风险、降低政府方因最低担保引发政府性债务风险、提高 TOT 项目运营效率、促进存量基础设施项目通过 TOT 模式市场化具有较大的现实意义，具体主要为以下四个方面。

1. 优化 TOT 项目资源配置，提高 TOT 项目效率

面对存量基础设施等项目运营效率较低的问题，政府部门鼓励通过 TOT 模式，利用

市场优化项目资源配置，提升项目效率。通常情况下 PPP/TOT 项目合约模式主要有固定价格合同、收入分成合同和固定价格加收入分成合同[27]。对于收入不确定性大的 TOT 项目，一般选择灵活的合同模式[28]，收入分成合约因具有灵活性[29] 和更高的效率[30,31] 而在 TOT/PPP 项目中广泛应用[31,32]。合约结构决定资源配置效率，本文将通过收入分成合约结构的优化，促进 TOT 项目资源配置改善，提高项目运行效率，推动存量项目市场化平稳发展。

2. 提升收入分成公平合理性，激励社会资本投资 TOT 项目积极性

TOT 项目本质为一项达成政府方和社会资本方之间关于基础设施项目收入分成方案。社会资本方并非慈善机构，要求合理的投资回报[35]；而政府方则希望通过 PPP/TOT 项目满足公众需求和社会利益[36,37]，同时减少地方政府性债务或者政府补贴。政府方关注财政绩效及公共需求的满足程度，社会资本方关注基础设施项目回报和资本效率，双方利益诉求呈现巨大差异。因此，公平合理的收益分配成为项目成功实施的关键性因素，也是保证政府和社会资本方良好的合作关系，解决利益冲突的有效途径之一，为实现项目效率提供保障[33,34]。本书将根据 TOT 项目收入分成合约结构均衡内涵以及收入分成的影响因素，构建一个与收入不确定、运营绩效水平、资源投入及合作迫切程度相匹配的收入分成机制，体现其公平合理性，激励和提高社会资本方参与 TOT 项目的积极性。

3. 合理分散参与方收入风险，减少政府担保的债务风险

TOT 项目具有合同期限长、风险大，收益不确定等特点，其对合同灵活性和适应性的需求远远大于传统项目采购[17,38]。很多学者针对项目收益不确定而调整特许经营期、特许权费用、产品或服务价格等几个关键变量达到双方收益新的平衡[39~41]，成果丰富。但上述方法需要对项目已经实现的收益和未来的收益重新进行评估，增加双方决策成本[26]。此外，一些学者提出政府部门通过提供最低收入担保[15,42~44] 鼓励社会资本方积极参与。同时，为了防止社会资本方暴利而规定最高收入上限，超过最高收入上限的收益为超额收益[27,45]。也有学者认为，可通过降低项目收费标准、增加纳税防止社会资本方暴利[42]，而最低收入下限、最高收入上限及超额收益分成比例是上述模式中双方争论的焦点。政府提供担保增加了政府补贴支出和债务的风险[15]，这与政府减少补贴支出或者债务的目的相违背，也与目前相关政策文件规定"不允许政府以任何方式向社会资本方提供兜底保障"相左。本书拟构建一个具有弹性收入分成、合理分散参与方收入不确定的收入分成机制，降低社会资本方收入风险，取消政府最低收入担保或者补贴，减少政府补贴支出或者债务风险。

4. 完善 TOT 项目收入分成合约理论研究

很多学者对 TOT 项目收入分成合约结构中关键参数，例如特许经营期、特许权使用费的确定进行了研究。大多数学者以净现值法[46]、仿真模拟[47]、议价博弈理论[48~50]、实物期权法[51,52]、拍卖理论[53] 等进行优化和调整特许经营期，采用拍卖理论[54]、讨价还价博弈模型[55]、实物期权[9,43]、重置成本法/收益现值法[11,56] 确定特许经营权价值/价格。大部分文献通过单个因素变动平衡政府方和社会资本方之间的利益，但对于政府方参与 TOT 项目投资时的特许权费用、特许经营期、双方收入分成比例的确定研究不足。TOT 项目是以企业模式运营，政府方和社会资本方之间为合作伙伴关系，强调政府方和社会资本方共同分担风险、投资和收益[38,56]。因此，把项目资产和非项目资产投资作为两种生产要素，从企业生产理论的角度，探索特许经营期、特许经营权价格、参与方收入分配之间的均衡关系及均衡时项目效率，参与方收益分配公平与效率实至名归。因此，TOT 项目收入分成合约结构均衡模型，既填补了 TOT 项目收入分成合约理论的空白，又为本书研究后续提供理论支持。

1.2　国内外研究现状

1.2.1　收入分成合约在 TOT 项目中的应用

收入分成合约或分成思想在 PPP 项目中应用广泛。PPP 项目合同是一项达成政府和私营部门之间收入分成的方案[32]，很多 PPP 项目合同采用收入分成合约（RSC）[30,32] 或者合同中包含收入分成条款[28]。魏学成[57]（2008）、Abhishek 等[31]（2013）认为，PPP 项目常用的收益分配模式为产出分享模式和固定支付模式两种。PPP 模式强调风险共担、利润共享，因此通常情况下采用产出分享模式，即收入分成模式。产品分成合约为收入分成合约的初始模式，例如，上游石油行业[58~60]、天然气行业[61] 大多采用产品分成合约，私人通过石油/天然气等产品分成收回成本、赚取利润，东道国也获得部分利润。Wang 等[27]（2015）把收入分成条款应用在 PPP 项目中的超额收益分配。Qian 等[62]（2014）、Shang 等[63]（2015）采用节能效益共享合约对 EPC 项目节能效益进行分配。国内利用 TOT 项目收入分成回收特许经营费的思路较早，例如刘晓君等[64]（2004）提出若政府方以 TOT 模式无偿将存量项目设施的经营权转让，则政府方将以一个逐渐递增的分成比例分享该社会资本方拟建的 BOT 项目未来的运营收益。

一方面，收入分成合约更有效率是其在 PPP 项目中广泛应用的原因之一。Qian 等[65]（2013）把收入分成合约用于解决乳制品供应链中不平衡的利润分配证明收益分成合同是有效和可取的。Sheu[66]（2011）、Song 等[67]（2018）等采用博弈方法分析供应商和零售商之间的收入分成合约，采用收入分成合约的渠道总利润大于未采用的渠道总利润，得出收入分成合约更有效率。Lippman 等[30]（2013）利用纳什议价方法建立模型得出成本加酬金合同优于所有其他成本分担合同。Abhishek[31]（2013）利用委托代理理论对资源开发行业通过拍卖模式考察不同类型合约效率，发现以一定比例的损益共享合约比一次性固定支付合约具有更高的预期总收入。

另一方面，收入分成合约具有较大的灵活性也是其广泛应用在 PPP 项目中的主要原因之一。合约关系适当的灵活性有助于提高参与方在长期项目中的收益[68]，对解决 PPP 项目不确定问题很重要[42,69]。在收入分成合约中，分成比例与特许经营费用、特许经营期、社会资本投资额度紧密相关，也包含了一些风险分配[70]。收入分成合约在一定程度上把需求风险通过收入分配机制在政府方和社会资本方之间合理分配，与固定收入合约相比具有较大的灵活性。

综上，收入分成合约在 PPP 项目中广泛存在，收入分成合约在上游石油行业、供应链、EPC 项目和超额收益分配方面应用较广，与其他合约模式相比显示了其高效率，但是其在 TOT 项目应用及研究较少。关于 TOT 项目收入分成合约效率及其灵活性的研究还存在以下问题：（1）很多文献从实践结果对比得出收入分成合约更有效率，而较少从理论上证明该模式更有效率。（2）收入分成合约的灵活性体现在哪些方面有待明确。（3）较少分析特许经营期与 TOT 项目寿命周期的关系。以上问题显示目前对 TOT 项目收入分成合约的研究存在理论方面的不足。

1.2.2　TOT 项目收入分成合约结构

PPP 项目合同性质和合同结构决定其合同条款和利益分配[58]，关系到 PPP 项目成败。收入分成合约结构为生产要素使用权的转让与界定，以及收入权的分配。TOT 项目收入分成合约结构主要为参与方投入生产要素使用权的转让和界定，主要涉及 TOT 项目固定资产使用权的转让和界定，即 TOT 项目资产转让的特许权费用和特许经营期的确定以及与之对应的参与方的收入分成。TOT 项目特许经营权价格为政府方收入，同时也是社会资本方投入。TOT 项目特许经营期、特许权费用的确定是其实施的关键条件[46,49]。一般特许权价格越高，特许经营期越长。下面分别从特许经营权价格既定和特许经营期既定的情况下，综述 TOT 项目收入分成合约结构关键参数之间的关系。

1. 特许经营期与其他关键参数的确定

TOT 项目特许经营期本质上是指既定特许经营者获得合理内部收益率的收益所需要的运营时间[71]。根据净现值法，特许权价格为项目公司期初投入，项目特许经营期为按照行业平均折现率或者社会资本方合理内部收益率，项目净现值为零的时点，即工程经济学中的动态投资回收期。若特许经营权价格既定，特许经营期的长短是影响产品或者服务费用的重要变量。王岭[54]（2012）设计出包含水务价格和特许经营期的拍卖机制，得出特许经营期与建设成本和竞拍企业的机会成本同方向变化；特许经营期与特许经营企业年收入反方向变化的结论。Krüger[51]（2012）采用实物期权的方法，考虑不确定性对特许经营期的影响，看跌期权下特许经营期延长；看涨期权下特许经营期缩短。Niu 等[72]（2013）通过三个关键因素，即服务收费、基础设施容量和特许经营期来优化双目标，研究结果发现运营成本是影响特许经营期最佳长度和基础设施服务质量的关键变量。Zhang

X 等[73]（2016）认为，不确定性、社会收益和成本对 BOT 项目产品价格定价、收益分配、成本以及评估潜在可分配的现金流量至关重要，将影响特许经营期的估算。Ma G 等[52]（2018）基于期权价值和风险分担构建了 PPP 项目特许经营期模型。污水处理价格既定时，相对于单纯净现值法，若同时考虑政府最低担保和期权价值，特许经营期更长，政府负担较小；若仅选择政府担保，那么特许经营期更短。Feng Ke 等[49,50]（2018、2019）等利用讨价还价博弈模型，通过特许经营期平衡政府方和社会资本方之间的利益分配。结果表明风险利率、初始投资、预留效用等因素与最优特许经营期正相关，私募股权投资比例、收费费率与最优特许经营期负相关。

此外，特许经营价格既定，若特许经营期过短，社会资本方因无法收回投资而放弃参与，或者需要政府高额补贴，又或者需提高服务收费标准而最终将风险转嫁给使用者；若特许经营期过长，政府方因国有资产保值受影响将选择其他社会资本方或者要求合理收益回报。因此，特许经营期是调节参与方利益的一个重要指标。一方面，政府方可以通过延长特许经营期补偿社会资本方的收益不足；高颖等[74]（2014）针对 PPP 项目运营过程中意外事件需要政府给予社会资本方补偿情况下，构建特许经营期延长机制实现了社会资本方收入改进。另一方面，提前终止特许经营期的项目，需要政府方给予一定补偿[75]。张红平[76]（2018）根据 PPP 项目特许经营期提前终止的不同原因，创建了不同的补偿模型。若政府方原因引起特许经营期提前终止，结合项目终止前的绩效水平构建了基于剩余经营权价值的补偿模型。非政府方原因引起特许经营期提前终止，则根据项目资产价值，建立了基于实物资产重置价值的补偿模型。

2. 特许经营权价格与其他参数关系

理论上，根据净现值法，特许经营权价值/价格为既定特许经营期内按照合理的内部收益率折现的项目净现值，又称特许经营权使用费、特许经营权费用等，是社会资本方为获得 TOT 项目一定时期内的特许经营权而支付的费用。TOT 项目特许经营权价格是该项目特许经营合同非常重要的参数，决定该项目能否顺利转让以及项目公司在运营期能否获得合理的收益[41]。经营权价值/价格的确定方法主要有成本法、收益法，以及讨价还价博弈模型等。对于非经营性 TOT 项目，一般采用重置成本法确定其经营权价值/价格；对于经营性 TOT 项目，一般采用收益现值法确定其经营权价值/价格。特许经营权价值是其转让价格的基础，肖明等[77]（2010）针对钢铁污水 TOT 项目投资大、工期长、不确定因素多等特点，通过期权定价法对 TOT 项目经营权价格进行评估。贾乃莹[11]（2013）、曹俊峰[10]（2014）采用收益法评估高速公路 TOT 项目特许经营权价值，并采用讨价还价博弈模型确定其经营权转让价格。Kang[32] 等（2011）认为特许经营权价格谈判过程是特许权合同众多关键谈判条件之一，并建立了确立特许权使用费双层规划模型，且采用启发式算法，在该模型和算法中考虑了双方的优惠率、学习效率和资金时间价值等因素确定特许经营权使用费。

　　既定特许经营期下，未来预测收益额越高，特许经营权价值/价格越高。邢秀凤[78]（2006）认为，既定特许经营期下 TOT 污水处理项目中污水处理单价的高低会影响经营权转让定价，同样经营权价格的高低也会影响污水处理单价。既定特许经营期下，若经营权转让价格确定，那么污水处理单价就是标的，反之亦然。王岭[54]（2012）认为，TOT 项目特许经营期、产品/服务价格既定情况下，特许经营权转让价格与特许经营期、供水价格或污水处理费、日供水或污水处理量呈同方向变化；但与运营和维护成本、筹资成本、质量属性相关的成本呈反方向变化；若 TOT 水务项目特许经营期和特许经营权价格确定的情况下，水务单价即为标的，决定特许经营者收益高低。此外，既定特许经营期、特许经营权价格下，社会资本方收入与产品或者服务的价格正相关。若收入低于预期，特许经营者将试图通过提高产品或者服务价格收回投资[79]。

　　以上文献从不同角度对 TOT/PPP 项目特许经营期与其他因素之间的关系进行研究，大多数文献在 TOT 项目合约单一因素优化方面进行了深入研究，例如其他条件既定，特许经营期或特许权费用的确定取得了很大进展；也有部分学者讨论了某类别 TOT 项目特许经营权转让价格和特许经营期、服务价格、运营维护成本、筹资成本之间的关系。还有学者从 BOT 交通项目探讨特许经营期、收入价格、道路质量、道路通行能力之间的关系。但是，以上文献研究也存在以下几个问题：（1）大多数文献针对合约结构某一关键参数优化平衡参与方利益，而对系统性平衡参与方利益考虑不足。（2）大多数文献基于 TOT 项目期初由社会资本方一次性支付特许经营权费用，较少以政府方和社会资本方共同投资经营的 TOT 项目为研究对象，考察双方如何共享收益、共担风险。（3）通常把政府方和社会资本方的利益对立而对其合作关系关注不够。（4）较少学者从经济理论角度对项目效率及收益分配研究，例如把项目资产和非项目资产投入抽象为项目运营的两种基本生产要素，从企业生产理论角度根据项目产出最大化和要素收益最大化确定特许经营期、特许经营权费用以及两种基本生产要素收入分配的问题。

1.2.3　TOT 项目收益分配主要影响因素

　　TOT 项目收益分配是其收入分成合约结构的关键内容。从收入分成合约结构看，影响生产要素收入分成的主要为生产要素使用权的转让与界定。从企业生产理论看，主要为生产要素投入额、生产要素价格、生产要素边际贡献等。Peng 等[80]（2014）认为，成本、风险和利润是 PPP 项目合同中三个主要条款。下面对 PPP/TOT 项目收益分配主要影响因素进行梳理。

1. 投入比例和贡献度

　　PPP 项目中政府方和社会资本方的出资额及其贡献为影响收益分配机制的两大方面[81]。许多学者认为投资比例、合同执行度/努力水平[27,82] 和突发事件贡献度作为收入分配的关键影响因素[83~87]。也有学者把双方创新性努力[85,88]，相互满意度[89,90] 等作为收入分配的影响因素。文献研究表明投资比例、风险分担比例、合同执行度和突发事件贡献度通常作为收入分配的影响因素，且得到大部分学者的认可。

2. 风险分担对收益分配的影响

合作各方契约精神、合理的利益共享和风险分担机制是 PPP 项目成功的关键[91~93]。风险分担被视为 PPP 项目中合作伙伴之间收益平衡的一种方式[94]。在 PPP 项目执行阶段，合理的风险分担是提高 PPP 项目效率的关键[95]，关系到政府方在经济和社会效益之间的平衡[96]。政府应该追求风险、成本和收益的最优分配，而不是最大限度地向社会资本方转移风险或争取最高的前期特许费[28,36]。Iossa 等[17]（2015）认为，政府方与社会资本方之间的需求风险分配是 PPP 合同的一个关键，而承担风险的补偿机制是需求风险进行分配的手段之一。Peng Y[80]（2014）认为，PPP 项目利润分配取决于投资比例和风险承担水平。Wang Y 等[82]（2016）基于主成分理论建立了项目参与人的风险分配模型，得出风险分担率与投资者的利他偏好、预期收益、成本和努力程度有关。王颖林等[3]（2019）构建了基于公平偏好理论的 PPP 项目收益风险分配模型，收益分配应与公私双方风险分担比例相对应。以上文献研究表明中外大多数学者关于风险分担对收益分配影响观点是一致的，风险分担关系到承担者成本、双方利益平衡以及项目效率，合理风险分担是保障 TOT 项目效率的关键之一[96]。鉴于风险分担对项目效率和参与方收益分配的影响，公平合理的 TOT 项目收入分成机制需考虑风险分担因素对收益分配的影响。

3. 不确定性对收益分配的影响

PPP 项目最终产出受到各种外部不确定性影响[37]。不确定性对 PPP 项目产品价格定价、潜在收益、成本以及参与方收益分配至关重要[73]。Scandizzo 等[55]（2010）通过实物期权理论解决 PPP 项目合同不确定性和不可逆性对特许经营期和特许权费用的影响。对于项目不确定问题，一般通过政府补贴机制、政府担保机制、收益分配机制、价格调整机制、特许期调整机制、退出机制和再谈判机制等方式，实现 PPP 项目在特许经营期间政府方和社会资本方利益的动态调节[97]。

国外相关研究：Albalate 等[40]（2009）根据交通项目流量不确定性，提出可变特许经营期合同，即特许经营期长短将根据交通项目流量进行调整。Hanaoka 等[47]（2012）考虑风险影响，利用蒙特卡罗模拟法和讨价还价博弈理论确定合理的特许期区间，区间内任何点都是合理的特许权期限，对于政府和社会资本方都是有利的，形成了弹性特许经营期，具体特许经营期由双方谈判能力确定。Xu Y 等[41]（2012）针对风险因素对特许权价格的影响，提出特许权价格调整模型。该模型中，政府确定具有一定置信水平的特许权价格，以确保私人投资者获得预期内部收益率，并有助于政府和私营部门就 PPP 高速公路项目收费方案达成共识。

国内相关研究：宋波等[98]（2011）针对需求市场波动，提出了市场高、中、低需求情况下 PPP 项目产品定价机制，通过不同的市场情况给出产品定价策略。Engel 等[39]

（2001）基于"收入最小现值"法提出可变期限特许合同的机制，该机制中根据需求量变动，以收入现值等于社会资本方投资的时点为特许期，随后该方法成了调整政府方和社会资本方利益的常用方法。宋金波等[99]（2013a）通过对国外典型 BOT 项目案例研究，面对项目收益不确定性，提出单一收益约束模式、多重收益约束模式和中间谈判模式三种弹性特许期决策模式，但是都面临对项目收益监管难度较高的问题。宋金波等[100]（2013b）针对垃圾焚烧发电项目中垃圾热值变化和垃圾处理量变化，应用蒙特卡罗方法对垃圾焚烧发电项目运营收入、运营成本与净现值预测模拟，求出合理特许经营期。王茜[101]（2015）利用蒙特卡洛模拟法对关键不确定影响因素发生概率和变动情况进行处理，采用净现值法根据双方可接受的最大和最小贴现率计算特许经营期范围。

国内外学者研究成果表明项目收入不确定对参与方的收益分配影响较大，灵活的收入分成机制需要考虑项目收入不确定性。

4. 合作关系

除了上述常见的影响因素之外，PPP 项目绩效的提高依赖于各利益相关者之间的合作和支持[102]，长期的合作关系对收益分成比例有较大影响。一些学者对政府方与社会资本方之间的合作关系如何影响收益分配进行了研究。任意一方不合作态度皆影响到合作关系的成功，牛耘诗等[13]（2018）对国际上 15 个典型失败案例进行研究，其中 8 个案例出现了参与方不愿合作。高雨萌等[103]（2017）对德里机场快线失败案例分析，得出双方合作意识薄弱及最后合作关系破裂是导致项目失败的根本原因。Scandizzo 等[55]（2010）认为，政府方和社会资本方之间的相互影响对合同成败至关重要，并利用实物期权理论建立模型，通过政府方和社会资本方之间议价，同时考虑风险分担和双方关系互动对利益平衡的影响，就合同长度和特许权费用达成协议，以解决合同的不确定性和利益平衡问题。Lahdenperä[104]（2010）提出在收益分成和失败分担合同中，雇主与承包商更好地考虑彼此观点才能更有效地合作。胡云鹏等[105]（2018）认为，PPP 项目成功主要取决于项目各参与方满意程度，并以政府方、社会资本方和轨道交通使用者（乘客）的利益诉求为关注点，建立动态利益调整模型，使项目参与方满意。

以上研究显示，公平、合理的收益分配是保证政府方和社会资本方双方良好合作关系、实现项目效率的基础[33]，因此合理的收入分成机制需要考虑合作关系的影响，例如，采用政府方和社会资本方双方相互满意度指标体现合作关系对收入分成的影响。

5. 公平

仅关注 PPP 项目效率而忽视项目剩余分配的公平不利于项目的顺利实施[106]。李启明等[107]（2010）考虑效率与公平，构建基于三方满意的动态调价机制，以寻求实现政府、私营企业与公众三方满意的利益平衡机制。Wang 等[27]（2015）把公平偏好理论与传统委托代理模型相结合，建立基于收入不平等厌恶模型（S 模型），并把公平偏好应用在确定超额收益分配比例的激励模型中，结果显示超额收益分配比例与投资者公平偏好和努力成本系数有关。李祎等[108]（2017）认为，收益贴现率与地位不对称性程度是影响PPP项目超额收益分配结果的关键，政府部门通过地位非对称性占有了部分社会资本方超额收益，即政府方实际超额收益比例大于名义上应该的超额收益比例，可见政府方和社会资本方合作中双方权利和规则是否公平对收益分配影响较大。王永祥等[109]（2017）发现，社会资本方在追求收益时关注收益分配是否公平，因而将互惠偏好引入收益分配模型，建立有效的政府激励机制，以调动社会资本方积极性。吴思材等[33]（2018）为了保障收益分配的公平性，构建了基于公平导向的剩余收益分配模型。对于市场需求不足造成的损失，政府方向社会资本方提供补偿；在市场需求高于预期时，政府方和社会资本方按照收益分配模型确定的收入分配比例合理分配PPP项目剩余收益。王颖林等[3]（2019）在委托代理理论基础上，提出基于公平偏好理论的PPP项目收益风险分配机制。

基于学者研究成果及目前相关政策，对于风险分配，一方面要减少政府保障额度较大引起的政府财政负担和社会资本方投机心理；另一方面要降低由于政府风险分担比例过低而影响社会资本方投资的积极性。如1.1节中所述很多项目失败的原因为收益分配不合理。收益及风险分配的公平合理是项目效率的保障，因此，公平合理性是收入分成机制设计的目标，也是提升项目效率的保障。

以上研究表明，收益分配是TOT项目合同的核心部分，是关于TOT项目研究热点之一，文献从多维度探索了收益分配的影响因素。通过梳理，收入分成的关键影响因素主要有以下五个方面：（1）投入比例及运营绩效。生产要素投入、贡献（运营绩效）与收入分成比例相关基本达成共识，且与企业生产理论吻合。（2）风险分担比例。风险分担是TOT项目关键特点之一，TOT项目风险较大，风险承担者需要投入较大的人财物等资源进行风险管理和承担风险后果。可见，风险分担是另一种形式的资源投入，需要考虑风险分担比例对收入分成的影响。（3）不确定性。不确定性对收益分成的影响可分为两个方面：一方面为项目风险带来项目收益的不确定性；另一方面为运营人员的主观能动性造成的项目收益的不确定。大多数学者更加关注项目风险引发的项目收益不确定性，而忽略运营人员的主观能动性引发的项目收益不确定性。（4）合作关系。TOT项目合同期限较长，工作顺利开展离不开双方相互协调与配合。目前对于合作关系的有效关键指标还没有统一意见。（5）公平。参与者地位公平、竞争公平、收益分配的权利公平等对TOT项目收益分配及项目效率有较大的影响。以上收益分配影响因素是基本影响因素，应作为公平合理的收入分成机制的关键影响因素。

1.2.4　TOT项目收入分成方法

收入分成方法最早是从无形资产收益分成率演化而来的，然后逐渐应用在多人合作时有形资产、其他资产方面的收益分成，进一步应用在动态联盟收益分配方面。关于动态联盟收益分配方案模型常用的方法有简化的MCRS方法（Minimum Costs- Remaining Savings)、Nash 谈判模型、核心法、联盟博弈占优解法、Shapley 值法。TOT/PPP 项目实质为政府和社会资本方合作形成的动态联盟，简化的 MCRS 方法在 PPP 项目收益分配研究中建模的可操作性不好而使用者较少，关于讨价还价博弈论方法、Shapley 值法及其他的一些方法运用综述如下。

1. 讨价还价博弈论方法

博弈论是研究收入分成合约的一个主要途径[110]。Kang 等[32]（2011）提出了 BLP 问题的启发式算法，通过讨价还价达成了政府和私营部门之间的收入分成方案，但是该方法中学习效率为主观确定，使其客观性受到一定的影响。Shang 等[63]（2015）利用 Rubinstein 讨价还价博弈理论建立了一个节能效益分配议价模型，通过博弈得到一个双方均满意且有效的讨价还价区间，但是解不具有唯一性。夏颖等[111]（2010）建立了讨价还价谈判模型，并采用纳什解法，求得双方收益分配最优状态，但最优状态取决于双方的贴现因子，而双方的贴现因子大多是区间值使得讨价还价模型的解为区间范围。汪洪[112]（2011）采用不对称 Nash 协商模型对合作博弈下的 PPP 项目收益进行分配，综合考虑项目参与方出资比例、核心能力以及风险分担的情况，得出项目参与方皆满意的收益分配方案，但需要以双方各自最满意收益分成比例为基础，该值合理与否直接关系着博弈结果。Hanaoka 等[47]（2012）利用蒙特卡罗模拟法和讨价还价博弈理论确定合理特许期，考虑风险影响，得出特许权期限区间，并认为区间内任何点都是合理的特许权期限，对于政府方和社会资本方都是有利的，形成了合理弹性特许经营期。显然讨价还价博弈方法的解存在不唯一性，最终特许经营期由双方谈判能力决定。

武敏霞[113]（2016）针对 PPP 项目收益分配问题，围绕投资比重、风险分摊系数、合同执行度、贡献度等影响因素，借助 NASH 谈判模型建立收益分配模型，但对项目收入及运营绩效不确定因素的影响考虑欠妥。方俊等[114]（2018）从合理回报率和投资人努力水平系数的角度，构建 PPP 项目合同主体收益分配博弈模型，求出了合理的发起人回报率、投资人努力水平系数以平衡双方的收益，但该模型对风险分担因素考虑不足。段世霞等[115]（2019）选取政府、纯投资者和特许经营单位三方，建立了基于不对称 Nash 谈判模型的两阶段动态收益分配模型，实现了分配结果更加公正与合理，但对于项目收入不确定性考虑不足。Liu G 等[25]（2020）从公平与效率的关系出发，构建"公平-效率"纳什博弈模型，并求得双方信息均等的对称纳什议价解，但现实中政府方和社会资本方信息难以实现均等，特别是社会资本方的信息很难全部公开。以上研究表明，讨价还价/纳什议价模型解的不唯一性和不确定性是该方法的局限。

2. Shapley 值法

Shapley 值提供了一个既独特又公平的解决方案[116]，可以保证收益分配方案解的唯一性，是研究联盟内部公平收入分配问题的一个主要途径[117,118]。Shapley 值法不仅能够得到唯一最优解，建模及求解过程不复杂，而且还可以根据 PPP 项目利益相关者收益分配的特点对收益分配进行优化，使其更加符合实际需求，因此 Shapley 值法在 PPP 项目收入分配中应用非常广泛。

经典 Shapley 值假设博弈各方资源投入比例相等，参与方努力水平均为 1，这与 TOT 项目实际情况不一致。基于此，很多学者采用修正 Shapley 值对项目收入分成研究，其中大多数学者提出多因素改进 Shapley 值。胡丽等[83]（2011）考虑投资比重、风险分摊系数、合同执行度和贡献度，建立修正 Shapely 值 PPP 项目利益分配模型，但是未考虑收入不确定性对收益分配的影响。杨扬[89]（2013）、何天翔等[90]（2015），考虑资源投入、风险分摊、努力因素、贡献度、创新投入、利益相关者满意度等指标，建立了改进 Shapely 值的利益分配模型。LI Y 等[119]（2016）对污水处理项目提出了考虑风险因素、投资贡献以及创新能力贡献等因素的 Shapley 值修正模型，保证污水处理 PPP 项目收益分配的公平性，但对项目收入不确定性、联盟成员参与度等对 Shapley 值的影响考虑欠缺。刘伟华[85] 等（2016）综合考虑项目参与方的投入比例、风险分摊系数、执行度、贡献度以及创新度五个影响因子对传统 Shapley 值法进行改进，用于高速公路 PPP 项目利益分配。杨远[86]（2016）利用层次分析模糊数学评价法对影响因素分析与评价，建立了基于资源投入比例、风险分担、承担任务复杂性等因素的多因子修正 Shapley 值的 PPP 基础设施项目利益分配模型。陈述等[120]（2018）、刘泉钧[121]（2019）、盛松涛等[122]（2019）将影响收益分配的资源投入、风险分担、贡献水平作为修正指标，采用层次分析法（AHP）对 Shapley 值修正，促使收益分配结果更加公平合理。

上述文献中多因素修正 Shapley 值方法（记为方法Ⅵ），在影响因素方面不断调整和扩展，对于投资比例、风险分担比例、合同执行度、贡献度等指标对收入分成的影响基本形成共识，有些学者也尝试把创新度、承担任务复杂性、相互满意度等指标纳入到影响体系，使参与方的收入分成更加公平合理，取得较好的研究成果。但上述方法也存在以下问题：（1）通常采用参与方综合修正因子与经典值假设比例差与项目收入之积的绝对值调整参与方收入，该方法将造成收入变化与综合因子变化比例不一致，意味着收益分配调整存在不合理现象；（2）多因素修正 Shapley 值对项目收入不确定性和参与方运营绩效（努力水平）不确定性的影响考虑不足。

关于项目收入不确定性对收入分成的影响，一些学者对模糊支付或者模糊联盟 Shapley 值法在 PPP 项目收入分成的应用进行了探索。例如，喻天舒等[123]（2017）把项目收入不确定性引入区间利益分配模型中，提出了区间 Shapley 值法，得到参与方模糊收入分成区间，但关于参与方运营绩效不确定性对收入分成影响以及项目收入与参与方收入分成进行精准匹配方面考虑不足。邢潇雨等[124]（2018）、徐珊等[125]（2018）考虑了参与方的投资比例、风险分担比例、贡献度、用户满意度等对收益分配的影响，提出修正区间 Shapley 值法（记为方法Ⅶ）。该方法对影响因素分析更加全面，增加该模型与实际情况的拟合度，从而使收益分配更加合理，并可根据项目收入区间预测参与方收入分成区间；

但未能实现收入区间和参与方收入分成区间之间具体数据对应，同时对运营绩效不确定性考虑不足。此外，大多数学者采用模糊支付或者模糊联盟方法时，所选择的模糊数计算规则造成区间端点不能涵盖所有的不确定范围，影响结果精准性。

以上研究表明，多因素修正 Shapley 值在 PPP 项目参与方利益分配方面的应用相当广泛和成熟，同时大多数学者从参与方投入比例、风险分担系数、合同执行度（努力水平）、贡献度、创新度等对收益分配影响因素中的部分或者全部指标对经典 Shapley 值修正。由于上述指标的影响机理不同，部分指标仅引起收入分成比例变化，例如投入比例、风险分担比例等指标；部分指标影响到项目收入的变化，例如项目收入不确定；还有一些指标既影响项目收入又影响收入分成比例，例如合同执行度等指标。需要根据指标影响机理，采用合适的方法对 Shapley 值进行修正，但是大多数学者对既影响项目收入又影响收入分成比例指标如何选择恰当的修正方法考虑不足。本书针对以上问题，对影响项目收入指标、既影响项目收入又影响收入分成比例指标，以及影响收入分成比例指标分别采用模糊支付、模糊联盟和多权重方法对 Shapley 值进行系统修正，从而使 TOT 项目参与方收入分成更加公平合理，同时具有较大的灵活性。

3. 其他方法研究评述

关于 PPP 项目收益分配还有一些其他的方法，比如，Carbonara 等[56]（2018）构建了 EPC 结构净收益模型，通过净现值差额最小化法平衡私人部门的盈利需求和公共部门的经济利益，为私人部门和公共部门选择一个"双赢"的 EPC 模式；但该模型对参与方贡献考虑不足。杨畅[126]（2006）针对 TOT 项目从合理分配国有资产经营期内增值收入的角度出发，采用一次价格密封拍卖建立博弈模型，通过政府方与一个社会资本方博弈以及政府方与两个社会资本方博弈的结果对比，得出增值收入的分成比例完全取决于政府方与私营资本方双方博弈的结果。Wang Y 等[27]（2015）根据激励和委托代理理论，构建政府方和私人部门超额收益分成模型，认为超额收益的分担比例与投资者的公平偏好和努力成本系数有关；但仅针对项目超额收益的分配而非整体的项目收益的分配。叶晓甦等[34]（2010）、王瑶[127]（2017）等学者在 PPP 项目收益既定前提下，假定双方的努力程度、政府监督力度均为 100%，把风险分担和合作投资比例作为利益分配的决定性因素，采用层次分析法对收益分配模型进行调整。显然，该模型不适用于双方努力程度不一致的情况。

文献研究表明，国外关于讨价还价博弈理论、Shapley 值等应用在 PPP 项目收益分配的研究较早，国内相对较晚，但是国内学者在方法改进方面走在前端。很多学者采用讨价还价博弈理论、Shapley 值等方法在 PPP 项目中利益相关者的利益分配进行研究，其中很多学者在 Shapley 值法基础上，结合项目特点和实践经验对其优化和改进，例如多权重 Shapley 值改进、模糊联盟 Shapley 值、模糊支付 Shapley 值等。以上各类方法皆有各自优势，例如讨价还价博弈理论形式上更符合 TOT 项目合作双方签订合同的过程，但是讨价还价博弈理论的假设条件与实践差异较大、解的不唯一性使其运用效果低于预期，且对收益不确定问题考虑不足。而改进的 Shapley 值法具有简单、公平、解的唯一性等特点，同时可以解决项目收入不确定性对收益分配的影响。因此，本书选择改进 Shapley 值法作为收入分成机制的基本方法。

1.2.5 国内 TOT 项目收益分配相关政策文件评述

随着国内 PPP 项目开展，国家相关部门为了规范和推进 PPP 项目应用，出台了很多相关文件和政策。本书对国家及部门相关文件或政策中关于 TOT 项目收益分配有关条款进行汇总，详见表 1-3。其中，a 代表提升项目效率，b 代表社会资本方获得合理收益、公平竞争，c 代表动态价格调整机制、市场价格调整机制，d 代表公共利益最大化、不损害公共利益，e 代表双方共同承担风险，合理的风险分担，f 代表收益共享，h 代表不得承诺固定或最低收益回报，j 代表绩效监管、考核，k 代表双方权利义务对等。

表 1-3 数据表明，PPP/TOT 项目相关政策关于提升项目效率，绩效监管、考核的频次最高，分别为 23/27、24/27，表明相关政策要求提升项目效率目的明确，关注 PPP/TOT 项目实施的绩效水平。风险合理分担，社会资本方合理收益、公平竞争，不损害公共利益、公共利益最大化，动态价格调整机制、市场价格调整机制，出现频次分为 18/27、16/27、16/27、14/27。这些指标在政策文件中出现的频次较高，表明风险分担、社会资本方利益、公众利益为 PPP/TOT 项目核心内容。不得承诺固定或最低收益回报出现频次为 9/27。2016 年以来，大多数政策文件特别提出政府方"不得承诺固定或最低收益回报"条款。该条为了提防假 PPP/TOT 项目，促进项目真正市场化，减少政府方因 PPP/TOT 出现新的隐形债务。双方权利义务对等出现的频次为 6/27，频次较低，但在 1.2.3 节关于收益分配影响因素文献综述中有学者指出双方权利义务对等对收益分配的重要性。收益共享出现的频次为 6/27，该条一般适合于经营性 PPP/TOT 项目，因而在针对普通 PPP/TOT 项目而言的政策文件中提及频次相对较低。综上，国家及相关部门关于项目收益分配的政策与 1.2.3 节中项目收益分配影响因素的关注点是高度吻合的。

TOT 项目国家及部门相关政策与政府和社会资本收益诉求 表 1-3

文件号	时间	a	b	c	d	e	f	h	j	k
财金[2014]76 号	2014.10	√	√		√				√	
财金[2014]113 号	2014.11	√			√	√				
财金[2014]112 号	2014.11		√		√				√	
发改投资[2014]2724 号	2014.12	√	√	√	√	√			√	
财金[2014]156 号	2014.12	√	√		√				√	√
财建[2015]29 号	2015.2	√			√	√			√	
财综[2015]15 号	2015.4	√			√				√	
财建[2015]90 号	2015.4	√		√		√	√		√	

续表

文件号	时间	a	b	c	d	e	f	h	j	k
财建[2015]111号	2015.5	√	√	√		√			√	
国办发[2015]42号	2015.5	√	√	√		√			√	
财金[2016]90号	2016.10	√		√		√		√	√	√
财金[2016]92号	2016.10	√		√		√			√	
发改投资[2016]2231号	2016.10	√			√					
发改农经[2016]2455号	2016.11	√	√						√	√
发改农经[2016]2574号	2016.12	√		√	√	√				√
国能法改[2016]96号	2016.3	√		√		√				√
财金[2016]32号	2016.5	√	√			√		√	√	
发改投资[2016]1744号	2016.8	√	√						√	
发改投资[2017]2059号	2017.11	√		√		√	√	√		
财金[2017]55号	2017.6	√		√		√			√	
财金[2017]50号	2017.6	√		√		√			√	
财建[2017]455号	2017.7	√				√	√	√		
财金[2017]86号	2017.8	√			√	√			√	
财金[2018]54号	2018.4	√			√	√		√	√	
文旅旅发[2018]3号	2018.4	√	√	√		√			√	
发改投资规[2019]1098号	2019.6	√	√		√			√		√
财金[2019]10号	2020.3	√				√		√	√	
合计		23	16	14	16	18	6	9	24	6

1.3 研究内容、思路和方法

1.3.1 研究内容

（1）TOT项目收入分成合约结构均衡研究。分析TOT项目收入分成合约结构内涵及其关键参数，根据生产要素收益最大化原则构建TOT项目收入分成合约结构均衡代数模型，根据生产要素边际报酬递减规律构建TOT项目收入分成合约结构均衡几何模型。本书通过两个模型均衡解的经济含义相互验证合约结构均衡条件的一致性，明确合约结构均衡的内涵。在收入分成合约结构均衡的基础上，构建固定回报加收入分成合约结构均衡模型，为TOT项目收入分成机制优化提供理论依据。

（2）分析与构建影响TOT项目收入分成的指标体系。首先，通过调查研究和文献研究，分析影响指标，避免关键影响指标遗漏、定义模糊的类似指标重复，并根据调查问卷结果利用灰色关联系数确定关键指标；其次，分析指标影响机理，完善影响指标选择依据。根据影响机理及指标含义，把影响指标划分为影响项目收入的因素、影响收入分成比例的因素、既影响项目收入又影响收入分成比例的因素三类；最后，根据影响机理构建指标体系并对指标体系量化分析，为不同影响机理采用不同的修正方法做好准备工作。

（3）改进 Shapley 值修正方法，优化基于修正 Shapley 值的 TOT 项目收入分成构建方法，形成收入分成机制优化成果。根据不同影响因素分别采用不同方法依次进行修正。首先，对于风险引起的项目收入不确定性采用模糊支付改进 Shapley 值；其次，在此基础上，对运营绩效引起的项目收入不确定性以及收入分成的变化采用模糊联盟 Shapley 值修正，形成双重模糊 Shapley 值；最后，对资源投入比例及合作联盟供求非均衡采用多权重等方法进行修正。另外，本书把各影响因素修正的 Shapley 值表示参与方收入分成占比得分，通过修正 Shapley 值归一化构建基于修正 Shapley 值的收入分成比例及收入分成函数，最终形成系统修正 Shapley 值及供求非均衡系统修正 Shapley 值的 TOT 项目收入分成模型。

（4）系统修正 Shapley 值及供求非均衡系统修正 Shapley 值的 TOT 项目收入分成模型的效果分析。一是收入分成模型优化过程的纵向对比，通过案例数据验证优化过程及各影响因素与项目收入、参与方收入分成（比例）、收入不确定性占比的关系；二是收入分成模型与文献中的收入分成方法对等条件下横向对比，分析本书优化模型与其他收入分成模型的效率；三是案例中原收入分成方法与按本书收入分成模型结果对比分析。通过本书模型与文献中相应模型和案例原分配方案的对比分析，检验各模型在灵活性、合理公平性及效率方面的效果，进而判断（供求非均衡）系统修正 Shapley 值的 TOT 项目收入分成模型效率。

1.3.2　研究思路

图 1-1 为本书研究技术路线，其中虚箭线表示验证或者对比分析；点线框表示不同模块。

1.3.3　研究方法

（1）文献研究法。通过查阅大量 PPP 项目收入分成合约及收益分配方面文献，了解 TOT 项目国内外研究现状、成果，总结国内外 PPP/TOT 项目收益分配机制的研究成果。通过文献研究梳理，对收入分成合约的内涵、TOT 项目政府方和社会资本方合作的内涵、TOT 项目收益分配原则、影响因素、收益分配常用方法模型认识更加深刻。

（2）实地调研。根据研究需要对一些 PPP/TOT 项目进行实地调研，收集 TOT 项目中政府方和社会资本方双方在项目中投资比例、关键风险因素、风险分担比例及其确定方法，特许经营期及特许经营权费用的确定方式，项目公司绩效评价体系，政府方在 TOT 项目中的参与度，TOT 项目收益分配方式等内容。

（3）专家咨询及调查表法。咨询相关专家关于文献研究结果和调研资料汇总成果的合理性、完整性。针对研究内容设计 TOT 项目收入分成比例影响因素的重要性调查问卷、

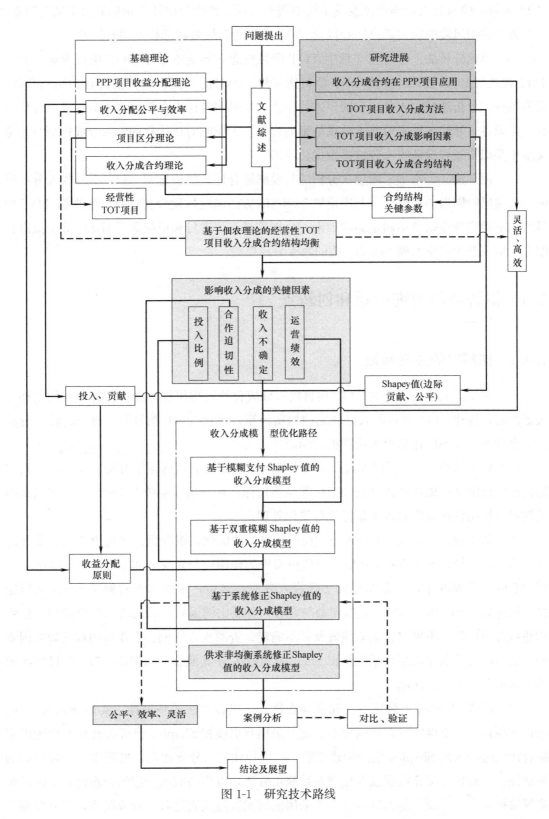

图 1-1 研究技术路线

TOT 项目风险对收入影响程度及发生概率调查问卷、风险分担评价指标的权重调查问卷、参与方对共担风险的能力调查问卷以及 TOT 项目运营绩效指标权重调查问卷。

（4）对比分析法。①对比文献中 TOT 项目概念，界定本书中 TOT 项目内涵；对比 TOT 模式与 BOT 模式，分析 TOT 项目优劣势。②对比不同合约类型的合约结构参数、均衡条件，分析选择收入分成合同模式的原因。③纵向对比本书系列收入分成模型优化过程，明确各边际修正因素对收入分成的影响程度。④横向对比优化的收入分成模型与参考文献中类似模型，验证收入分成模型优化成果。

（5）模糊法。①本书采用层次分析法与模糊综合评价法确定对 TOT 项目收入分成影响的关键风险因素的权重。②利用模糊 TOPSIS 方法确定风险分担比例。③根据 TOT 项目收入不确定特点以及不确定影响因素，分别选择模糊支付和模糊联盟对 Shapley 值进行改进，形成基于双重模糊 Shapley 值的收入分成模型。

1.4 拟解决的关键问题和创新点

1.4.1 拟解决的关键问题

（1）基于分成合约理论对 TOT 项目收入分成合约机理研究，分析其分成合约结构的关键因素，构建 TOT 项目收入分成结构均衡模型，解决 TOT 项目效率提升、收入分配公平合理性与效率优化缺少理论依据的问题。

（2）根据影响 TOT 项目收入分成因素影响机理对影响指标系统分类，并根据项目实际情况整合定义模糊或者含义类同指标并完善指标，解决指标系统性差的问题。然后根据关键指标作用机理依次对各类指标进行量化处理。

（3）基于修正 Shapley 值收入分成模型构建方法优化，提升收入分成模型的公平合理性。首先，对修正 Shapley 值在收入分成模型中的作用进行定义，本书中修正 Shapley 值仅代表收入分成占比，而非参与方实际收入分成。然后，根据本书对修正 Shapley 值定义，通过修正 Shapley 值归一化构建参与方收入分成比例函数，形成收入分成模型。最终构建包含项目收入不确定、运营绩效及其不确定、资源投入比例、合作迫切程度影响因素的（合作联盟供求非均衡）系统修正 Shapley 值收入分成模型，以解决 TOT 项目收入及其不确定分配不合理问题。

（4）改进 Shapley 值修正方法和模糊表达式，提高方法的精准性、实用性和灵活性。①针对项目收入不确定和运营绩效不确定，采用双重模糊 Shapley 值解决两种不确定因素综合作用时的区间 Shapley 值的构建难题，形成弹性收入分成比例，提高收入分成机制的灵活性。②简化并优化资源投入比例系数修正方法，以提高收入分配的合理性；③改进模糊算法提高收入分成机制的准确性。④采用模糊元表达式表达收入分成模型，建立模糊项目收入、模糊收入分成比例与模糊收入分成之间的关联，实现收入分成机制动态预测功能与精准动态收入分配功能，并把预测功能和收入分配功能纳入同一收入分成模型，减少不同阶段构建不同模型的烦琐。

1.4.2 创新点

（1）创建 TOT 项目收入分成合约结构均衡模型，为收入分成机制优化提供理论依据。本书把项目资产和非项目资产投入作为两类生产要素，构建了 TOT 项目收入分成合约结构均衡模型。结构均衡时：①TOT 项目资源配置最优，项目收入最大化，即 TOT 项目有效率；②参与方收入最大化，即收入分配有效率；③参与方收入与其投入贡献相等，即收入分配公平。该均衡模型既能表达以净现值法为基础的特许经营期与特许权费用之间的均衡关系，又能体现 TOT 项目效率最优和收入分配公平的经济学原理，为本书收入分成机制的优化提供理论依据。

（2）优化基于 Shapley 值的收入分成模型构建方法，提升收入分成机制公平合理性。本书把各影响因素修正的 Shapley 值表示参与方收入分成占比得分，通过修正 Shapley 值归一化构建参与方收入分成比例函数，然后形成基于修正 Shapley 值的收入分成函数，提升其公平合理性。①确立参与方收入不确定占比与边际贡献率负相关、改进多权重区间 Shapley 值法中参与方收入不确定占比与边际贡献率一致的弊端。②确立运营绩效不确定与项目收入不确定、参与方收入分成不确定正相关；参与方相对运营绩效与其收入分成比例正相关；参与方相对运营绩效与不确定占比负相关；对于运营绩效引发的项目收入不确定，参与方不确定占比遵循风险归责原则，形成运营绩效与项目收入、收入分成及不确定占比之间的多层次关系，改进多权重区间 Shapley 值法中各影响因素与收入分成及不确定占比之间简单的线性关系。③明确参与方合作迫切程度与其收入分成比例及收入分成负相关，表达合作联盟需求非均衡时合作迫切程度与收入分成关系的合理性。

（3）改进 Shapley 值修正方法和模糊表达式，提高收入分成机制的精准性、灵活性和实用性。①采用双重模糊 Shapley 值解决了项目收入不确定、运营绩效不确定综合作用下的模糊 Shapley 值函数构建难题，使收入分成模型与实际拟合度更好，以增加模型的适用性。②简化并优化资源投入比例修正系数，建立与资源投入比例修正系数相关联的收入分成比例及收入分成函数，利用相对值完成修正，减少了多权重系数法引起边际贡献较小的参与方收入分成变化极端问题，提升资源投入比例对收入分成影响的合理性。③提出弹性收入分成比例，实现不同收入水平下收入分成比例确定，提升收入分成模型的灵活性。④采用三角模糊结构元表达模糊函数，完善收入分成机制合同设计阶段动态预测功能，实现合同执行阶段精准动态收入分配功能；并把预测功能和精准收入分配功能纳入同一收入分成模型。⑤改进模糊数计算规则，修正模糊区间端点估算不足的问题，使模糊区间估算更准确。

第2章
理论基础分析及模型构建准备

收入分成合约理论、项目区分理论、PPP 收益分配、收益分配公平理论以及 Shapley 值法是构建 TOT 项目收入分成合约的基础理论及方法。本章根据这些基础理论，结合 TOT 项目特点，对 TOT 项目收入分成合约结构、TOT 项目收入分成合约模式、TOT 项目收入分成合约结构参数进行分析，为第 3 章 TOT 项目收入分成合约结构均衡模型构建做好准备。然后，在 Shapley 值法基础上，对采用不同修正方法 TOT 项目参与方 Shapley 值进行定义，为第 5 章 TOT 项目收入分成合约机制优化相关模型构建做好筹备工作。

2.1 基础理论分析

2.1.1 项目区分理论

项目区分理论最早由上海城市信息研究中心提出，起源于公共物品理论对物品的分类[128]。对应公共物品理论中公共物品、准公共物品和私人物品的内涵，项目区分理论按照是否有收费机制（资金流入）或其投资价值回报机制，将项目区分为非经营性、准经营性和经营性项目。项目经济属性将决定项目投资主体、运作模式、融资渠道、权益归属等，旨在将政府投资和社会资本投资分开，激励社会资本方积极参与和推进存量基础设施项目市场化，提高存量基础设施项目运营效率。可经营性系数为负数时属于非经营性项目，可经营系数介于 0~1 之间属于准经营性项目，可经营系数大于或等于 1 为可经营性项目。项目经济属性可以根据特定政策、收费机制创新、产品或服务价格提高等方式使项目属性发生变化。

根据项目区分理论，本书研究对象为经营性 TOT 项目，即项目收益可以覆盖其投资机会成本，或者项目投资者可以通过项目收益收回投资。

2.1.2 收入分成合约基础理论

图 2-1 给出了收入分成理论——佃农理论演化及核心思想的示意图。分成租佃制起源

于农业[58]，其思想可以追溯到古典经济学时期伟大的经济学家斯密，斯密认为分成租佃制会导致资源配置无效率。后来，由新古典学派马歇尔传承了斯密的佃农分成制，把其等同政府抽税说，并用几何分析证明分成租佃制无效率，被称为马歇尔分成制度之谜（Marshal Puzzle）。Cheung[129]（1969）打破了传统说法，指出不考虑交易费用，固定租金合约、分成合约以及工资合约都是等效率的，终结了"马歇尔分成制度之谜"，提出可应用在多个行业的佃农理论，即一般化分成合约理论。佃农理论是关于收入分成合约下的资源配置理论，收入分成合约结构影响资源配置效率。该理论提供了一般化的分成合约思想，已经广泛应用到工业、零售、石油、天然气等行业[58,59,61]。

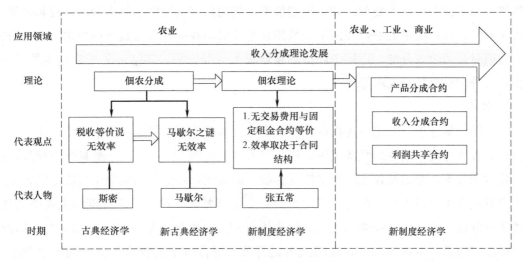

图 2-1　收入分成理论演化及核心思想

收入分成合约理论的核心思想主要包括两部分：一方面，分成合约具有合约结构。分成合约中通常组合不同的生产要素形成最终产品，凡涉及生产要素租用或雇佣的合约必有合约结构，合约结构是针对生产要素使用权的转让与界定，以及收入权的分配[130]。另一方面，市场竞争下，分成合约结构参数相互协调达到均衡，即资源配置效率最优。资源的配置效率体现在两个方面，其一为要素变成产品是市场竞争之下生产要素形成的最佳资源配置，发挥各要素生产效率实现产出最大化；其二，生产要素报酬由市场竞争决定，实现生产要素收入最大化。若生产要素使用权的转让与界定不明确，将造成生产要素"公地悲剧"而无法形成最佳资源配置；若收入权不明确或不公平，将影响生产要素所有者投入的积极性。因此，收入分成合约结构均衡与资源配置效率之间是辩证统一关系。

2.1.3　收入分配的公平与效率

1. 收入分配公平

公平属于伦理学、政治学、经济学的范畴，是一个多层次的复合体系，目前没有统一定义。很多学者认为，公平分为社会公平和经济公平[131]。经济公平是有关经济活动的权利、机会、规则和结果等方面的平等与合理，它是调节社会关系和财富分配关系的一种规范[132]，主要包括机会公平（又称为权利公平或起点公平）、规则公平（又称为过程公平或竞争公平）、结果公平，又称为市场经济微观领域的公平[133]。吴晓博[134]（2018）认为，微观角度的公平指企业人员按照规则、机会、收益等原则，尊重岗位的差异性引起的收入差异。十九大报告明确生产要素皆可以参与收入分配的权利，体现了权利公平。党的十八届三中全会《关于全面深化改革若干重大问题的决定》中提出资本、知识、技术、管理等由要素市场决定其报酬，体现了规则公平；而多劳多得、按股分红体现了结果公平。

综上，收入分配机制公平主要体现在三个方面：（1）权利公平，每个参与主体都有平等的机会和地位参与收入分配。（2）规则公平，规则具有正当性，收入分配过程和结果具有可预测性。（3）结果公平，经济学领域指社会成员的各项投入与其所得相称。本书研究对象为项目公司收入分配，适用于经济学领域收入分配公平，其结果公平为比率的平等，遵循收入分配结果与投入对等。

2. 效率

在经济学概念里，效率最优指在既定投入、技术条件下，各生产要素配置最优、产出最大化。收入分配中效率是经济主体的投入与所得成比例[131]。收入分配有效率指既定投入、技术条件下，劳动及各生产要素提供者收益最大化，即由自由竞争市场决定的各生产要素报酬或者价格最大化。此外，劳动力为特殊生产要素，具有一定程度的主观能动性。其他条件既定，劳动者主观能动性与绩效水平正相关，绩效水平越高，产出越高。因此，如何激发劳动者的主观能动性，保障或者提升项目运营效率是收入分成机制需要考虑的问题。

3. 收入分配公平与效率的统一

项目效率为资源配置最优，强调项目产出最大化；分配的公平与效率为各要素收入最大化，强调参与方收入分配的合理性[135]。收入分配结果差异正是公平客观存在的反映[136]，经济学领域的结果公平是指投入与收益对等的比率平等。若不能保证收入分配的公平合理或者要素所有者预测不能得到公平合理的收入分配，在完全竞争市场环境下，当要素可以自由流动时，要素资源将向能得到合理报酬的领域流动；当要素不能自由流动时，效率高者将以磨洋工等方式降低生产效率"适应"不合理的收入分配，将无法调动要素所有者积极性而造成资源错配或浪费，无法实现可持续的效率。可见，公平是效率的基础，效率是公平的结果，公平与效率相互统一。收入分成机制设计要体现收入分配公平，形成良好的激励机制，才能保证效率的可持续性，实现效率与公平的统一。

2.1.4 PPP项目收益分配

1. PPP项目收益分配内涵

PPP项目实质是参与各方之间形成的合约关系，明确所有参与方的权利、责任和利益分配，以及项目剩余的合理分配[2,137]。李蓉[138]（2017）认为，PPP收益分配是指将项目收益在遵循收益与贡献相匹配的基本原则、参考影响因素，并依据科学方法进行合理分配的过程。周宇骏[139]（2018）认为，PPP项目利益分配，是指政府方与社会资本方之间就PPP项目的风险评价、分担和利益分配情况，设计出双方取得共识的利益分配方案，以便为PPP项目合作奠定基础，利益分配主要任务是确定收益分配的比例结构。张炳根等[14]（2018）认为，PPP项目收益分配是PPP项目收益调节的一种方式，收益调节内涵比收益分配更广。收益分配侧重于对已有或即将得到的项目收入分配，而收益调节不仅在于将项目收入公平切分，更在于将项目收入做大，其中最重要的在于保障社会资本方的基本利益需求和收益激励措施的设计。Liu等[37]（2016）认为，政府方通过PPP项目满足公众需求，实现社会效益，社会资本方通过运营项目收回投资，产生利润，实现经济效益。

广义上，收益分配是按照各生产要素机会成本分割企业总收入；狭义上，收益分配是企业资本提供者对利润总额进行分割，比如以税息前利润、利润总额、净利润为对象在各利益主体间进行分割。根据企业分配内涵以及PPP项目特点，广义上PPP项目收益分配为按参与方提供各生产要素机会成本分配项目总产出。对于政府方与社会资本方共同投资PPP/TOT项目，狭义的收益分配是指PPP/TOT项目总利润在政府方和社会资本方两个利益主体之间进行分割。

2. PPP/TOT项目广义收益分配与狭义收入分配的关系

PPP/TOT项目作为一个项目公司，其公司利润与利润分配表为PPP/TOT项目狭义收入分配的基础财务报表。从企业财务角度看，利润总额＝销售（营业）收入－销售税金及附加－增值税－总成本费用。或者，税后利润＝销售（营业）收入－销售税金及附加－增值税－总成本费用－所得税。上面利润公式可变换为如下模式。

销售（营业）收入＝利润总额（毛利润）＋销售税金及附加＋增值税＋总成本费用。或者，销售（营业）收入＝税后利润＋所得税＋销售税金及附加＋增值税＋总成本费用。其中，总成本费用＝经营成本费用＋折旧费＋摊销费＋财务费用。经营成本费用＝外购原材料＋外购燃料及动力费＋工资及福利费用＋修理费＋其他费用。

调整后的公式显示，项目收入被分成了利润总额、销售税金及附加、增值税和总成本费用。从广义收益分配角度看，销售税金及附加、增值税以及所得税可以看作是地方政府提供一些市政及其他服务的机会成本。总成本中的经营成本为对应生产要素机会成本。例如，工资及福利费用为工作人员的机会成本、财务费用中的利息费用为借贷资金的机会成本、维修费用为维修材料和维修工人的机会成本。总成本费用中的折旧费是使用相应固定资产的机会成本，摊销费是使用无形资产或者其他资产的机会成本。利润总额为项目投资者资金投资的机会成本。

综上，PPP/TOT项目广义收入分配是从机会成本角度对项目收入分配，而狭义收入分配是从会计中总成本与利润的角度对项目收入分配。PPP/TOT项目广义收益分配和狭义收入分配本质上是一致的。广义收益分配关注各生产要素收益分配是否有效率与公平，而狭义收益分配仅关注投资人能否获得合理的投资回报。本书从广义收入分配角度构建收入分成合约结构均衡，研究 TOT 项目各要素资源配置效率及收入分配公平与效率。在此理论基础上，结合广义收益分配与狭义收入分配的对应关系，从狭义收益分配构建具体的收入分成机制，方便收入分成机制的实践应用。

3. 收益分配合约模式

Wang Y 等[27]（2015）把 PPP 项目投资回报分为三种模式：固定回报合同、浮动回报合同、超额收益酬金回报合同。固定回报合同即不管项目收益如何，投资者始终按固定金额获取收入。浮动回报合同为投资者收入处于按照合同规定的上限和下限之间，项目收益高于上限，高出部分归政府方所有，项目收益低于下限，低于部分由政府方补贴至下限。酬金回报合同，即超额收入按照约定比例在政府方和社会资本方之间分配。其中，固定回报合同、浮动回报合同中超额收益均归政府；而超额收益酬金回报合同中，超额收益按照约定比例在政府和社会资本方之间进行分配，以激励社会资本方提高项目运营效率的积极性。

Martimort 等[21]（2006）认为，政府和私人资本之间的特许经营合同通常包括一次性付款、消费者固定管制价格和利润分享等各种合同形式。Abhishek 等[30]（2013）认为，购买资源型资产时有两种支付方式，一次性支付与利润分享合同。魏学成[57]（2008）认为，PPP 项目常用的收益分配模式通常为产出分享模式和固定支付模式两种。

综上，收益分配合约模式主要为固定回报合约、固定租金合约、收入分成合约以及固定回报加收入分成合约。

4. PPP 项目收益分配原则

1）公平与效率统一

PPP/TOT 项目收益分配公平合理是项目成功的关键之一，显然应遵循公平原则。PPP/TOT 项目收入分成机制的公平体现在以下三个方面：①所有参与方的权利公平，符合要求的社会资本方都有参与竞争的权利以及各要素都有参与收入分配的权利。②规则公平，政府方和社会资本方作为 TOT 项目参与方面对相同且无歧视的规则。③结果公平，即参与方收入分成与其投入、贡献成比例，而不是收入绝对平均化。PPP/TOT 项目收益分配公平与效率相统一的内涵为，社会资本方和政府方皆有获得公平合理收益的权利；同时，公平合理的收益分配机制可以激励社会资本方参与项目及提高项目效率的积极性。

2）要素投入、贡献与要素报酬对等

根据要素投入、贡献决定其报酬是市场经济的基本规律。党的十八届三中全会《关于全面深化改革若干重大问题的决定》明确指出劳动、资本、知识、技术、管理等要素由市场决定其报酬。针对项目运营过程中参与方建立市场决定的薪酬制度，使劳动、资本、知识、技术和管理等生产要素依据各自贡献获得相应报酬[81]。按要素投入、贡献与其报酬对等的收益分配机制顺应市场经济要求，实现要素分布自由流动和收益分配公平，将有效调动生产要素的积极性。

3）风险与收益对等原则

PPP/TOT 项目特点为"风险共担、收益共享"。风险与收益息息相关，承担风险意味着需要风险管理投入以及承担可能的损失，理应享有与责任对应的收益。最优风险分担意味着，将风险从公共部门转移到私营部门的边际成本等于其边际效益[140]。从承担风险需要人财物等投入的角度看，风险分担实质也是资源投入，需要合理的回报。因此 PPP/TOT 项目的收益分配机制需要根据参与方风险分担比例给予相应的补偿，参与方才有动力承担相应风险责任。由于 PPP/TOT 项目风险大，对收益分配影响较大而形成收益分配原则之一。

4）较大灵活性

PPP/TOT 项目具有合同长期性和收入不确定性特点。针对项目收益的不确定和对未来预测的时效性，参与方一般要求收益分配方案具有灵活性。（1）参与方收益分配能随着收入变化而变化，降低参与方收益不确定性。（2）在合同设计阶段具有动态预测功能，例如能根据不同置信区间的收入区间预测各参与方收入分成区间，为参与方合理决策提供依据。（3）在合同执行期具有动态收入分配功能，适应项目收入不确定的特点，根据项目实际收入实现动态精准的参与方收入分成。

2.1.5　Shapley 值法

Shapley 值法的思想渊源及发展路径见图 2-2。Shapley 值法的思想渊源为基于边际贡献的收益分配。Shapley 值由 Shapley 于 1953 提出，是合作博弈中常用的解概念之一，其对主观的"公平"或"合理"等概念给予了严格的公理化描述，基于边际贡献值寻求满足人们需求的解。通常用于经典合作博弈理论下联盟内部的公平收益分配问题[141]。

随后，很多学者在经典 Shapley 值法的基础上开展了模糊合作对策 Shapley 值研究，主要体现在两方面。一方面，从模糊联盟的角度对 Shapley 值研究。Aubin[142] 于 1974 年正式提出了模糊联盟和模糊博弈的概念，即局中人以介于 $0 \sim 1$ 之间的参与率参加联盟为具有模糊联盟的模糊博弈。Butnariu[143]（1978）提出具有模糊联盟 n 人博弈的 Shapley 值，对传统 Shapley 值进行了改进，但是存在模糊支付函数不满足经典 Shapley 值超可加性的情况。Tsurumi 等[144]（2001）在 Butnariu 的基础上对存在的一些问题进行改进，利用 Choquet 积分构造了一类具有模糊联盟的 n 人博弈，提出了一个介于 $0 \sim 1$ 之间的实值参与率的模糊联盟 Shapley 值，而非区间模糊联盟。另一方面，从支付函数模糊化的角度对 Shapley 值研究。Mares[145]（1995）提出了具有模糊支付的合作对策。

近期，Shapley 值法的三个拓展方向为：将 Shapley 值法应用于特定问题上并加以变形；用其他方法公理化 Shapley 值；针对 Shapley 值法的某种不足予以修正并提出新的解

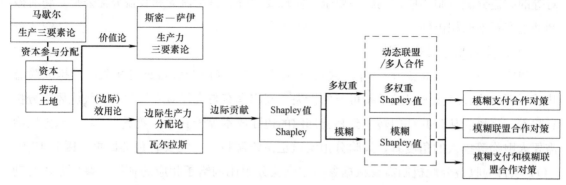

图 2-2　Shapley 值法应用于收益分配的思想渊源与演化路径

概念。CHEN 等[146]（2007）在 Butnariu、Tsurumi、Mares 等人研究的基础上提出基于三角模糊支付函数的模糊合作 Sharply 值改进，构造了更加贴合实践的模糊 Shapley 值。于晓辉等[147]（2008）利用区间数运算的性质，拓展了 Shapley 值在经典意义下的三条公理，提出了区间 Shapley 值的唯一形式，并进一步提出了改进的区间 Shapley 值分配方法，避免了分配为负的情况，更加合理，但此改进是对所定义的超可加合作对策中清晰联盟的区间收益要求的加强，缩小了此方法的应用范围。Li 等[148]（2009）提出具有模糊联盟 n 人博弈 Shapley 值的一般化表示形式，并且证明在特定类别的特征函数下 Shapley 值一般化表示与 Butnariu、Tsurumi 定义的 Shapley 值是等价的。孟凡永等[149,150]（2011，2013）定义了区间数减法运算法则，通过对传统模糊合作对策关于 Shapley 函数公理体系的推广，给出了具有区间支付的模糊合作对策 Shapley 函数的公理特征，并证明了所给区间 Shapley 函数的存在性和唯一性，解决了 CHEN 等[146]（2007）、于晓辉等[147]（2008）、Li 等[148]（2009）以往关于此类合作对策研究存在的诸如局部不能构成模糊 Shapley 值的弊端及应用范围较小等弊端。

通过 Shapley 值法发展及应用文献梳理，关于 Shapley 值法也在不断地拓展以适应各种实践情况。其中，关于修正 Sharply 值在 PPP 项目收益分配应用研究主要体现在两个方面（详见 1.2.4 节的文献综述）。第一，基于多权重 Sharply 值法优化，该方法主要通过扩大影响因素范围及指标权重的合理性优化收入分配的公平合理性。第二，基于模糊数学 Sharply 值改进（图 2-2）。例如，利用模糊支付和模糊联盟解决项目收入不确定和联盟参与度不确定对收入分配的影响。该方法使收益分配具有模糊动态性而更加灵活，解决了不同类别的不确定因素综合模糊函数构建难题，为 TOT 项目收入分成机制优化提供了思路和方法。

综上，多权重修正 Shapley 值的"公平"或"合理"性以及模糊 Shapley 值处理收益分配的灵活性恰好满足 TOT 项目对收益分配的需求，因此，本书基于模糊支付、模糊联盟及多权重方法对 Sharply 值修正，提出（供求非均衡）系统修正 Sharply 值的 TOT 项目收入分成机制。

2.2 TOT 项目收入分成合约

2.2.1 TOT 项目内涵及特点

1. TOT 定义

TOT 项目是存量 PPP 项目常见模式之一，是关于政府土地经营非常有效的融资方式[151]，具备 PPP 项目相应特性，通过政府方和社会资本方合作实现双方共赢，即政府把存量项目通过特许权转让合同转让给项目公司（社会资本），实现政府与社会资本合作。《政府和社会资本合作模式操作指南（试行）》（财金［2014］113 号）中，TOT 项目是指政府将存量资产所有权有偿转让给社会资本或项目公司，并由其负责运营、维护和用户服务，合同期满后资产及其所有权等移交给政府的项目运作方式，合同期限一般为 20～30 年。

学术研究中，早期对 TOT 项目的定义为东道主政府把已经投产运营的公共基础设施项目经营权，在一定期限内有偿移交给投资人；特许经营期满后，投资人把公共基础设施项目无偿移交回东道主政府[46,152]。后来，一些学者对 TOT 项目的定义为政府将已建成基础设施的特许经营权，在一定时期内有偿转让给社会投资者或项目公司，由其负责设备维护和运营服务，特许期满后，再移交给政府的项目运作方式[7]。通过定义对比，TOT 项目早期主要针对外资经营东道国政府投资建设的公共基础设施项目，后期投资者转向了国内的社会资本。

2. TOT 项目收益协调主体

TOT 项目是政府和社会资本合作模式之一，涉及众多的利益相关者，《政府和社会资本合作项目通用合同》为 TOT 项目的关键合同，其合同主体为政府方和社会资本方。同时，本书研究对象为政府（政府授权机构）和社会资本方共同投资的 TOT 项目，即项目公司由政府方和社会资本方共同组成。因此，本书主要研究政府方和社会资本方之间的利益协调。

1）政府方

《PPP 项目合同指南（试行）》（财金［2014］156 号）中，政府或政府授权机构作为 PPP 项目合同的一方签约主体时，称为政府方。《政府和社会资本合作项目通用合同指南》（发改投资［2014］2724 号）中指出签订项目合同的政府主体（政府方），是具有相应行政权力的政府，或其授权的实施机构。根据上述文件，本书 TOT 项目中的"政府方"主要作为与社会资本方平等的民事主体参与项目公司，与社会资本方共同负责项目运行。

2）社会资本方

《财政部关于推广运用政府和社会资本合作模式有关问题的通知》（财金［2014］76

号）、《PPP项目合同指南（试行）》（财金〔2014〕156号）、《关于印发政府和社会资本合作模式操作指南（试行）的通知》（财金〔2014〕113号）中的社会资本是指已建立现代企业制度的境内外企业法人，但本级政府所属的融资平台公司及其控股国有企业（上市公司除外）不得作为社会资本方参与本级政府辖区内的PPP项目。

《政府和社会资本合作项目通用合同指南》（发改投资〔2014〕2724号）签订项目合同的社会资本主体，应是符合条件的国有企业、民营企业、外商投资企业、混合所有制企业，或其他投资、经营主体。

《关于在公共服务领域推广政府和社会资本合作模式指导意见的通知》（国办发〔2015〕42号）指出，对已经建立现代企业制度、实现市场化运营的融资平台公司，在其承担的地方政府债务已纳入政府财政预算、得到妥善处置并明确公告今后不再承担地方政府举债融资职能的前提下，可作为社会资本参与当地政府和社会资本合作项目。

《财政部关于进一步加强政府和社会资本合作（PPP）示范项目规范管理的通知》（财金〔2018〕54号）中指出，国有企业或地方政府融资平台公司不得代表地方政府方签署PPP项目合同，地方政府融资平台公司不得作为社会资本方。

根据以上文件及文件发行时间，国有控股企业、民营企业、混合所有制企业可以作为社会资本方，但当地政府所属的融资平台公司及其他控股国有企业不能作为社会资本方参与当地PPP项目。

3. TOT项目所有权

关于TOT模式中政府向社会资本方转让的存量项目物权，不同学者观点不一致。徐可等[8]（2016）、王松江[152]（2005）等认为，TOT模式中社会资本购买了存量项目所有权，即TOT项目所有权在特许经营期归社会资本所有。张河坤[46]（2006）、沈重[151]（2017）等认为，TOT模式下政府向社会资本转让的仅仅是存量项目经营权，所有权仍然归政府所有。李新兵[7]（2016）认为，在国内实践中TOT项目转让给社会资本方的可以是经营权，也可以是资产所有权。因此，在项目实际运作中可以作一些变通，只转让使用权、经营权等权益，不转让所有权，或者转让部分所有权或经营权等[153]。

综上所述，对于TOT项目在特许经营期转让的权利中，所有权的归属并没有统一认识。无论所有权归属政府方还是社会资本方，社会资本方关注的是包含在TOT项目资产使用权中的收益权。若其收益权可以得到保障，TOT项目资产的所有权对参与方收入分配没有影响，因此，TOT项目转让的重要内容为在特许经营期内的项目收益权。

4. TOT项目类别

如果不考虑资产更新或者重建，根据特许权费用回收形式，TOT项目可以分为POT（Purchase-Operate-Transfer，购买-经营-移交）和LOT（Lease-Operate-Transfer，租赁-经营-移交）。其中，POT模式类似于政府一次性收回几十年的设施租金；而LOT模式中，政府在特许经营期内分期获得定期租金收益[7]，该模式除了具备一般TOT模式优势外，社会资本方进入门槛更低，资金支付方式更加灵活，能够吸引更多社会资本参与到存量基础设施项目市场化中。但该模式对社会资本方资金连续性有要求，与经典 TOT 模式一次性支付特许权费用相比，社会资本方为分期支付总租金高于一次性支付。若对原存量资产改建或者扩建，根据 TOT 项目转让内容的区别，可细分为 LUOT（Lease-Upgrade-Operate-Transfer，租赁-更新-经营-移交）和 PUOT（Purchase-Upgrade-Operate-Transfer，购买-更新-经营-移交）两种[154,155]。尹台玲[156]（2016）认为，ROMT（Rebuild-Operate-Maintain-Transfer，修整-运营-维护-移交）、LUOT、LROT（Lease-Rebuild-Operate-Transfer，租赁-修整-运营-移交）、PUOT、PUO（Purchase-Upgrade-Operate，购买-升级-经营）等都可以算作 TOT 模式。

刘晓君等[64]（2004）基于 BOT 和 TOT 模式提出 TBT 模式。该模式中，一是有偿转让（简称 TBTa），即政府方通过 TOT 方式有偿转让已建设施的经营权，一次性融得资金后再将这笔资金入股 BOT 项目公司，参与新建 BOT 项目的建设与经营，直至最后收回经营权。二是无偿转让（简称 TBTb），即政府方将已建基础设施的经营权以 TOT 方式无偿转让给投资者，但条件是该社会资本方同时参与一个 BOT 项目，BOT 项目公司按一个递增比例分享拟建项目未来经营收益。可见，TBT 模式与 LOT 中特许权费用皆通过分期租金收回。区别在于 LOT 模式中资金来源于本项目未来收益，而 TBT 模式则来源于相关 BOT 项目未来收益。显然 TBT 模式中，特许权费用收回因牵涉不同项目而风险更大。

综上，TOT 项目分类主要根据其内容和特许权费用支付方式进行分类。TOT 项目内容的区别为第一次转让后是否包含改建、扩建。特许权费用支付方式的区别主要为分期支付还是一次性支付，分期支付又可以分为固定年金形式和分成比例形式。对 TOT 项目分类的命名，通常冠以附加程序、内容及特许权费用支付方式。

2.2.2　TOT 项目合约结构

合约是对参与人竞争的约束，合约结构针对生产要素使用权的转让与界定，以及收入权的分配[130]。根据 2.1.2 节中收入分成合约理论的核心思想，TOT 项目收入分成合约因涉及生产要素的转让而具有合约结构。其合约结构为项目运营所需的项目资产和非项目资产使用权的转让与界定，以及收入权的分配，其核心为项目资产特许经营权的转让与界定，以及项目资产收入权的分配。TOT 项目资产的转让形式，决定了政府方和社会资本方收入分配形式和方案，即合约结构。根据项目资产转让形式，可以分为以下三种项目模式。

（1）项目资产使用权一次性全部转让——POT 模式。该模式中，特许经营期内项目资产特许权费用和项目运营最佳资源配置所需的非项目资产类生产要素完全由社会资本方承担。因此，项目特许经营期内所有项目收入归社会资本方所有，而政府方收入为社会资本方期初支付的特许权费用。该模式下，合约结构的核心为特许权费用的确定。

（2）项目资产租赁模式——LOT模式。该模式中，社会资本方仅承担项目运营最佳资源配置所需的非项目资产类生产要素的投入，无需在特许经营期初一次性支付特许权费用。特许经营期内，政府方收入为每年租金之和，项目产出扣除政府租金之和为非项目资产类生产要素获得相应报酬。该模式下，合约结构的核心为政府年固定租金或者其收入分成比例的确定。

（3）项目资产使用权部分转让——POT＋LOT模式。该模式中，项目运营最佳资源配置所需的非资产类生产要素由政府方和社会资本方共担；同时，政府方把部分特许权费用作为项目资产投入。因此，政府方收入由两部分组成，一部分为特许经营期期初由社会资本方支付的部分特许权费用，另一部分为租金收入，该租金为政府所承担的项目资产及其他非资产类生产要素的投资回报。社会资本方收入为项目产出扣除政府年租金，即为其所承担的项目资产投入（即期初支付的部分特许权费用）和非资产类生产要素的投资回报。该模式合约结构的核心为政府方和社会资本方的项目资产（特许权费用）出资比例、项目运营所需非资产类资源投入比例以及收入分配比例。

2.2.3　TOT项目合约模式

TOT项目合约结构决定其合约模式。根据2.2.2节分析，TOT模式合约结构类型主要根据项目资产的转让形式分为三种项目模式。根据资金等值原理，TOT项目资产特许经营权费用可以有多种支付方式。例如，一次性支付和分期支付，以及两者混合这三种模式。综上，TOT项目合约结构模式和特许经营费用支付形式，TOT项目合约模式主要有以下四种合约结构。

（1）固定租金合约。对应2.2.2节中LOT模式合约结构，其中政府收入以固定年金形式收回其特许权费用，称为固定租金合约。政府方以特许经营期内项目资产作为投入，社会资本方仅负责项目中除项目资产外的运维投入及其他期初投入。特许权费用回收形式由经营期初一次性支付变为经营期内多次支付。

（2）收入分成合约。对应2.2.2节中LOT模式合约结构，其中政府方按照项目年收入一定比例分期收回投资，即项目公司按照项目年收入一定比例向政府方支付租金，称为收入分成合约。政府方以特许经营期内项目资产作为投入，社会资本方仅负责项目中除项目资产外的运维投入及其他期初投入。特许权费用通过特许经营期内约定的收入分成比例收回，政府方和社会资本方收入皆随着项目年收入变化而变化。

（3）固定回报合约。政府方回报是固定的，即项目特许权费用。对应2.2.2节中POT模式合约结构，社会资本方期初一次性支付特许权费用购买项目特许经营权，并负责项目其他期初投入和运维投入。特许经营期内项目收入全部归社会资本方，而政府方收入为期初一次性支付的特许权费用。该模式在以往文献中比较常见，为经典TOT项目合约模式。

（4）固定回报加收入分成合约。对应 2.2.2 节中 POT＋LOT 模式合约结构，其中 POT 部分采用固定回报合约，LOT 部分采用收入分成合约，即为固定回报合约和收入分成合约的混合形式，简称固定回报加收入分成合约。该模式下，政府方收入由两部分组成，一部分为分成收入，即政府方因承担一定比例的项目资产以及非资产类生产资源而获得相应比例的项目收入；另一部分为固定收入，即社会资本方期初一次性支付的部分特许权费用。社会资本方收入为项目收入扣除政府收入分成之后的部分。政府方分成收入部分和社会资本方收入皆随项目收入变化而变化。

2.2.4　TOT 项目合约结构参数

TOT 项目收入分成合约内涵体现在两个方面：一方面为 TOT 项目必有合约结构，即 TOT 项目资产转让方式的界定及与之对应的项目资产收入权的分配形式的确定；另一方面，为市场竞争下 TOT 项目运营所需的各生产要素的最佳资源配置，即与项目资产规模、特许经营期相匹配的最佳资源投入量。合约结构参数是合约模式及收入分配方式的具体表现。下面对不同合约模式的合约结构参数进行描述。

1. 固定租金合约结构参数

固定租金合约结构参数为政府方投入与收入、社会资本方非资产资源投入、项目收入。该合约的关键为特许经营期及与固定租金确定。

1）政府方投入与收入

本书中，把 TOT 项目的剩余寿命（以下称项目寿命期）称为 T。政府方的投入为特许经营期项目整体资产（简称为项目资产），记为 I_f。其投入量以特许经营期 t 为计量单位。政府方收入特许经营期内固定租金收入之和，记年固定租金为 R_a。

2）社会资本方投入与收入

社会资本方期初投入主要风险投入，记为 I_r；创新投入，记为 I_n；处理突发事件贡献，记为 I_c；以及社会资本方运营投入，记为 C_o。记社会资本方期初总投入和运营投入期初现值总和为 C（$C \leqslant C_T$，C_T 为与项目寿命期 T 相匹配的投入额度，C 为特许经营期的函数）。特许经营期内项目产出扣除政府方固定租金之和为社会资本方收入。

3）项目产出

假定双方合作决定的产能和经营方式是使项目效率最大化的产能和经营方式，即双方的投入达到项目资源配置最优。社会资本方和政府方均对项目的产能和经营方式有决策权。项目有两种生产要素：项目资产和非项目资产资源。在不考虑交易费用情况下，记项目总产出函数为：$q = q(C, t)$。其中：q 表示项目总产出（服务）。

2. 收入分成合约结构参数

收入分成合约结构参数为项目收入、政府方项目资产投入、社会资本方非项目资产类资源投入、政府方和社会资本方收入分成比例。

1）政府方投入

政府方投入同"1. 固定租金合约结构参数"。按照行业平均水平，项目资产的机会成本不变。

2）社会资本方投入

社会资本方投入同"1. 固定租金合约结构参数"。社会资本方机会成本为：$C \cdot r$。其中，r 为社会资本方单位资金机会成本且不变。

3）项目产出

同"1. 固定租金合约结构参数"。

4）单个社会资本方参与的政府和社会资本方收入

图 2-3 给出了既定特许权费用下单个社会资本方参与 TOT 项目时，双方分成收入。其中，垂直供给曲线的横坐标 T 为项目寿命期，β 为政府收入分成比例。

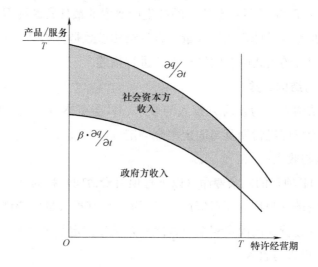

图 2-3　单个社会资本方参与 TOT 项目双方分成收入

项目边际产量：曲线 $\partial q / \partial t$，保持 C 不变，根据边际收益递减规律，曲线 $\partial q / \partial t$ 向右下方倾斜。

政府边际收入：曲线 $\beta \cdot \partial q / \partial t$，即特许经营期增加一个单位引起的政府收入增加。

社会资本方边际收入：$(1-\beta) \cdot \partial q / \partial t$，曲线 $\beta \cdot \partial q / \partial t$ 和曲线 $\partial q / \partial t$ 之间的纵距，即特许经营期增加一个单位引起社会资本方收入的增加。

政府收入：$\beta \cdot q$，即曲线 $\beta \cdot \partial q / \partial t$ 在特许经营期间所围面积。

社会资本方收入：$(1-\beta) \cdot q$ 在曲线 $\beta \cdot \partial q / \partial t$ 和曲线 $\partial q / \partial t$ 之间所围的面积。

若 $(1-\beta) \cdot q$ 大于或等于其投资其他地方收入，且 $\partial q / \partial t > 0$，社会资本方将尽可能延长特许经营期以增加其收入。同时政府为收入最大化，将提高曲线 $\beta \cdot \partial q / \partial t$，直到满足 $(1-\beta) \cdot q = C \cdot r$。

5）多个社会资本方参与下政府和社会资本方收入

若单个社会资本方投资额不能满足项目寿命周期对总投资需求，可将项目寿命期分成多个特许经营期（多个社会资本方参与），相当于增加项目寿命期社会资本总投资。假设所有社会资本方都具有相同既定投资额、项目的产出函数。图 2-4 给出了多个社会资本方参与项目的示意图。其中，垂直线 T_1，T_2，$T_3\cdots$分别是第一、第二、第三个等社会资本方特许经营期的分界线。

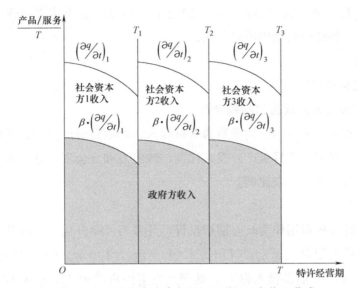

图 2-4　多个社会资本参与 TOT 项目双方收入分成

曲线 $(\partial q/\partial t)_1$，$(\partial q/\partial t)_2$，$(\partial q/\partial t)_3\cdots$分别是每个合约中项目边际产出曲线。

曲线 $\beta\cdot(\partial q/\partial t)_1$，$\beta\cdot(\partial q/\partial t)_2$，$\beta\cdot(\partial q/\partial t)_3\cdots$分别是每个合约中政府边际收入曲线。

政府收入：曲线 $\beta\cdot(\partial q/\partial t)_1$，$\beta\cdot(\partial q/\partial t)_2$，$\beta\cdot(\partial q/\partial t)_3\cdots$在 T 内所围面积之和。

各社会资本方收入分别是该社会资本方投入下的曲线$\partial q/\partial t$ 和曲线$\beta\cdot\partial q/\partial t$ 之间的区域，如图 2-4 所示。

同理，政府方为了收入最大化，使每个社会资本方收入不高于其机会成本。

图 2-4 显示，根据边际报酬递减规律，随着社会资本方参与数量增加，曲线$\partial q/\partial t$ 上升的幅度越来越少直至为零，同时每个社会资本方能够获得特许经营期大幅度减少。为了保证社会资本方获得收入不低于其机会成本，政府需将曲线 $\beta\cdot\partial q/\partial t$ 下移。随着曲线 $\beta\cdot\partial q/\partial t$ 下降，且每个社会资本方能够得到合理补偿，各特许经营期内的 $\beta\cdot\partial q/\partial t$ 曲线积分之和会随着社会资本方数量的增加呈倒 U 形，即政府收入总额随着社会资本数量增加而先增后减。

3. 固定回报合约结构参数

固定回报合约结构参数为项目收入、社会资本方项目资产及非资产投入、特许权费用及对应特许经营期。

1）政府方投入与收入

政府方把项目资产使用权转让给社会资本方，由社会资本方期初向政府方一次性支付特许权费用。从 TOT 项目经营期看，政府没有投资，也没有收益。政府方收入为期初转让项目资产使用权得到的由社会资本方一次性支付的特许权费用。

2）社会资本方投入与收入

社会资本方期初投入主要为期初支付的特许权费用，记为 I_f；风险投入，记为 I_r；创新投入，记为 I_n；处理突发事件贡献，记为 I_c；以及社会资本方运营投入，记为 C_o。社会资本方收入为特许经营期内项目收入。

3）项目产出

同"1. 固定租金合约结构参数"。

4. 固定回报加收入分成合约结构参数

固定回报加收入分成合约结构参数为项目收入、非项目资产类的资源投入、政府方和社会资本方特许权费用（项目资产）投入比例、政府方和社会资本方其他非项目资产类资源投入及比例、双方收入分成比例。

1）政府方投入

政府以部分特许权费用作为政府期初投资，并参与风险分担、创新投入和处理突发事件贡献。政府方投入记为 $I_g = \eta_{g1} \times I_f + \eta_{g2} \times I_r + \eta_{g3} \times I_n + \eta_{g4} \times I_c$；其中，特许权费用为 I_f，风险投入为 I_r，创新投入为 I_n，处理突发事件贡献为 I_c。$\eta_{gi}(i=1,2,3,4)$ 分别为政府方在特许权费用、风险分担、创新投入和处理突发事件贡献比例。

2）社会资本方投入

社会资本方期初投入为 $I_p = \eta_{p1} \times I_f + \eta_{p2} \times I_r + \eta_{p3} \times I_n + \eta_{p4} \times I_c$。其中，$\eta_{pi}(i=1,2,3,4)$ 分别为社会资本方在特许权费用、风险分担、创新投入和处理突发事件贡献比例。社会资本方运营总投入为 C_o。

3）项目产出

同"1. 固定租金合约结构参数"。

4）政府方收入

政府方期初固定收入为期初的部分特许权费用，运营期间的分成收入为特许经营内按照相应比例获得的收入。

5）社会资本方收入

社会资本方收入全部为分成收入，项目收入中扣除政府方收入分成即为社会资本方的收入分成。

5. 不同合约模式结构参数对比

下面把固定租金合约、收入分成合约和固定回报加收入分成合约、固定回报合约相关参数进行对比分析，如表 2-1 所示。

不同合约模式结构参数对比 表 2-1

	固定租金	收入分成	固定回报加收入分成	固定回报
政府方投入	I_f	I_f	$\eta_{g1} \times I_f + \eta_{g2} \times I_r + \eta_{g3} \times I_n + \eta_{g4} \times I_c$	0
社会资本方投入	$C = I_r + I_n + I_c + C_0$	$C = I_r + I_n + I_c + C_0$	$\eta_{p1} \times I_f + \eta_{p2} \times I_r + \eta_{p3} \times I_n + \eta_{p4} \times I_c + C_0$	$I_f + C$
运营期政府方收入	$R_a \cdot t$	$\beta \cdot q$	$\beta'_g \cdot q$	0
社会资本方收入	$q - R_a \cdot t$	$(1-\beta) \cdot q$	$(1-\beta'_g) \cdot q$	q

通过表 2-1 的对比发现：（1）固定租金合约与收入分成合约中参与方投入完全一样，但参与方收入方式不同，收入分成合约中政府方租金为随项目收入变化；而固定租金合约中，政府方租金为固定租金；（2）当 $\eta_{g1}=1$，$\eta_{g2}=\eta_{g3}=\eta_{g4}=0$ 时，即 $\eta_{p1}=0$，$\eta_{p2}=\eta_{p3}=\eta_{p4}=1$ 时，固定回报加收入分成合约就变成了收入分成合约，即收入分成合约是固定回报加收入分成合约的一个特例；（3）当 $\eta_{g1}=0$，$\eta_{g2}=\eta_{g3}=\eta_{g4}=0$ 时，即 $\eta_{p1}=1$，$\eta_{p2}=\eta_{p3}=\eta_{p4}=1$ 时，固定回报加收入分成合约就变成了固定回报合约，即固定回报合约是固定回报加收入分成合约的一个特例。

2.3 TOT 项目修正 Shapley 值

定义 2.1 一个合作博弈（N，v）的经典 Shapley 表达式

$$\varphi_i(v) = \sum_{i \in S} \frac{(|S|-1)! \, (n-|S|)!}{n!} [V(S) - V(S \setminus i)] \tag{2-1}$$

式中，$\varphi_i(v)$ 表示在 N 人合作下成员 i 所得的利润分配；S 表示集合 N 中所有包含 i 的子集；$|S|$ 表示子集 S 中包含的元素个数；$[V(S)-V(S \setminus i)]$ 体现了成员 i 对合作联盟 S 所作的边际贡献；$\dfrac{(|S|-1)! \, (n-|S|)!}{n!}$ 代表各种子集联盟 S 出现的概率。

定义 2.2 TOT 项目清晰联盟的特征函数

根据 Shapley 值理论，可将 TOT 项目政府方、社会资本方的合作视为一个合作博弈 $(N，v)$。记政府方和社会资本方的集合为 $N=(g，p)$，N 中所有清晰联盟记为 $P(N)$，清晰联盟是指经典合作对策中政府方与社会资本以参与度为 100% 加入联盟。$P(N)$ 中所有清晰联盟为 S，W，…它们的基数分别为 $|S|$，$|W|$，…其中，g 为政府方，p 为社会资本方，V 为政府方和社会资本方组成不同联盟对应的不同特征函数，即为两者组成不同合作联盟时的总收入。

N 中不同子集代表不同合作方式或者联盟，TOT 项目清晰合作联盟中非空子集的特征函数分析如下。

（1）子集 $S=(g)$，代表政府方独自完成公共基础设施项目，自行负责项目投融资、项目风险和运营，即传统的政府提供公共基础设施项目的模式，简称传统模式。此时政府方收益为 $v(\{g\})$，简记为 v_g。

（2）子集 $S=(p)$，代表社会资本方独自完成公共基础设施项目，目前我国基础设施项目还未对社会资本开放，但是本书结合社会资本方在类似项目的经验，假设由社会资本方完全承担公共基础项目建设、运营过程，且其收益为 $v(\{p\})$，简记为 v_p。

（3）子集 $S=(g,p)$，代表政府方和社会资本方合作形成联盟，即 TOT 模式，两者共同合作运营公共基础设施项目，同时两者分享项目所带来的全部收益，项目合作的收益为 $v(\{g,p\})$，简记为 v_{TOT}。

因此，TOT 项目清晰联盟的 Shapley 值表达式如下：

$$\varphi_i(v)=\sum_{i\in S}\frac{(|S|-1)!\,(2-|S|)!}{2!}[V(S)-V(S\backslash i)] \quad (i=g,p) \quad (2\text{-}2)$$

式中，$\varphi_i(v)$ 表示成员 i 所得收入分配，即成员 i 的 Shapley 值；S、$|S|$ 含义同上；$[V(S)-V(S\backslash i)]$ 体现了政府或者社会资本方对联盟 S 所作的边际贡献；$\dfrac{(|S|-1)!\,(2-|S|)!}{2!}$ 表示各子集联盟 S 出现的概率。

定义 2.3　TOT 项目模糊支付函数及其参与方 Shapley 值

$(N,\tilde{v})$ 称为政府和社会资本合作集合 $N=(g,p)$ 上的模糊合作对策，其中 $\tilde{v}$ 是在定义 N 上的幂集 $P(N)$ 上取值在区间数集合 $\tilde{R}$ 上的模糊支付函数，即 $\tilde{v}:P(N)\to\tilde{R}$，且 $\tilde{v}(\phi)=0$，称 $\tilde{v}$ 为 $P(N)$ 上的具有模糊支付的合作博弈，其全体记为 $G(N)$[141,146]。

模糊函数 $\tilde{\varphi}_i:G(N)\to\tilde{R}^n$ 为：

$$\varphi_i(v)=\sum_{i\in S}\frac{(|S|-1)!\,(2-|S|)!}{2!}[V(S)-V(S\backslash i)] \quad (i=g,p) \quad (2\text{-}3)$$

上述函数称为基于模糊支付的参与方 Shapley 值。该 Shapley 值不代表参与方实际收入分成，仅代表参与方收入分成占比得分。下面各种方法修正的 Shapley 值含义同上。

定义 2.4　TOT 项目模糊联盟及双重模糊支付函数

根据 Aubin[142]（1974）提出模糊联盟的概念，TOT 项目模糊联盟是在经典合作联盟基础上的拓展，指参与方运营绩效介于 [0，1] 之间参与该联盟。若参与方运营绩效为一个介于 [0，1] 之间的常数，并按此常数参与 TOT 联盟，则称为非完全模糊联盟，本书简称常数模糊联盟。若 TOT 项目参与方运营绩效为介于 [0，1] 之间的模糊数参与该联盟，则称为完全模糊联盟，简称模糊联盟。

TOT 项目集合 N 中所有模糊联盟记为 $L(N)$。$\tilde{S}$ 为 $L(N)$ 中模糊联盟子集，与 $P(N)$ 中的清晰联盟 S 相对应，其基数为 $|S|$。对于任意 $i\in N$ 和 $\tilde{S}(i)\in L(N)$，$\tilde{S}(i)$ 为局中人 i 在模糊联盟 $\tilde{S}$ 中的隶属度，将 $\tilde{S}\cup\{H(i)\}$ 简记为 $\tilde{S}\cup H(i)$，表示局中人 i 以

运营绩效 $H(i)$ 加入任一模糊联盟 $\widetilde{S} \in L(N)$，记为 h_l，其支集 $\mathrm{supp}\,\widetilde{S} = \{i \in N | \widetilde{S}(i) > 0\}$，对于任意 $\alpha \in [0,1]$，记 $[\widetilde{S}]_\alpha = \{i \in N | \widetilde{S}(i) \geqslant \alpha\}$ 为模糊联盟的 α 水平集。$\widetilde{S} \cup \widetilde{H}(i)$ 表示参与方 i 以模糊运营绩效 $\widetilde{H}(i)$ 加入模糊联盟子集 $\widetilde{S}$，记为 $\widetilde{h}_l$。

1) 常数双重模糊支付

对于模糊合作对策 $\widetilde{v}$ 和 $\forall \widetilde{S} \in L(N)$，若模糊联盟 $\widetilde{S}$ 的模糊支付可以表示为：

$$\widetilde{\widetilde{v}}^*(\widetilde{S}) = \sum_{l=1}^{m(\widetilde{S})} \widetilde{v}([\widetilde{S}]_{h_l})(h_l - h_{l-1}) \tag{2-4}$$

上述模糊合作博弈称为具有常数模糊联盟和模糊支付的模糊合作博弈，本书简称为常数双重模糊合作博弈。

常数双重模糊合作博弈中：

(1) 模糊联盟 $\widetilde{S}$ 的模糊支付是利用 Choquet 积分法得到的[141,144]，即 $\widetilde{\widetilde{v}}^*(\widetilde{S}) = \int \widetilde{S} \mathrm{d}\widetilde{v} = \sum_{l=1}^{m(\widetilde{S})} \widetilde{v}([\widetilde{S}]_{h_l})(h_l - h_{l-1})$。

(2) $M(\widetilde{S}) = \{\widetilde{S}(i) | \widetilde{S}(i) > 0, i \in N\}$，$m(\widetilde{S})$ 是 $M(\widetilde{S})$ 集合中元素的个数，$M(\widetilde{S})$ 为局中人的参与度按照非递减排序得：$0 = h_0 \leqslant h_1 < \cdots < h_{m(\widetilde{S})} \leqslant 1$。

(3) $[\widetilde{S}]_{h_l} = \{i \in N | \widetilde{S}(i) \geqslant h_l\}$ 为所有局中人组成的清晰联盟。

(4) $\widetilde{v}([\widetilde{S}]_{h_l})$ 为仅具有模糊支付的模糊合作博弈的模糊支付函数。

(5) $\widetilde{G}^*(N)$ 上双重模糊下的模糊合作博弈的全体记为 $\widetilde{G}_{\mathrm{FF}}^*(N)$。

2) 双重模糊支付

对于模糊合作对策 $\widetilde{v}$ 和 $\forall \widetilde{S} \in L(N)$，若模糊联盟 $\widetilde{S}$ 的模糊支付可以表示为：

$$\widetilde{\widetilde{v}}(\widetilde{S}) = \sum_{l=1}^{m(\widetilde{S})} \widetilde{v}([\widetilde{S}]_{\widetilde{h}_l})(\widetilde{h}_l - \widetilde{h}_{l-1}) \tag{2-5}$$

则称此模糊合作博弈为具有模糊联盟和模糊支付的模糊合作博弈，简称为双重模糊合作博弈。

双重模糊合作博弈中：

(1) 模糊联盟 $\widetilde{S}$ 的模糊支付是利用 Choquet 积分法得到的[141,144]，即 $\widetilde{\widetilde{v}}(\widetilde{S}) = \int \widetilde{S} \mathrm{d}\widetilde{v} = \sum_{l=1}^{m(\widetilde{S})} \widetilde{v}([\widetilde{S}]_{\widetilde{h}_l})(\widetilde{h}_l - \widetilde{h}_{l-1})$。

(2) $M(\widetilde{S}) = \{\widetilde{S}(i) | \widetilde{S}(i) > 0, i \in N\}$，$m(\widetilde{S})$ 是 $M(\widetilde{S})$ 集合中元素的个数，$M(\widetilde{S})$ 为局中人的参与度按照非递减排序得：$0 = \widetilde{h}_0 \leqslant \widetilde{h}_1 < \cdots < \widetilde{h}_{m(\widetilde{S})} \leqslant 1$。

(3) $[\widetilde{S}]_{\widetilde{h}_l} = \{i \in N \,|\, \widetilde{S}(i) \geqslant \widetilde{h}_l\}$ 为所有局中人组成的清晰联盟。

(4) $\widetilde{v}([\widetilde{S}]_{\widetilde{h}_l})$ 为仅具有模糊支付合作博弈的模糊支付函数。

(5) $\widetilde{G}(N)$ 上双重模糊下的模糊合作博弈的全体记为 $\widetilde{G}_{FF}(N)$。

可见，常数双重模糊支付是双重模糊支付的一个特定值。常数双重模糊合作博弈是双重模糊合作博弈的一个特例。

定义 2.5 基于常数双重模糊的参与方 Shapley 值

模糊函数 $\widetilde{\widetilde{\varphi}}^* : \widetilde{G}_{FF}^*(N) \rightarrow (\widetilde{R}^n)^{L(N)}$ 为：

$$\widetilde{\widetilde{\varphi}}_i^*(\widetilde{v}) = \sum_{i \in S} \frac{(|S|-1)!\,(2-|S|)!}{2!} [\widetilde{\widetilde{v}}^*(\widetilde{S}) - \widetilde{\widetilde{v}}^*(\widetilde{S} \backslash i)] \quad (i = g, p) \quad (2\text{-}6)$$

则称此函数为基于常数双重模糊合作对策 $\widetilde{\widetilde{v}}^* \in \widetilde{G}_{FF}^*(N)$ 的参与方 Shapley 值，简称为常数双重模糊参与方 Shapley 值。

定义 2.6 基于双重模糊的参与方 Shapley 值

模糊函数 $\widetilde{\widetilde{\varphi}} : \widetilde{G}_{FF}(N) \rightarrow (\widetilde{R}^n)^{L(N)}$ 为：

$$\widetilde{\widetilde{\varphi}}_i(\widetilde{v}) = \sum_{i \in S} \frac{(|S|-1)!\,(2-|S|)!}{2!} [\widetilde{\widetilde{v}}(\widetilde{S}) - \widetilde{\widetilde{v}}(\widetilde{S} \backslash i)] \quad (i = g, p) \quad (2\text{-}7)$$

上述函数称为基于双重模糊合作对策 $\widetilde{\widetilde{v}} \in \widetilde{G}_{FF}(N)$ 的参与方 Shapley 值，简称为双重模糊参与方 Shapley 值。双重模糊 Shapley 值解决了不同影响机理的不确定因素综合模糊函数构建难题，为本书创新点之一。

定义 2.7 基于系统修正的参与方 Shapley 值

对于资源投入比例修正的双重模糊合作对策记为 $\widetilde{\widetilde{v}}^\eta : \widetilde{G}_{FF}(N) \rightarrow R$，且 $\widetilde{\widetilde{v}}^\eta(\phi) = 0$，若函数 $\widetilde{\widetilde{\varphi}}^\eta : \widetilde{G}_{FF}^\eta(N) \rightarrow (\widetilde{R}^n)^{L(N)}$ 为：

$$\widetilde{\widetilde{\varphi}}_i^\eta(\widetilde{v})(H) = 2\eta_i \widetilde{\widetilde{\varphi}}_i(\widetilde{v})(H) \quad (2\text{-}8)$$

则称此函数为基于资源投入比例及双重模糊合作对策 $\widetilde{\widetilde{v}}^\eta$ 的参与方 Shapley 值，即合作联盟供求均衡时基于系统修正 TOT 项目 Shapley 值，简称为系统修正的参与方 Shapley 值。若本书未明确提到合作联盟供求非均衡，就默认合作联盟为均衡状态。

文献中多权重 Shapley 值修正法（记为方法 Ⅵ），采用参与方多权重系数与经典 Shapley 值系数之差乘以项目收入作为修正值，即 $\Delta v_i = (\eta_i - 0.5) \times v$；然后，把修正值与经典值相加得到参与方的收入分成修正结果，即 $\gamma_i = \varphi_i + \Delta v_i$，计算相对繁琐。本书提出了资源投入比例修正系数 η（具体计算见 4.5.1 "参与方资源投入比例量化分析"），并建立了资源投入比例修正系数与各种合作对策下的 Shapley 值之间的关联。即采用该修正系数与参与方在既定合作对策下的 Shapley 值之积得到参与方修正 Shapley 值，然后根据参与方修正后的 Shapley 值占比得出其收入分成比例，由项目收入与参与方收入分成比例之积得出收入分成结果。资源投入比例系数法的思路与过程相对简单，同时把文献中采用绝对值的修正思路变为相对值的修正方式，体现修正结果的相对性，避免出现较极端的结果，使资源投入对收入分成影响更加合理。

定义 2.8 基于供求非均衡系统修正的参与方 Shapley 值

参与方均处于完全竞争市场，即称为合作联盟供求均衡。当参与方合作迫切系数不为 1 时，称为合作联盟供求非均衡。合作联盟供求非均衡时，需考虑合作联盟供求水平对参与方 Shapley 值的影响。记资源投入比例、合作联盟供求关系综合修正系数为 θ，简称非均衡多因素修正系数。基于非均衡多因素修正系数双重模糊合作对策记为 $\widetilde{\widetilde{v}}^{\theta}: \widetilde{G}_{\mathrm{FF}}(N) \rightarrow R$，且 $\widetilde{\widetilde{v}}^{\theta}(\phi) = 0$，若函数 $\widetilde{\widetilde{\varphi}}^{\theta}: \widetilde{G}_{\mathrm{FF}}^{\theta}(N) \rightarrow (\widetilde{R}^n)^{L(N)}$ 为：

$$\widetilde{\widetilde{\varphi}}_i^{\theta}(\widetilde{v})(H) = 2\theta_i \widetilde{\widetilde{\varphi}}_i(\widetilde{v})(H) \tag{2-9}$$

则称此函数为基于资源投入比例、合作联盟供求关系修正的双重模糊合作对策 $\widetilde{\widetilde{v}}^{\theta}$ 的参与方 Shapley 值，简称为供求非均衡系统修正参与方 Shapley 值。其中 θ 的量化见 4.5.2 节"合作联盟供求水平量化分析"。

定义 2.9 模糊支付和模糊运营绩效的模糊结构元表示

设 E 为三角对称模糊结构元[141,146]，取值区间为 $[-1,1]$，其隶属函数为：

$$E(x) = \begin{cases} 1+x, & -1 \leqslant x \leqslant 0 \\ 1-x, & 0 < x \leqslant 1 \\ 0, & \text{其他} \end{cases} \tag{2-10}$$

设 f 是 $[-1,1]$ 上同序单调函数。$\widetilde{v}(S)$（简记为 $\widetilde{v}_S$）表示联盟子集 S 的模糊收益，$\widetilde{v}(S) = f_{\widetilde{v}(S)}(E)$；$\widetilde{v}_{\mathrm{FF}}(\widetilde{S})$（简记为 $\widetilde{\widetilde{v}}_S$）表示 TOT 项目中，模糊联盟子集 $\widetilde{S}$ 产生的模糊收益，$\widetilde{v}_{\mathrm{FF}}(\widetilde{S}) = f_{\widetilde{\widetilde{v}}_S}(E)$；$\widetilde{H}(i)$ 表示参与方 i 在模糊联盟子集 $\widetilde{S}$ 的模糊运营绩效，记为 $\widetilde{h}_l$，模糊数 $\widetilde{h}_l = f_{\widetilde{h}_l}(E)$。

记 $f_{\widetilde{v}}(x) = a + bx$，$f_{\widetilde{h}}(x) = c + dx$，由模糊结构元线性生成的模糊数为：

$\widetilde{v} = a + bE$、$\widetilde{h} = c + dE$，则有 $\widetilde{v} = f_{\widetilde{v}}(E)$、$\widetilde{h} = f_{\widetilde{h}}(E)$。

且满足：

$\widetilde{v}_1 + \widetilde{v}_2 = f_{\widetilde{v}_1}(E) + f_{\widetilde{v}_2}(E)$、$\widetilde{v}_1 - \widetilde{v}_1 = f_{\widetilde{v}_1}(E) - f_{\widetilde{v}_2}(-E)$、$\widetilde{h}_1 + \widetilde{h}_2 = f_{\widetilde{h}_1}(E) + f_{\widetilde{h}_2}(E)$、$\widetilde{h}_1 - \widetilde{h}_2 = f_{\widetilde{h}_1}(E) - f_{\widetilde{h}_2}(-E)$。

2.4 本章小结

本章主要包括基础理论分析和模型构建准备两个部分。

1. 基本理论分析

（1）根据项目区分理论，明确本书研究对象为经营性 TOT 项目。

（2）对收入分成合约理论渊源及核心思想的分析，为 TOT 项目收入分成合约结构及其均衡的概念、TOT 项目收入分成合约模式、收入分成合约结构参数和 TOT 项目收入分成合约结构均衡模型的构建提供了理论依据。另外收入分配公平与效率的内涵为 TOT 项目收入分成机制优化提供了方向和目标。

（3）PPP/TOT 项目收入分配的内涵、广义收益分配和狭义收益分配的区别与联系、收益分配常用合约模式及收益分配的原则为本书收入分成机制的优化提供了思路和基本原则。

（4）Shapley 值法的梳理为本书收入分成机制的优化提供了具体方法。

2. 模型构建准备

（1）提出 TOT 项目收入分成合约相关概念，为收入分成合约结构均衡模型的构建做好准备工作。根据相关理论基础分析，本书提出了 TOT 项目收入分成合约结构的概念及其内涵，确定 TOT 项目收入分成合约模式；提出 TOT 项目合约结构参数，并对 TOT 项目不同合约模式的结构参数进行定义。通过对比分析，收入分成合约与固定租金合约的参与方投入完全相同，区别仅为参与方收入方式不同；收入分成合约与固定回报合约是固定回报加收入分成合约的两个特例。

（2）对参与方 Shapley 值相关概念进行定义，为第 5 章收入分成机制优化做好准备工作。首先，根据经典 Shapley 值含义，分别定义 TOT 项目清晰联盟下 Shapley 值、TOT 项目模糊支付函数及基于模糊支付的参与方 Shapley 值、TOT 项目模糊联盟及双重模糊支付函数；然后，根据修正的因素不同提出了常数双重模糊参与方 Shapley 值、双重模糊参与方 Shapley 值、资源投入比例及常数双重模糊参与方 Shapley 值、系统修正参与方 Shapley 值、供求非均衡系统修正参与方 Shapley 值，并给出模糊支付、模糊运营绩效及参与方 Shapley 值的模糊结构元表达式。其中双重模糊 Shapley 值的定义解决了不同影响机理的不确定因素综合模糊函数构建难题。

第3章
TOT项目收入分成合约结构均衡分析

不同合约模式，其收入分成合约结构参数不同，均衡结果也有差异。根据收入分成合约理论，首先构建收入分成合约结构相对简洁的收入分成合约结构均衡模型；然后根据收入分成合约、固定租金合约与固定回报加收入分成合约的关联与区别，在收入分成合约结构均衡模型的基础上，通过相应参数的调整，建立固定回报加收入分成合约结构均衡模型，为实践中不同的合约类型的收入分成机制的优化提供理论支持。

3.1 收入分成合约结构均衡代数模型

根据2.2.4节中相关定义，本模型假设项目市场环境为完全竞争市场，不考虑不确定因素的影响，项目参与方均按照预期约定绩效执行合约。另外，假设项目由 m 个社会资本方参与，则每个社会资本方的特许经营期为：$t=T/m$。政府收入总额 $R=m \cdot \beta \cdot q(C,t)$。在市场条件下，社会资本方机会成本 $C \cdot r=(1-\beta)q(C,t)$。政府为了收入最大化，需要考虑多个社会资本竞争约束下，如何选择 C、m、β 来使收入总额 R 最大化（特此说明选择 m、C 不需要分开分别处理，给定 C 调整 m 与给定 m 调整 C 是一样的效果，都是为了达到双方收入最大化时社会资本方投资与政府投资相匹配的比例，分开处理是为了推导出均衡状态时全部条件），其可以表达为：

$$\max_{\langle m,\beta,C\rangle} R = m \cdot \beta \cdot q(C,t) \tag{3-1}$$

约束条件：

$$C \cdot r = (1-\beta)q(C,t) \tag{3-2}$$

建立拉格朗日表达式求政府收入最大值：

$$L = m \cdot \beta \cdot q(C,t) - \lambda[C \cdot r - (1-\beta)q(C,t)] \tag{3-3}$$

分别对 m、β、C、λ 求微分得：

$$\frac{\partial L}{\partial m} = \beta \cdot q(C,t) + m \cdot \beta \cdot \frac{\partial q}{\partial t} \cdot \frac{\mathrm{d}t}{\mathrm{d}m} + \lambda(1-\beta)\frac{\partial q}{\partial t} \cdot \frac{\mathrm{d}t}{\mathrm{d}m} = 0 \tag{3-4}$$

$$\frac{\partial L}{\partial \beta} = m \cdot q(C,t) - \lambda \cdot q(C,t) = 0 \tag{3-5}$$

$$\frac{\partial L}{\partial C}=m \cdot \beta \cdot \frac{\partial q}{\partial C}-\lambda\left[r-(1-\beta)\frac{\partial q}{\partial C}\right]=0 \tag{3-6}$$

$$\frac{\partial L}{\partial \lambda}=-[C \cdot r-(1-\beta)q(C,t)]=0 \tag{3-7}$$

根据 $t=T/m$，

$$\frac{\mathrm{d}t}{\mathrm{d}m}=-\frac{T}{m^2} \tag{3-8}$$

由式（3-4）~式（3-8）可得：

$$m=\lambda \tag{3-9}$$

$$\beta=\frac{\partial q}{\partial t}\bigg/\frac{q}{t} \tag{3-10}$$

$$r=\frac{\partial q}{\partial C} \tag{3-11}$$

$$\beta=\frac{q-C \cdot r}{q} \tag{3-12}$$

$$\beta=\frac{\partial q/\partial t}{q/t}=\frac{q-C \cdot r}{q} \tag{3-13}$$

式（3-10）表明在均衡状态下，政府年收入（项目资产的机会成本）等于项目资产边际产出；式（3-11）表明在均衡状态下，社会资本方边际产出等于社会资本方单位机会成本（边际成本）；式（3-13）表明在均衡状态下，政府方收入分成比例必须同时满足式（3-10）和式（3-12），此时，项目资产的产出弹性 $\frac{\partial q}{\partial t}\big/\frac{q}{t}$ 等于项目总产出减去社会资本方机会成本除以项目总产出，即政府方收入分成比例 $\beta=(q-C \cdot r)/q$。

综上，TOT项目收入分成合约条款应包括社会资本方总投入、特许经营期及政府收入分成比例。双方投资与收入分成需要满足均衡条件才能达到双方收入最大化。记假设条件下收入分成合约结构均衡时，社会资本个数为 m，单个社会资本方投资额为 C，特许经营期为 T^*，分成比例 β，即双方资源最优要素配置和收入分成比例为 (C,T^*,β)。

3.2　收入分成合约结构均衡几何模型

3.2.1　社会资本方初始投入小于既定投入时收入分成合约结构均衡

根据2.2.4节中相关定义，同3.1节中的假设条件一样，假设项目市场环境为完全竞争市场，不考虑不确定因素的影响，项目参与方均按照预期约定绩效执行合约，构建单个社会资本方既定投入收入分成结构的几何模型分析收入分成结构均衡。

图 3-1 给出了当社会资本方初始投入小于既定投入情况下，单个社会资本方特许经营期与双方分成比例确定的过程示意图。其中，曲线 q/t、$\partial q/\partial t$ 分别表示项目年平均产出和边际产出；曲线 $C_1 \cdot r/t$、q_1/t 分别代表社会资本方初始投入状态的年均机会成本、年均产量。

由于 C 既定，可得曲线 $C \cdot r/t$ 是一条凸向原点的双曲线。曲线 q/t 和 $C \cdot r/t$ 之间的垂直距离确立了曲线 $(q-C \cdot r)/t$，其为政府方年收入。显然政府年收入要考虑市场竞争约束满足 $(1-\beta) \cdot q = C \cdot r$。

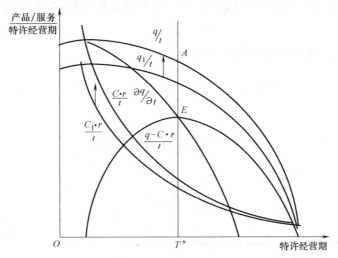

图 3-1　单个社会资本方既定投入下收入分成合约结构均衡（1）

在收入分成合约中，要明确社会资本方投资量，若仅确定 β，社会资本方将会减少投资。如果项目运营投入完全由社会资本方决定，其会将投资量控制在边际成本小于边际产出的水平，此时将引起项目收入减少，因政府方收入未达预期而无法达成协议。TOT 项目是政府和社会资本双方在市场竞争约束下相互协商，合约结构有损任何一方利益，合约均不能达成。双方协商的含义，项目分成合约所规定的社会资本方投资额能使曲线 $(q-C \cdot r)/t$ 最高，即政府年租金最大。下面通过两个步骤动态分析均衡过程。

第一步，社会资本方沿纵轴资源投入增加到 C，见图 3-1。社会资本方投入初始值较小时，曲线 $C_1 \cdot r/t$ 的位置较低。随着社会资本方投资量增加，曲线 $C_1 \cdot r/t$ 上移引起曲线 q_1/t 上移。曲线 q_1/t 上移幅度表示由于社会资本方投资增加的边际产出。根据边际收益递减规律，曲线 $C_1 \cdot r/t$ 以不变的比率上移，曲线 q_1/t 将以递减的比率增加，即上移幅度逐渐减小。当曲线 $C_1 \cdot r/t$ 和 q_1/t 上移幅度相等时，即社会资本方投资边际产出等于其边际成本时，便可得到政府方年均收入最高组合曲线 $(q-C \cdot r)/t$。此时，社会资本方资源投入为 C，即为与生产性均衡相一致的社会资本方资源投入。

第二步，政府沿横轴确定最佳特许经营期。与生产性均衡相一致的社会资本方资源投入 C 决定的曲线 $(q-C \cdot r)/t$ 为可供选择的 $C \cdot r/t$ 和 q/t 曲线群中的最高的一条。政府方为了收入最大化，其沿着曲线 $(q-C\cdot r)/t$ 选择最高点 E，此时政府方年收入最大为 ET^*，对应的特许经营期 T^* 将是政府方投资量的最佳选择，ET^* 代表了该项目资产作为生产要素的年机会成本。

根据边际产出曲线与平均产出曲线的关系，项目边际产出曲线 $\partial q/\partial t$ 分别与曲线 q/t 和 $(q-C\cdot r)/t$ 在其最高点相交。曲线 $\partial q/\partial t$ 和 $(q-C\cdot r)/t$ 的交点 E，如图 3-1 所示，该收入分成合约均衡点为 E。E 为收入分成合约中政府方和社会资本方双方收入分割点，项目年收入 AT^*，政府方收入 ET^*，社会资本方收入 AE。E 点决定了与社会资本方既定资源投入 C 生产性均衡水平一致的项目特许经营期 T^*，以及政府方收入分成比例 β。

根据图 3-1，政府方收入分成比例为：

$$\beta=\frac{ET^*}{AT^*} \tag{3-14}$$

政府年收入为：

$$ET^*=(q-C\cdot r)/t=\partial q/\partial t \tag{3-15}$$

项目年平均产出为：

$$AT^*=\frac{q}{t} \tag{3-16}$$

根据政府年均收入与 2.2.4 节中政府方收入可得：

$$(q-C\cdot r)/t=\beta\cdot q/t \tag{3-17}$$

把式（3-15）～式（3-17）代入式（3-14）得：

$$\beta=\frac{\partial q/\partial t}{q/t}=\frac{(q-C\cdot r)/t}{q/t}=\frac{q-C\cdot r}{q} \tag{3-18}$$

式（3-18）是既定社会资本方投资额为 C 时，单个社会资本方收入分成合约结构均衡解。

3.2.2　社会资本方初始投入大于既定投入时收入分成合约结构均衡

图 3-2 给出了当初始投资大于既定投资额时，单个社会资本方特许经营期与双方分成比例确定的过程示意图。

曲线 $C\cdot r/t$、q/t、$(q-C\cdot r)/t$ 与图 3-1 中含义相同。假设社会资本方初始投入为 $C_2>C$，如图 3-2 所示，年平均产量曲线为 q_2/t，年平均成本曲线为 $C_2\cdot r/t$。此时，社会资本方边际收益小于边际成本，显然处于投资规模不经济阶段。作为理性经济人，可通过投入额度减少，提高边际收益。

第一步，社会资本方沿纵轴资源投入减少到 C，见图 3-2。当社会资本方初始投入为 $C_2>C$，曲线 $C_2\cdot r/t$ 的位置较高。随着社会资本方投资的减少，曲线 $C_2\cdot r/t$ 下移引

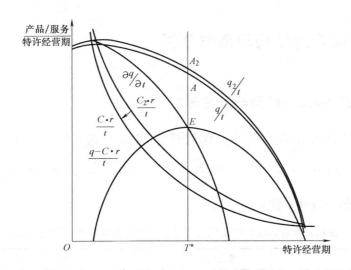

图 3-2　单个社会资本方既定投入下双方分成比例与特许经营期确定（2）

起曲线 q_2/t 下移。曲线 q_2/t 下移幅度表示由于社会资本方投资减少的边际产出。根据边际收益递减规律，曲线 $C_2 \cdot r/t$ 以不变的比率下降，曲线为 q_2/t 刚开始下降比率较小，但将以递增的比率下降，即下移的幅度逐渐增加。当曲线 $C_2 \cdot r/t$ 下降的比率恰好等于曲线为 q_2/t 下降的比率时，即社会资本方边际成本等于边际收益，此时社会资本方资源投入达到 C，即为与生产性均衡相一致的资源投入量。此时，政府方年均收入曲线为 $(q - C \cdot r)/t$。该过程仅仅存在于理论分析，一般作为理性经济人，初始投入不会高于均衡投入。

第二步，政府方根据其年均收入曲线确定特许经营期。与 3.2.1 中第二步同理，政府方为了收入最大化，将沿曲线 $(q - C \cdot r)/t$ 选择收入最高点 E，此时政府方年收入最大为 ET^*，对应的特许经营期 T^* 将是政府方投资量的最佳选择，ET^* 代表了该项目作为生产要素的年均机会成本，即项目资产的年均价值。

同理，项目资产边际产出曲线 $\partial q/\partial t$ 与 $(q - C \cdot r)/t$ 在其最高点 E 相交，见图 3-2，该收入分成合约的均衡点为 E。E 为收入分成合约中政府方和社会资本方收入分割点，项目年收入 AT^*，政府方收入 ET^*，社会资本方收入 AE。E 点决定了与既定社会资本方资源投入 C 生产性均衡水平相一致的项目特许经营期 T^*，以及政府方收入分成比例 β。可见，与社会资本方初始资源投入小于既定资源投入额时的均衡结果一致。

政府方收入分成比例为 $\beta = \dfrac{ET^*}{AT^*}$。

政府方年收入为 $ET^* = (q - C \cdot r)/t = \partial q/\partial t$。

项目年平均产出为 $AT^* = \dfrac{q}{t}$。

3.3 收入分成合约结构均衡解分析

3.3.1 代数模型和几何模型一致性分析

在 TOT 项目收入分成合约中，代数模型均衡解式（3-13）和几何模型均衡解式（3-18）一致，均为 $\beta=\dfrac{\partial q/\partial t}{q/t}=\dfrac{(q-C\cdot r)/t}{q/t}=\dfrac{q-C\cdot r}{q}$，项目收入、政府方年均收入、特许经营期的一致性，详见表 3-1。

收入分成合约结构均衡代数模型和几何模型均衡解一致性对比　　　　表 3-1

结构参数	代数模型	几何模型	一致性
项目收入	$q(C,T^*)$	$q(C,T^*)$	√
政府方年收入	$(q-C\cdot r)/T^*$	$ET^*=(q-C\cdot r)/T^*=\partial q/\partial t$	√
特许经营期	T^*	T^*	√
政府方收入分成比例	$\beta=\dfrac{\partial q/\partial t}{q/t}=\dfrac{q-C\cdot r/t}{q/t}=\dfrac{q-C\cdot r}{q}$	$\beta=\dfrac{ET^*}{AT^*}=\dfrac{q-C\cdot r}{q}=\dfrac{\partial q/\partial t}{q/t}$	√

均衡条件下，项目资产年收入（边际收入）等于项目资产边际产出，社会资本方边际产出等于边际成本，分成比例 β 等于项目资产的产出弹性 $\dfrac{\partial q/\partial t}{q/t}$ 且等于政府收入与项目产出之比。均衡结果确定了与既定社会资本方投入生产均衡相一致的特许经营期 T^* 以及分成比例 β，即双方资源要素最优配置和收入分成比例为（C，T^*，β）。因此，社会资本方既定投入为 C 时，收入分成合约结构均衡解（C，T^*，β）实现了双方资源要素最优配置和双方收入最大化。

3.3.2 收入分成合约结构均衡含义及其与公平效率的关系

由 3.3.1 节分析可知，收入分成合约结构均衡是指在社会资本方既定投入下，根据 TOT 项目需要的各种生产要素最佳优化配置而确定特许经营期和对应的收入分成比例，即均衡状态（C，T^*，β）为该社会资本方既定投入下的收入分成合约结构均衡解。收入分成合约均衡时，收入分成几何模型中 ET^* 即为固定租金合约中的政府年租金，对应的特许经营期为双方最佳的特许经营期。收入分成几何模型更加清晰地表达了完全竞争市场下，收入分成合约与固定租金合约具有相同的效率。

收入分成合约均衡条件的含义如下：

（1）$\beta\cdot\dfrac{q}{t}=\dfrac{\partial q}{\partial t}$，政府年收入（项目资产边际成本）等于项目资产边际产出，即政府方要素投入与贡献与其收入对等，从政府方体现了收入分配的公平与效率。

（2）$r=\dfrac{\partial q}{\partial C}$，社会资本方边际产出等于边际成本，即社会资本方要素投入与贡献与其收入对等，从社会资本方体现了收入分配的公平与效率。

（3）$\beta=\dfrac{\partial q/\partial t}{q/t}$，项目资产边际贡献与项目单位产出之比，也可以称为该要素的边际贡献率，即从边际贡献的角度体现收入分配效率与公平。其他要素收入分成比例与此同理，即各要素收入分成比例为该要素年边际贡献与项目年产出之比，各要素年边际贡献之和与年产出相等。

（4）$\beta=\dfrac{q-C\cdot r}{q}$，政府方特许经营期总收入（项目资产特许经营期收入）与总产出之比，即从总产出角度体现收入分配的效率与公平。以上均衡条件表明，收入分成比例是收入分成合约结构均衡的关键结果。

综上，TOT项目收入分成合约结构均衡时，表达了收入分成合约的核心思想。其一，TOT项目收入分成合约具有合约结构。其二，TOT项目收入分成合约结构参数相互协调实现项目产出最大化和各生产要素收入最大化。TOT项目所需的各生产要素边际产出等于边际成本，实现项目产出最大化，即项目效率最优。各生产要素按照市场价格获得投资回报，实现参与方收入分成最大化，即参与方收入分配效率最优。各要素的收入分成比例即为该要素的边际贡献率，与完整的要素报酬机制相吻合。其三，收入分成合约结构均衡解为固定租金合约中政府方租金的确定以及收入分成合约中政府方收入分成比例的确定提供了理论依据，同时证明了固定租金合约与收入分成合约等效率。因此，该收入分成合约结构均衡模型为其他模式下的收入分成合约结构的均衡提供了理论依据。

3.4　不同效率的社会资本方收入分成合约及固定租金合约结构均衡

3.1节和3.2节均假设社会资本方效率为行业平均水平，即社会资本方生产水平一样，既定投入机会成本统一按照行业平均收益率确定。实践中，各社会资本方效率有差异，按照社会资本方各自效率确定均衡，每个社会资本方的 $(q-C\cdot r)/t$ 曲线的形状和顶点的高度不尽相同。下面讨论不同生产效率社会资本方既定资源投入限额下合约结构均衡。

3.4.1　效率较低的社会资本方收入分成合约及固定租金合约结构均衡

若社会资本方生产效率低于行业平均水平，意味着同等既定投入条件下，产出较低，其机会成本较低（即 $r_3<r$）。记该社会资本方投资为 $C_3=C$，特许经营期内项目年产出曲线为 q_3/t（图3-3），低于行业平均水平。$\partial q_3/\partial t$ 表示社会资本 C_3 既定投入下项目边际产出；曲线 $C\cdot r/t$、q/t、$(q-C\cdot r)/t$、$\partial q/\partial t$ 与图3-1中含义相同；β'_3 为社会资本方

C_3 满足国有资产保值合约结构均衡时对应的政府方收入分成比例。

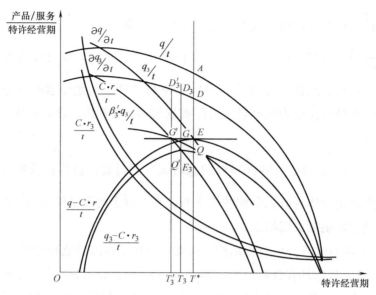

图 3-3　低效率社会资本方既定投入下收入分成合约结构均衡

按照收入分成合约结构均衡过程，社会资本方 C_3 边际产出与其边际成本相等时确立政府方收入最高收入曲线为 $(q_3-C \cdot r_3)/t$，曲线 $(q_3-C \cdot r_3)/t$ 最高点 E_3 为社会资本方 C_3 参与 TOT 项目时均衡点，对应特许经营期为 T_3，显然 $T_3 < T^*$。过 E 点作一条水平线 EG，水平线 EG 为政府方最低租金需求曲线，为国有资产保值增值提供依据。如图 3-3 所示，EG、DT^*、$\partial q/\partial t$ 相交于点 E；AT^* 与曲线 q_3/t 和 $(q_3-C \cdot r_3)/t$ 分别相交于点 D 和 Q；过 E_3 作垂线 D_3T_3 与 q_3/t 相交于点 D_3，与 EG 相交于点 G，与横轴交于点 T_3；$\partial q_3/\partial t$ 与 EG 相交于点 G'，过 G' 作垂线 $D_3'T_3'$ 与 q_3/t 相交于点 D_3'，与横轴交于点 T_3'；$D_3'T_3'$ 与曲线 $(q_3-C \cdot r_3)/t$ 相交于点 Q'。

下面分别从固定租金合约和收入分成合约两个角度分析合约结构均衡过程。

（1）固定租金合约结构均衡过程

若社会资本方选择特许经营期 T^*，此时如图 3-3 所示，政府方租金为 ET^*，项目年产出为 DT^*，社会资本方 C_3 边际收入 $(\partial q_3/\partial t - ET^*)$ 为负，社会资本方收入为 DE，低于其机会成本 DQ，需把属于其机会成本的 EQ 补偿给政府方，换言之，社会资本方 C_3 是边际外合作者，其收入低于行业平均机会成本甚至低于其机会成本。如果社会资本方 C_3 无法承受机会成本损失，只能选择退出。

若社会资本方选择特许经营期 T_3，此时，如图 3-3 所示，项目年产出为 D_3T_3，政府方租金为 ET^*；社会资本方 C_3 边际收入 $(\partial q_3/\partial t - ET^*)$ 为负，社会资本方收入为 D_3G，低于其机会成本 D_3E_3；社会资本方 C_3 需把属于其机会成本的 GE_3 补偿给政府方。显然，社会资本方 C_3 仍然是边际外合作者，但由于 $GE_3 < EQ$，即补偿给政府方的

机会成本减少。表明社会资本方 C_3 可与政府方协商争取较小的特许经营期 T_3 来换取其机会成本亏损的减少，但扭转不了其为边际外合作者的局面。

若社会资本方 C_3 可决定特许经营期，如图 3-3 所示，政府方租金为 ET^* 时，社会资本方 C_3 边际收入为 $(\partial q_3/\partial t - ET^*)$，社会资本方 C_3 为了利益最大化，将尽可能延长特许经营期增加其整体收入，直到其边际收入为零（投入既定其边际成本为零），即 $\partial q_3/\partial t = ET^*$。此时，对应特许经营期为 T_3'，项目年产出为 $D_3'T_3'$，政府方收入 $\beta_3' \cdot q_3/t = ET^* = \beta \cdot q/t$，显然 $\beta_3' > \beta$；社会资本方收入为 $D_3'G'$。由于 $\partial q_3/\partial t$ 比 q_3/t 陡峭，$D_3'G' < D_3E_3$，表明社会资本方 C_3 收入小于其年均机会成本，即社会资本方 C_3 仍是亏损状态，此时亏损值最小。若不能接受亏损，只能退出与政府方合作。

可见，政府方按照行业平均水平确定固定租金合约时，在 T_3' 和 T^* 之间，效率低的社会资本方特许经营期越长，亏损越大。效率低的社会资本方既定投入下，当其边际收入为零对应的特许经营期为其最佳选择，通常该特许经营期小于 T^* 且社会资本方仍处于亏损状态，理性经济人将在竞争下退出与政府合作。因此，政府方按照行业平均水平确定固定租金合约的实践意义，一方面实现国有资产保值，另一方面可根据社会资本方特许经营期的选择判断其效率，效率较低的社会资本方在竞争中被淘汰，从而保障项目效率。

（2）收入分成合约结构均衡过程

若政府方收入分成比例为 β，社会资本方 C_3 选择特许经营期 T^*。如图 3-3 所示，项目收入为 DT^*，政府方收入为 $\beta \cdot DT^* < ET^*$，社会资本方收入为 $(1-\beta) \cdot DT^* > DE$。由于项目收入 $DT^* < AT^*$，那么项目收入及参与方收入分成均低于行业平均水平相应值。此时，政府方收入低于 ET^*，社会资本方 C_3 向政府方补偿减少，社会资本方亏损减少，但是政府方为了国有资产保值可通过提高其收入分成比例，或者减少特许经营期迫使项目边际收入等于其边际成本。

若政府方收入分成比例为 β，社会资本方 C_3 选择特许经营期 T_3。如图 3-3 所示，项目年均收入为 D_3T_3，政府方年均收入为 $\beta \cdot D_3T_3$，社会资本方 C_3 年均收入为 $(1-\beta) \cdot D_3T_3$。由于 $DT^* < D_3T_3 < AT^*$，那么项目年均收入及参与方年均收入分成均高于其选择 T^* 对应值，但政府方收入仍低于行业平均水平值。政府方将通过提高其收入分成比例保障国有资产保值。

若政府方收入分成比例为 β，社会资本方 C_3 决定特许经营期。如图 3-3 所示，项目边际产出曲线为 $\partial q_3/\partial t$，政府方收入曲线为 $\beta \cdot q_3/t$，社会资本方收入曲线为 $(1-\beta) \cdot q_3/t$，社会资本方 C_3 边际收入曲线为 $(1-\beta) \cdot \partial q_3/\partial t$。社会资本方 C_3 在既定投入情况下其边际成本为零，特许经营期延长至其边际收入为零时总收益最大；但政府为了保证国有资产不流失，要求均衡时政府方年收入 $\beta \cdot q_3/t \geq ET^*$，且 $(\partial q_3/\partial t - ET^*) \geq 0$。当 $\partial q_3/\partial t - ET^* = 0$ 时，特许经营期为 T_3'，因此政府方允许的特许经营期小于或等于 T_3'。

当特许经营期将小于或等于 T_3' 时，社会资本方 C_3 边际收入为正，因此社会资本方最佳特许经营期为 T_3'。当特许经营期为 T_3' 时，由于 $\beta_3' > \beta$，曲线 $\beta \cdot q_3/t < \beta_3' \cdot q_3/t = ET^*$，表明政府方可通过提高其收入分成比例满足国有资产保值。理论上均衡结果为政府方收入分成比例提高到 β_3'，对应特许经营期为 T_3'。此时政府方收入 $\beta_3' \cdot D_3' T_3' = ET^*$，社会资本方收入为 $(1-\beta_3') \cdot D_3' T_3' = D_3' G'$，显然 $D_3' G' < D_3 E_3$，因此在保障国有资产保值约束下，社会资本方 C_3 实现其收入最大化时，但仍无法覆盖其机会成本。

可见，政府方若以行业平均水平 β 确定合同，将面临收入不能达到预期的风险，需考虑国有资产保值的约束。效率低的社会资本方会通过延长特许经营期以增加其整体收入；而政府方考虑国有资产保值的需求，将提高其收入分成比例。

综上，当社会资本方效率低于行业平均水平时：（1）从国有资产保值角度看，若由社会资本方在 T_3' 与 T^* 之间选择特许经营期，特许经营期越长，其亏损越大，固定租金合约与收入分成合约均衡结果一致。（2）从均衡过程看，固定租金更有利于国有资产保值；而收入分成合约需要提高政府方收入分成比例才能实现国有资产保值。（3）从均衡实践意义看，固定租金合约更有利于淘汰效率低的社会资本方，而收入分成合约需在国有资产保值约束下协商政府方收入分成比例。

3.4.2 效率较高的社会资本方收入分成合约及固定租金合约结构均衡

若社会资本方生产效率高于行业平均水平，即同等既定投入下，该社会资本方产出较高，其机会成本也较高（即 $r_4 > r$），记该社会资本方投入为 $C_4 = C^*$。曲线 $C \cdot r/t$、q/t、$(q-C \cdot r)/t$、$\partial q/\partial t$ 与图 3-1 中含义相同。如图 3-4 所示，曲线 q_4/t 为社会资本方 C_4 年均产出，$\partial q_4/\partial t$ 表示社会资本方 C_4 参与时项目边际收入，社会资本方年均机会成本为曲线 $C \cdot r_4/t$。

根据收入分成合约结构均衡过程，政府方对应的最高租金曲线为 $(q_4-C \cdot r_4)/t$。如图 3-4 所示，该曲线最高点为 E_4，对应特许经营期为 T_4，显然 $E_4 T_4 > ET^*$。EH 为过 E 点的平行线，为政府方预期收入，为国有资产保值提供参考；AT^* 分别与曲线 q_4/t 和 $(q-C \cdot r)/t$ 相交于点 B 和 P；过 E_4 作垂线 $B_4 T_4$ 与 q_4/t 相交于点 B_4，与 EH 相交于点 H，与横轴交于点 T_4；$\partial q_4/\partial t$ 与 EH 相交于点 H'，过点 H' 作垂线 $B_4' T_4'$，与横轴交于点 T_4'；$B_4' T_4'$ 分别与曲线 q_4/t 和 $(q_4-C \cdot r_4)/t$ 相交于点 B_4' 和 P'。β_4' 表示社会资本方 C_4 满足国有资产保值时合约结构均衡对应的政府方收入分成比例。

若不考虑交易费用，$E_4 T_4$ 为社会资本方 C_4 参与项目时政府方年最高租金；但是若考虑交易费用，政府方无法得到最高租金 $E_4 T_4$。一方面，政府获取社会资本方真实经营水平的信息需要付出不菲的信息费用；另一方面，不同 TOT 项目之间也有竞争，若该政府方租金高于行业平均水平，高效率社会资本方将选择收取行业平均租金的其他 TOT 项目。因此考虑交易费用，完全市场竞争中，政府方仅能得到行业平均最高租金 ET^*。下面分别从固定租金合约和收入分成合约分析合约结构均衡过程。

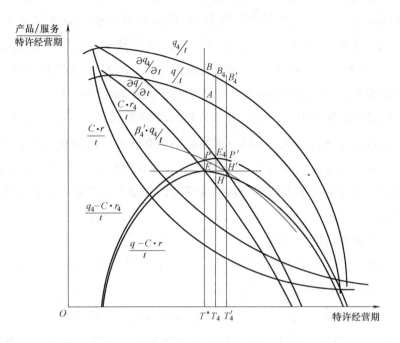

图 3-4　高效率社会资本方既定投入下收入分成合约结构均衡

（1）固定租金合约结构均衡过程

若社会资本方 C_4 选 T^* 为特许经营期。如图 3-4 所示，TOT 项目年平均总产出为 BT^*，社会资本方 C_4 机会成本为 BP，理论上政府方最高收入可达 PT^*。但是考虑市场竞争下和交易费用，政府方只能收取租金 ET^*，因此，社会资本方可获得收入 BE，高于其机会成本 BP，高于行业平均机会成本 AE。换言之，社会资本方 C_4 是边际内合作者，其收入高于行业平均机会成本及其机会成本。此时，社会资本方 C_4 边际收入曲线（$\partial q_4/\partial t - ET^*$）为正，社会资本方可以与政府协商争取到更长特许经营期以获得更高收入。

若社会资本方 C_4 选 T_4 为特许经营期，如图 3-4 所示，TOT 项目年平均总产出为 B_4T_4；同理，政府方因市场竞争和交易费用只能获得租金 ET^*，社会资本方可获得收入 B_4H，高于其机会成本 B_4T_4，高于行业平均机会成本 AE。此时，社会资本方 C_4 边际收入曲线为（$\partial q_4/\partial t - ET^*$）为正，社会资本方可以与政府协商争取到更长特许经营期以获得更高收入。

若社会资本方 C_4 可决定特许经营期，如图 3-4 所示，TOT 项目年均产出曲线为 q_4/t，项目边际产出曲线为 $\partial q_4/\partial t$，政府方因市场竞争和交易费用可获得租金 ET^*，社

会资本方 C_4 边际收入曲线为 $(\partial q_4/\partial t - ET^*)$。社会资本方 C_4 为了利益最大化，将尽可能延长特许经营期增加其整体收入，直到其边际收入为零时，即 $\partial q_4/\partial t = ET^*$，对应的特许经营期为 T_4'。此时，项目年产出为 $D_4'T_4'$，政府方收入曲线为 $\beta_4' \cdot q_4/t$，政府方收入 $\beta_4' \cdot q_4/t = ET^* = \beta \cdot q/t$，显然 $\beta > \beta_4'$。社会资本方 C_4 可获得收入 $(1-\beta_4')q_4/t = B_4'H'$。由于 $\partial q_4/\partial t$ 比 q_4/t 陡峭，因此 $B_4'H' > B_4E_4$，表明社会资本方 C_4 获得收入大于其机会成本，即社会资本方年均收入仍高于其年均机会成本。

综上，固定租金合约中，若社会资本方特许经营期可在 T^* 与 T_4' 之间选择，特许经营期越大，其总收入越高；反之亦然，即高效率社会资本方希望获得高于 T^* 的特许经营期。该均衡结果实践意义，一方面，当社会资本方效率较高，获得收入将高于其机会成本；另一方面，从社会资本方特许经营期选择可以判断其运营效率，从而减少政府和社会资本方之间信息不对称。

（2）收入分成合约均衡过程

若政府方收入分成比例为 β，社会资本方 C_4 选择特许经营期 T^*。如图 3-4 所示，项目年均收入为 BT^*，政府方收入为 $\beta \cdot BT^*$，社会资本方 C_4 收入为 $(1-\beta) \cdot BT^*$。由于项目收入 $BT^* > AT^*$，此时，项目收入及参与方收入分成均高于行业平均值。即政府方收入高于 ET^*，政府方收入相比选择固定租金时收入增加。社会资本方将与政府方协调适当减少收入分成比例，以使政府方获得等于行业平均机会成本的收入。

若政府方收入分成比例为 β，社会资本方 C_4 选择特许经营期 T_4。如图 3-4 所示，项目年均收入为 B_4T_4，政府方收入为 $\beta \cdot B_4T_4$，社会资本方收入为 $(1-\beta) \cdot B_4T_4$。由于 $AT^* < B_4T_4$，那么项目收入及参与方收入分成均高于行业均值。按照固定收入分成比例，社会资本方和政府方在 T_4 时得到比在 T^* 时更高的总体收入分成。因此，相对于 T^*，社会资本方 C_4 将选 T_4。

若政府方收入分成比例为 β，社会资本方 C_4 可决定特许经营期。如图 3-4 所示，项目边际产出曲线为 $\partial q_4/\partial t$；政府方收入为 $\beta \cdot q_4/t$，而社会资本方 C_4 收入为 $(1-\beta) \cdot q_4/t$，社会资本方年边际收入曲线为 $(1-\beta) \cdot \partial q_4/\partial t$。社会资本方 C_4 边际成本为零，为了实现收入最大化，希望特许经营期延长至其边际收入为零；但政府方为了国有资产保值，要求均衡时其年收入 $\beta \cdot q_4/t \geqslant ET^*$，且 $(\partial q_4/\partial t - ET^*) \geqslant 0$。当 $(\partial q_4/\partial t - ET^*) = 0$ 时，对应特许经营期为 T_4'，因此特许经营期不能大于 T_4'，那么社会资本方最佳特许经营期为 T_4'。当特许经营期为 T_4' 时，由于 $\beta > \beta_4'$，$\beta \cdot q_4/t > \beta_4' \cdot q_4/t = ET^*$，表明社会资本方将通过降低政府方收入分成比例使政府方收入不高于行业平均值。理论上均衡结果为政府方收入分成比例降为 β_4'，对应特许经营期为 T_4'，此时政府方收入 $\beta_4' \cdot B_4'T_4' = ET^*$，社会资本方收入为 $(1-\beta_4') \cdot B_4'T_4' = B_4'H'$。显然，$B_4'H' > B_4E_4$，表明在国有资产保值的约束下，社会资本方收入仍高于其年机会成本。但在实践中，双方协调后政府方收入分成比例将高于 β'_4，从而使政府方也能从项目高效率的运营中获得部分项目溢出效应。

高效率社会资本方既定投入下固定租金合约和收入分成合约结构均衡结果对比如下：

（1）高效率社会资本方，若在 T^* 与 T'_4 之间选择特许经营期，特许经营期越长，总收入越大。（2）从国有资产保值角度看，固定租金合约和收入分成合约最后均衡结果一致。（3）从该均衡过程看，当社会资本方的效率越高，选择收入分成比例对政府方越有利，而选择固定租金合约对社会资本方越有利。（4）从均衡实践意义看，收入分成合约中收入分成比例需在项目资产价值的约束下随社会资本方效率水平而调整；此外，无论固定租金合约还是收入分成合约，皆使效率较高的社会资本方获得高于其机会成本的收入，从而鼓励高效率社会资本方积极参与 TOT 项目。

3.4.3　不同效率的社会资本方固定租金合约结构均衡比较

在图 3-3 和图 3-4 的假设条件下，当政府方年租金不变且为 ET^* 时，图 3-3 和图 3-4 中的均衡过程可以简化为图 3-5。图中 R_a 为政府方年租金保持不变，政府方特许经营期租金 $R=R_a t$。社会资本方 C_4 获得由平行于 $R=R_a t$ 的切点对特许经营期 T'_4；同理，社会资本方 C_3 获得特许经营期 T'_3。

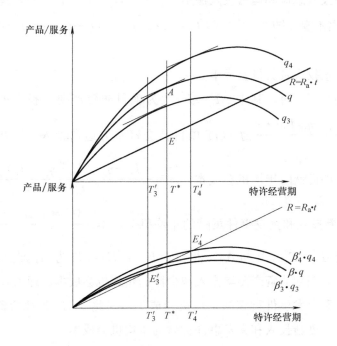

图 3-5　固定租金下不同效率社会资本方的合约结构均衡比较

若特许经营期由社会资本方选择，社会资本方 C_4 将选择 T_4'。此时，$\beta_4' < \beta^*$，政府方收入分成比例低于行业平均水平，社会资本方 C_4 获得 E_4'，高于行业平均水平及其机会成本，相当于图 3-4 中 $B_4'H'$，即高效率社会资本方将引起项目收入和社会资本方收入提高。同理，若特许经营期由社会资本方选择，社会资本方 C_3 将选择 T_3'。此时，$\beta_3' > \beta$，TOT 项目租金占总产出的比例高于行业平均水平，社会资本方 C_3 将获得 E_3'，相当于图 3-3 中 $D_3'G'$，低于行业平均水平及其机会成本，即社会资本方运营效率较低，导致项目收入和其收入降低。

因此，政府方根据行业平均水平确定的年租金，有利于高效率社会资本方获得更高的收入，同时将淘汰低效率社会资本方参与 TOT 项目，这与 TOT 项目提高原项目效率的目的吻合。可见，政府方按照行业平均水平年租金确定的固定租金合约可以激励高效率社会资本方参与 TOT 项目，以及激励参与 TOT 项目的社会资本方提高其运营效率。

3.5　固定回报加收入分成合约结构均衡

3.5.1　固定回报加收入分成合约结构均衡分析

假设项目期初投入总额和运营投入额不变为 $C = C_o + I_r + I_n + I_c$，运营模式不变，则 TOT 项目相应产出不变。图 3-6 中曲线 $C \cdot r/t$、q/t、$(q - C \cdot r)/t$、$\partial q/\partial t$ 皆与图 3-1 中含义一致。

（1）非资产要素投入及其机会成本

当特许经营期为 T^* 时，其中 $AE = FT^*$ 为项目非资产要素投入的年均机会成本，$\dfrac{(C_o + \eta_{p2} I_r + \eta_{p3} I_n + \eta_{p4} I_c) \cdot r}{t}$ 为 TOT 项目社会资本方运营投入、期初风险分担投入、创新投入和突发事件贡献的年均机会成本，$\dfrac{(\eta_{g2} \times I_r + \eta_{g3} \times I_n + \eta_{g4} \times I_c) \cdot r}{t}$ 为政府方期初风险分担投入、创新投入和突发事件贡献的年均机会成本。$\dfrac{(C_o + \eta_{p2} I_r + \eta_{p3} I_n + \eta_{p4} I_c) \cdot r}{t}$ 曲线与 AT^* 相交于 F'，$C \cdot r/t$ 与 AT^* 相交于 F。$E'E = FF'$ 为相比收入分成合约结构均衡模型中社会资本方期初非资产要素投入减少额的年均机会成本，即为政府方期初风险分担投入、创新投入和突发事件贡献的年均机会成本。因此，AE' 为社会资本方运营投入、期初风险分担投入、创新投入和突发事件贡献的年均机会成本。

（2）项目资产要素投入比例及其收入分配

在固定回报加收入分成合约中，社会资本方以期初支付的特许费 $\eta_{p1} \times I_f$ 作为项目资产投入的一部分，政府方以特许权费用 $\eta_{g1} \times I_f$ 作为项目资产投入的另一部分。ET^* 为项目资产年均机会成本，按照社会资本方和政府方期初投入比例，在政府和社会资本方之间分配。其中政府方期初项目资产投入 $\eta_{g1} \times I_f$ 的年收入为 $E''T^*$，社会资本方期初项目资产投入 $\eta_{p1} \times I_f$ 的年均收入为 EE''。

根据图 3-6 各曲线含义，当特许经营期为 T^* 时，政府方分成比例 $\beta'_g = \dfrac{E''T^* + EE'}{AT^*}$。随着政府特许权费用投入额 $\eta_{g1} \times I_f$ 提升，政府方分成比例增加，增加额即政府投资 $\eta_{g1} \times I_f$ 年均机会成本增加值。即随着 $E''T^*$ 增长，政府方分成比例也越来越大；反之，亦然。另外，随着政府方风险投入，创新投入，突发事件贡献度增加，政府方收入分成比例也将增加，增加幅度与政府方投入比例提升相关，增加额为政府方投入 $\eta_{g2} \times I_r + \eta_{g3} \times I_n + \eta_{g4} \times I_c$ 年均机会成本增加值，即随着 $F'F$ 增加，政府方收入分成比例也将增加；反之，亦然。

同理，当特许经营期为 T^* 时，社会资本方收入分成比例 $\beta'_p = \dfrac{AE' + EE''}{AT^*}$。社会资本方特许权费用投入 $\eta_{p1} \times I_f$ 减少（$\eta_{g1} \times I_f$ 增加），其收入分成比例减少，降低幅度与社会资本方投入比例减少幅度正相关；同时，随着 EE'' 减少，社会资本方收入分成将降低，减少额为社会资本方特许权费用投入 $\eta_{p1} \times I_f$ 年均机会成本降低值，即等于政府方收入增加额；反之，亦然。另外，随着社会资本方在风险投入，创新投入，突发事件贡献减少（政府方相应投入增加），社会资本方收入分成比例也将减少，减少幅度与社会资本方投入比例降低正相关，减少额为社会资本方期初投入 $\eta_{p2} \times I_r + \eta_{p3} \times I_n + \eta_{p4} \times I_c$ 年均机会成本降低额，即随着 AE' 减少，社会资本方收入分成比例也将降低；反之，亦然。

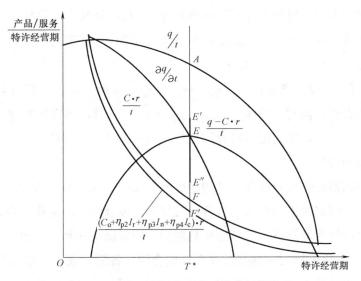

图 3-6　固定回报加收入分成合约结构均衡

3.5.2 固定回报加收入分成合约、收入分成合约、固定租金合约结构均衡对比

根据固定回报加收入分成合约、收入分成合约、固定租金合约结构均衡的结果，下面将从参与方投入变化、参与方收入变化进行对比分析。

（1）参与方投入变化

表 3-2 显示，固定租金合约及收入分成合约中，政府方投入为单一的全部特许权费用（项目资产投入），社会资本方投入为项目非资产投入。固定回报加收入分成合约中，政府方投入多元化，包含一部分特许权费用，同时包含一部分项目非资产投入。社会资本方投入也多元化，包含部分特许权费用，期初非资产投入部分，以及运营投入 C_0。

收入分成、固定租金与固定回报加收入分成合约结构均衡结果对比 表 3-2

	固定租金合约	收入分成合约	固定回报加收入分成合约
政府方投入	I_f	I_f	$\eta_{g1} \times I_f + \eta_{g2} \times I_r + \eta_{g3} \times I_n + \eta_{g4} \times I_c$
社会资本方投入	$I_r + I_n + I_c + C_0$	$I_r + I_n + I_c + C_0$	$\eta_{p1} \times I_f + \eta_{p2} \times I_r + \eta_{p3} \times I_n + \eta_{p4} \times I_c + C_0$
政府方收入	$ET^* \cdot T^*$	$\beta \cdot q = ET^* \cdot T^*$	$\beta'_g \cdot q = (E''T^* + EE') \cdot T^*$
社会资本方收入	$AE \cdot T^*$	$(1-\beta)q = AE \cdot T^*$	$(1-\beta') \cdot q = (AE' + EE'') \cdot T^*$
政府方收入分成比例	—	$\beta = \dfrac{ET^*}{AT^*}$	$\beta'_g = \dfrac{E''T^* + EE'}{AT^*}$

（2）参与方收入变化

表 3-2 显示，固定租金合约中，政府方收入为 $ET^* \cdot T^*$，社会资本方收入为 $AE \cdot T^*$。收入分成合约中，政府方收入为 $\beta \cdot q = ET^* \cdot T^*$。社会资本方收入为项目收入扣除政府方收入的结余部分 $(1-\beta) \cdot q = AE \cdot T^*$。可见固定租金合约与收入分成合约不考虑交易费用时，两者具有相同的效率。固定回报加收入分成合约中，政府方固定收入为期初社会资本方支付的部分特许权费用 $\eta_{p1} \times I_f$，分成收入为特许经营期内按照其应得的收入分成比例获得 $\beta'_g \cdot q$。社会资本方收入为特许经营期内项目收入扣除政府方收入分成的结余部分 $(1-\beta'_g) \cdot q = \beta'_p \cdot q$。

结合表 2-1 和表 3-2，当 $\eta_{g1} = 1$，$\eta_{g2} = \eta_{g3} = \eta_{g4} = 0$ 时，固定回报加收入分成合约就变成了收入分成合约，同理，当 $\eta_{g1} = \eta_{g2} = \eta_{g3} = \eta_{g4} = 0$ 时，固定回报加收入分成合约变为固定回报合约。可见，即固定回报合约和收入分成合约结构均衡均为固定回报加收入分成合约结构均衡的特例。

综上，固定回报加收入分成合约结构均衡的含义与 3.3.2 节中所讨论的含义相同。若不考虑交易费用，固定回报加收入分成合约与收入分成合约、固定租金合约结构均衡点是相同，即不同合约模式等效率。若考虑交易费用，固定回报加收入分成合约中 η_{g1} 越接近 1，其收入分成所占比例越大，越接近收入分成合约，各要素收入分成与项目收入的关系越密切，项目收入及其不确定的分配灵活性越大；反之，η_{g1} 越接近 0，固定特许费用所

占比例越大，越接近固定回报合约，各要素收入分成与项目收入的关联越小，由社会资本方承担的收入不确定更多，收益分配的灵活性越小。因此，考虑交易费用时，固定租金合约灵活性最小且效率较低，而固定回报加收入分成合约的灵活性与效率 η_{g1} 成正比，收入分成合约的灵活性和相对效率最高。

3.6　本章小结

本章根据分成合约理论，构建了 TOT 项目收入分成合约结构均衡模型和固定回报加收入分成合约结构均衡模型。主要内容包括：

（1）构建了 TOT 项目收入分成合约结构代数模型和几何模型，并分析均衡结果及其经济内涵。通过代数模型和几何模型均衡条件对比分析，验证不同模型均衡解的一致性。均衡解经济含义如下：①政府年收入（项目资产边际收入）等于项目资产边际产出，实现了政府年收入最大，收入分配有效率。②社会资本方边际产出等于边际成本，实现了社会资本方收入最大，收入分配有效率。③政府方收入分成比例为该要素边际贡献与项目单位产出之比，即该要素边际贡献率且等于政府收入与项目产出之比。均衡解的含义充分体现了资源配置效率最优的核心思想，表达了项目效率及收入分配的公平与效率。此外，均衡解表明完全竞争市场条件下，固定租金合约与收入分成合约等效率。

（2）构建不同效率社会资本方收入分成合约结构均衡模型并分析均衡结果。在社会资本投入既定时，面对效率低的社会资本方，固定租金合约对政府方最有利，可淘汰效率低的社会资本方；面对效率较高的社会资本方，收入分成合约对政府方更有利，可以分享效率高的项目溢出收益。在国有资产保值增值约束下，无论固定租金合约还是收入分成合约，都具有淘汰效率较低的社会资本方的实践意义；另外，皆能使效率较高的社会资本方获得高于其机会成本的收入，从而鼓励效率较高的社会资本方积极参与经营性 TOT 项目。

（3）建立固定回报加收入分成合约结构均衡模型并分析均衡结果。均衡结果对比表明，固定租金合约与收入分成合约参与方投入相同，仅参与方收入形式不同；收入分成合约模式和固定回报合约模式分别是固定回报加收入分成合约模式的两种特殊情况。若不考虑交易费用，收入分成合约、固定租金合约、固定回报加收入分成合约效率相同。若考虑交易费用，固定回报加收入分成合约中，收入分成所占比例越大，灵活性和相对效率越高，固定租金合约灵活性最小，收入分成合约灵活性最大，为 TOT 项目收入分成机制设计提供理论依据。

第4章
TOT项目收入分成指标体系
构建及其量化分析

　　TOT项目收入分成影响因素的确定及其影响机理的分析是TOT项目收入分成指标体系构建的关键；系统的指标体系及其量化分析是TOT项目收入分成模型构建的基础。如果影响因素指标选择不当，影响机理不明确，将造成指标体系的非系统性，并影响指标的量化分析方法和Shapley值修正方法的选择。上述后果皆影响TOT项目收入分成结果公平性与合理性。因此，根据TOT项目特点及收入分成影响机理，构建系统的收入分成指标体系及采用合理的方法量化分析是收入分成机制优化的前提。

4.1　TOT项目收入分成影响因素指标选择

4.1.1　TOT项目收入分成影响因素指标选取原则

　　精确反映各因素对收入分成影响的关键是构建一套能综合反映合约结构的指标体系。为此，TOT项目收入分成影响因素指标体系的建立需要遵循以下原则：

　　（1）全面性。所选指标应与项目收入和收入分成比例直接关联，能较全面地体现对项目收入与收入分成比例的影响。

　　（2）重点性。与全面性原则相对应，选取指标应能反映影响项目收入和收入分成比例的关键因素，要主次分明、有所侧重。

　　（3）可测性。所选指标应能通过定性分析或定量计算得到。另外，可测性还指计算指标的获取不是非常困难，费用适当。

　　（4）现实性。在选择指标时，应理论联系实际，与TOT项目参与方收入分成的实际状况相符，具有实际意义。

　　（5）科学性。建立的指标体系要清晰、明确、有理有据。

4.1.2　TOT项目收入分成比例影响因素初步识别

　　2010年后，国内PPP项目应用和研究进入一个新的密集阶段，很多学者对PPP项目收益分配进行研究。本书以爱思维尔全文库（Elsevier Science Direct）和"中国知网"为平台，集中整理 2010 年以来关于影响 PPP 项目收益分配的 32 篇文献，整理结果详见表 4-1（相关指标用阐述指标数字代码表示），文献中指标阐述如下。

（1）投入比例。为了项目正常运营而需投入的各种资源，通常指形成固定资产和无形资产的投入。主要包括投资金额、设备资源、创新投入（例如专利技术投入）。由于设备资源大多以资金价值的形式表现，故投资金额一般情况下包含设备资源，一些学者把该指标简化为资金投入。

（2）风险分担。一般根据合约中约定的参与者承担关键风险的综合比例。如合约中未进行项目风险评估及约定，可依据项目执行过程中，各参与方为承担风险而投入的实际成本价值，由评估机构进行测算，得出参与方风险分担比例[122]。

（3）合同执行度与努力水平。叶晓甦等[34]（2010）较早提出努力水平的概念，可采用项目组内各利益相关方互相打分评价确定[90]。合同执行度是指公私双方为实现项目收益最大化，根据合同约定而采取积极行动的程度[83]，主要体现为各参与方在项目实施过程中对合同的履行程度[85,124]。武敏霞[113]（2016）认为合同执行度是用于衡量 PPP 项目执行过程中双方对 PPP 项目规范有效运行所进行的努力程度。李文华[157]（2017）、陈述等[120]（2018）提出的努力水平与合同执行度的定义基本一致。同时其他文献中努力水平与合同执行度的定义有很大重复。因此，根据指标易得和量化、简洁明了的原则，本书选择用合同执行度指标表达文献中合同执行度与努力水平的含义。表 4-1 中合同执行度指标为努力水平与合同执行度统一之后的结果。

（4）贡献度。从 2010 年以来的文献资料看，首先由胡丽等[83]（2011）、汪洪等[112]（2011）提出贡献度指标。由于 PPP 项目所处的外部环境复杂多样，会有事先难以预料的突发状况产生，为了快速响应环境的变化，要求公私双方作出临时的牺牲和贡献[120,125,158]。邢潇雨等[124]（2018）提出绩效贡献度，不仅包含处理突发事件所作的贡献或牺牲，还包含制度创新、技术创新、项目推动。通过文献资料梳理，本书把处理突发事件时参与方所作出贡献和牺牲称为突发事件贡献度，做到指标与内涵对应，避免贡献度与边际贡献混淆。

（5）创新度。刘伟华等[85]（2016）指出为了提高公共资产的运营效率及盈利能力，应鼓励参与方在合作过程中增加创新投入。衡量项目各参与方创新度的指标包括制度创新、技术创新、管理创新和运营服务创新等方面。PPP/TOT 项目中政府方目的为利用社会资本方技术、管理优势，为项目带来一些技术、管理等方面的创新而提高项目效率。社会资本方创新投入应该作为其收入分成的影响因素。为了该指标名称与其含义简洁明确对应，本书称为创新投入。

（6）承担任务复杂性。任务复杂性主要体现在技术复杂性、协调复杂性和时间紧迫性三个指标。技术复杂性主要指专用技术关联度大、需要较大的改进和创新；协调复杂性主要指合作相互协调频繁程度、计划的冲突、地域、文化背景的差异等；时间紧迫性为承担工作处于关键路径[86,89]。

（7）相互满意度。PPP项目组中合作方对任务完成的另一方所做工作的满意程度，包括信息交流共享度、平均响应度和协同合作性三个指标，属于定性指标，由参与项目合作的另一方评价得出[89,90]。

（8）合作迫切程度与合作意愿。张魏[161]提出合作意愿与收益分配成反比，合作意愿迫切的参与方，即使期望收益适度减少，也愿意合作，并用悲观程度、企业实力、企业信誉、企业业绩来衡量合作意愿。李文华[157]提出迫切程度即合作意愿强烈程度，合作联盟对于某一参与方越重要，其合作意愿越强烈，处境就越被动；并认为迫切程度取决于政府政策、地区经济对产业发展依赖情况，以及产业经济发展难易程度。从文献研究看，合作迫切程度和合作意愿含义类似，张魏[161]强调企业影响力，而李文华[157]强调政府政策及地区发展需求。从两位学者的定义看，皆表达合作迫切程度，因此把两个指标含义融合，并统一化处理，由合作迫切系数表示其大小。表4-1中合作迫切程度统计为该指标统一后的结果。

（9）公共部门的监督力度。公共部门的监督为对项目参与方的偷懒或者挪用资产等不道德行为的监管[34]，以此保障项目效率和收益。

（10）激励机制。为了防止项目参与方潜在的不道德行为而设置激励机制，以实现对参与方的监督和激励[162]。

（11）项目收入不确定。PPP/TOT项目收益具有较大的不确定性，其对参与方收入分成的影响毋庸置疑。

根据文献统计影响PPP/TOT项目收入分成比例指标看，资本投入在32篇文献中出现30次，风险分担为必选项，合同执行度出现比例为26/32，突发事件贡献度出现比例为15/32，以上指标显然得到多数学者认可。创新投入和满意度也得到一些学者关注，创新度出现比例为8/32，满意度出现比例为9/32，承担任务复杂性在32篇文献中出现2次，说明有部分学者注意到该指标对收入分配的影响。合作迫切程度在32篇文献中出现2次，出现概率比较小。

32篇文献中，公共部门的监督力度出现1次，激励机制出现1次，项目收入不确定出现5次。根据公共部门的监督力度的定义看，该指标主要是为了保障项目效率。对于政府出资参与的TOT项目，本书将通过对双方运营绩效的考核促使政府方和社会资本方在运营过程中会相互监督，提升项目效率，再单独列出来具有重复之嫌。激励机制的含义较为模糊，上述（1）～（8）影响因素在收入分成的影响皆具有激励作用，再罗列激励机制也出现重复之嫌。项目收入不确定主要体现项目收入对参与方最终收入分成会有影响，但该指标不直接影响参与方的收入分成比例的确定。

根据表4-1的整理以及上述分析，最终确定8个参与方收入分成比例影响因素指标，结果见表4-2。

PPP项目收入分成影响因素指标统计 表 4-1

第一作者	指标								
	(1)	(2)	(3)	(4)	(5)	(6)	(7)	(8)	其他
叶晓甦[34]	√	√	√						(9)
刘洪积[159]	√	√			√				
胡丽[83]	√	√	√	√					
王林秀[160]		√	√		√				
汪洪[112]	√	√			√	√	√		
杨扬[89]	√	√		√		√	√		
Peng Y[80]	√								
樊亮[84]	√	√	√	√					
张巍[161]	√	√	√					√	
白红飞[162]	√	√	√						(10)
何天翔[90]	√	√	√	√			√		
Wang Y[27,82]		√							
刘伟华[85]	√	√	√	√	√				
武敏霞[113]	√	√	√	√	√				
杨远[86]	√	√			√	√			
喻天舒[123]	√	√	√						(11)
许朝雪[158]	√	√	√	√					
王平[88]	√	√	√		√				(11)
李蓉[138]	√	√	√	√			√		
李文华[157]	√	√	√					√	
陈述[120]	√	√	√	√					
邢潇雨[124]	√	√	√	√					(11)
刘治国[163]	√	√					√		
徐珊[125]	√	√		√					(11)
张宏[164]	√	√	√						
曹文英[165]	√	√	√	√					
盛松涛[122]	√	√	√						(11)
段世霞[115]	√	√	√				√		
宋健民[166]	√	√	√				√		
徐健[87]	√	√	√	√					
马占山[167]	√	√	√	√					
黄聪乐[168]	√	√	√	√			√		
合计	30	32	25	15	7	3	9	2	

TOT项目中收入分成比例影响指标初步识别 表 4-2

指标	指标描述
投资比例	参与方在项目公司的综合出资比例
风险分担比例	参与方对项目关键风险承担的综合比例
创新投入比例	参与方在制度、技术、管理和运营服务等方面所做的创新投入比例
突发事件贡献度	TOT项目运维过程中发生预测风险以外难以预料的突发事件或状况时，为了快速响应环境的变化，参与方所做的投入或者贡献比例[83,112]
合同执行度	双方对PPP项目规范、有效运行所做的努力程度，主要为各参与方履行合同规定任务的比率[85,124]及为项目利益所做的努力，部分文献称为努力水平[34,120,157]
承担任务复杂性	指参与方所在岗位的技术复杂性、管理协调难度、时间紧迫性的综合。技术复杂性主要指专用技术关联度大、需要较大的改进和创新；协调复杂性主要指合作相互协调频繁程度、计划的冲突、地域、文化背景的差异等；时间紧迫性为承担工作处于关键路径[86,89]
相互满意度	合作中一方对其他参与者所做工作的满意程度，包括信息交流共享度、平均响应度、协同合作性等方面[89,90]
合作迫切程度	主要指在供求关系非均衡时，参与各方对合作联盟需求的迫切性，迫切程度越高，需求越大，供不应求时其对收益妥协性更大[157]

4.1.3 TOT项目收入分成比例关键影响因素的确定

通过文献分析得出的收入分成比例影响因素，需要通过量化分析评价这些指标的可靠性，对指标进一步筛选。故本书设计了"TOT项目收入分成比例影响因素重要性调查问卷"（见附录A），向PPP项目相关从业人员发放。根据调查问卷结果，采用灰色关联度对各影响因素重要性进行评价，并得出关键影响指标。

1. 问卷设计及调研人员信息描述

"TOT项目收入分成比例影响因素重要性调查问卷"包括答题人基本信息和收入分成比例影响因素重要性两部分。本次调查问卷采用"问卷星"定向邀请方式完成。邀请对象为从事工程建设领域相关工作（投融资、勘察、设计、施工、监理、咨询、教学及科研等）人员，详细信息见表4-3。本次问卷调查，收回调查问卷114份，其中有6份为未从事过PPP项目工作人员填写，为无效问卷，占比5.26%；有效问卷108份，占比94.74%，满足研究需求。

调查问卷填写人员信息统计 表 4-3

工作单位			职称			从业年限		
性质	人数	占比(%)	类别	人数	占比(%)	年限	人数	占比(%)
政府	14	12.28	高级	46	40.35	0~2	23	20.18
企业	47	41.23	中级	35	30.70	3~5	20	17.54
金融机构	2	1.75	其他	33	28.95	6~10	18	15.79
科研院所/大专院校	40	35.09				10+	53	46.49
其他	11	9.65						
合计	114	100		114	100		114	100

表4-3显示，从单位性质看，来自企业人员占比最高，为41.23％，为本调查问卷获得更多的实践指导提供了保障。来自科研院所及大专院校的从业者为40人，占比较高，为35.09％。表明当前很多科研院所及大专院校与企业联系紧密，问卷填写人员从事PPP项目相关的科研和兼职实践工作，具有实践与理论相结合的特点，保证调查结果的可靠性。从职称分布看，具有中级及以上职称人员占比达到71.05％，所占比例较高，专业素养较高。由从业时间分布看，从业3年及以上的人员占比为79.82％，从业6年以上的占比为62.28％，经验相对丰富。综合分析，此次参与调研的人员专业素质较高，可信度较高。

2. 信度分析

调查结果数据是否有效可信，需要进行信度检验。信度最早于1904年由斯皮尔曼（Spearman）提出，主要指多次测量结果的可靠性程度，用来反映测验结果的一致性和可靠程度。如果多次重复测量的结果都很接近，则可认为该测量的信度很高，通常采用克伦巴赫α信度系数进行验证。克伦巴赫α信度系数是于1951年根据美国教育学家Lee Cronbach命名。一般认为，信度系数与接受度之间的关系见表4-4。

克伦巴赫α信度系数与接受度的关系 表4-4

接受度	信度非常好	信度较好	不理想	不可信
信度系数区间	0.80～0.90	0.70～0.80	0.6～0.70	小于0.6

本书利用SPSS.26软件对影响TOT项目收入分成比例的8个指标进行信度检测，检测结果见表4-5。结果显示该检测的克伦巴赫α信度系数为0.810。根据表4-4可知，该调查问卷数据信度非常好。

收入分成比例影响因素的总体克伦巴赫α信度系数 表4-5

克伦巴赫α信度系数	基于标准化的克伦巴赫α信度系数	项数
0.810	0.809	8

3. 基于灰色关联度的收入分成比例影响因素重要性评价

1982年，灰色关联度由邓聚龙教授首次提出，目的是通过关联度寻求系统中各因素之间的数值关系。灰色关联度主要用于描述各因素之间的关联程度，如果两个因素同步变化程度较高，两者关联较大，指标应予保留；反之，两者关联度较小，指标应予以剔除。灰色关联度对样本量要求较小，不需要典型的分布规律，而且计算量比较小，是系统分析中比较简单、可靠的一种分析方法。本书将通过灰色关联度系数对收入分成比例影响指标重要性进行检测。

根据指标选取全面性的原则及灰色关联度的含义，取灰色关联度的分辨系数为0.6，小于0.6的指标给予剔除，大于0.6的指标给予保留。

1) 灰色关联模型

灰色关联模型中，参考数列为 $X_0 = \{x_0(k), k=1, 2, \cdots, n\}$，其中 n 为某一序列中指标个数。

比较数列为 $X_i = \{x_i(k), k=1, 2, \cdots, n\}$，$i=1, 2, \cdots, m$，其中 m 为序列个数。

那么参考序列和比较序列之间的关联系数为：

$$\zeta_i(k) = \frac{\min\limits_i \min\limits_k |x_0(k) - x_i(k)| + \rho \cdot \max\limits_i \max\limits_k |x_0(k) - x_i(k)|}{|x_0(k) - x_i(k)| + \rho \cdot \max\limits_i \max\limits_k |x_0(k) - x_i(k)|}$$

其中 $\rho \in (0, 1)$，为分辨系数，一般取 0.5。

则比较数列与参考数列之间的关联度为：

$$r_i(k) = \frac{1}{n} \sum_{k=1}^{n} \zeta_i(k)$$

2) 灰色关联度计算

灰色关联度可以手工计算，也可借助 EXCEL，或者利用 MATLAB 编程进行计算。根据上述关联度系数的计算方法和附录 A 的调查问卷结果，采用 EXCEL 进行计算，影响参与方收入分成比例 8 个因素的关联度系数见表 4-6。

TOT 项目收入分成比例影响因素的灰色关联度　　　　　　表 4-6

指标	关联度	指标	关联度
投资比例	0.861	合同执行度	0.835
风险分担比例	0.854	承担任务复杂性	0.739
创新投入比例	0.662	相互满意度	0.724
突发事件贡献度	0.685	合作迫切程度	0.706

3) 关键影响因素确定

表 4-6 显示，投资比例、风险分担比例、合同执行度指标的灰色关联度达到了 0.8 以上，关联度非常高，可作为关键指标，其关联度与 4.1.2 节文献统计中的概率相吻合。承担任务复杂性、相互满意度和合作迫切程度指标的灰色关联度为 0.7 以上，关联度较好，可作为关键指标。创新投入比例以及突发事件贡献度的灰色关联度相对于其他指标稍低，但均大于 0.65，具有一定的可信度，可作为关键指标。综上，被检测的 8 个影响因素均可列为收入分成比例影响的关键指标。

4. TOT 项目收入分成比例关键影响因素指标体系分析

根据 3.3 节中 TOT 项目收入分成合约结构均衡的内涵及 3.5 节中固定回报加收入分成合约结构均衡条件对比可知，合约结构中关键参数的改变将影响均衡的表现形式，例如，参与方资源投入比例、参与方投入要素的贡献水平（运营绩效）的改变均引起收入分成比例的变化。

中国共产党十八届三中全会通过的《中共中央关于全面深化改革若干重大问题的决

定》中指出完整的要素报酬机制，收入分配是要素的投入、贡献与供求的综合，即 TOT 项目参与方收入分成比例要体现参与方运营绩效（努力水平）和参与方资源投入比例[28,34] 及合作联盟供求关系，才能实现收入分配机制的公平合理性。因此，根据完整的报酬机制把 4.1.2 节相关文献梳理得出的影响收入分成比例的指标分为要素投入指标、要素贡献指标、合作联盟供求关系指标三大类。

1）要素投入指标

要素投入即资源投入比例指标，包含投资比例、风险分担比例、创新投入比例、突发事件贡献度四个指标。除了风险分担指标之外，其他三个都属于资源投入，是构成参与方股权的重要指标。由于承担风险也需对人财物等资源的投入进行风险管控，从该角度看风险分担也属于资源投入，因此，把风险分担比例作为资源投入比例的二级指标之一。

2）要素贡献指标

要素贡献主要体现在各参与方运营绩效，包含合同执行度、承担任务复杂性、相互满意度三个指标。合同执行度从参与方完成合同任务情况反映参与方对项目的贡献。承担任务复杂性从不同岗位对技术、管理协调能力、时间控制能力反映参与方对项目的贡献。相互满意度从良好合作关系更有利于项目效率提升[102] 的角度表达参与方对项目的贡献。

3）合作联盟供求关系指标

本书由合作迫切程度体现合作联盟供求关系。从政府角度看，如果政府运营项目效率较低、当地经济对该项目发展的依赖情况较大、当地地区经济发展水平较低、当地产业经济发展困难[157]，供给相对不足，政府方对合作联盟需求就越急迫，对价格越不敏感，其需求弹性系数越小。从社会资本方角度看，企业业绩好、企业信誉[161] 较高、当前未完成合同额度较大、同行竞争激烈程度越小，供给越充足，社会资本方对合作联盟需求相对小，对价格越敏感，其需求弹性就越大。因此，合作迫切程度可以结合参与方需求弹性及其面临的经济及行业环境综合打分，其得分为合作迫切系数。

4.1.4　影响 TOT 项目参与方收入分成的指标体系

参与方收入分成为项目收入与参与方收入分成比例之积，其直接影响因素即为项目收入和收入分成比例。其中，收入分成比例影响因素在 4.1.3 节已经详细分析，决定参与方收入分成的另一个直接因素为项目收入。项目收入变化必然影响参与方收入分成结果，因此影响项目收入的因素也将影响项目收入分成。

通过 4.1.3 节相关研究，参与方运营绩效既影响参与方收入分成比例又影响项目收入。另外，根据 1.2.3 节中关于影响项目收益分配因素综述可知，既定项目资源配置下，项目风险为引起项目收入不确定[37] 的关键因素。

根据影响 TOT 项目收入分成指标选取原则、收入分成机理，以《政府和社会资本合作模式操作指南（试行）》《PPP 项目合同指南（试行）》和《政府和社会资本合作（PPP）

项目绩效管理操作指引》（财金〔2020〕13号）的相关绩效评价机制为指导，综合考虑4.1.3节中收入分成比例关键指标，项目收入不确定，运营绩效及其不确定对TOT项目收入的影响，构建参与方收入分成的指标体系，见图4-1。

参与方收入分成指标体系分为三部分：（1）仅影响项目收入的因素：项目风险；（2）仅影响收入分成比例的因素：资源投入比例和合作联盟供求关系；（3）既影响项目收入又影响收入分成比例的因素：运营绩效。

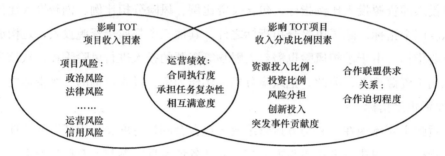

图4-1　TOT项目参与方收入分成指标体系

4.2　TOT项目关键风险识别、评价

4.2.1　关键风险识别

1. 风险初步识别——构建风险列表

风险识别是对项目潜在、客观存在的可能影响项目各目标实现的风险事件进行系统地、连续地预测和归类，同时辨别可能诱发风险事件向风险事故转变的风险因素。目前，对PPP项目风险因素及分类研究成果非常丰富。比如，范小军等[169]（2004）将风险分为信用风险、建设和开发风险、市场和运营风险、政治风险、金融风险、法律风险以及环境风险7个类别，包含33个指标。Sastoque等[170]（2016）确立了28个PPP项目风险因素，分为11个类别。其中政治风险1个，宏观经济风险4个，法律风险7个，社会风险2个，自然风险2个，项目选择风险1个，财务风险1个，设计风险3个，施工风险5个，运营风险1个，合作关系风险1个。任志涛等[171]（2017）采用结构方程确定了政治风险、建设风险、法律及合约风险、金融风险、组织风险、运营风险6个类别，包含23个风险因素。Wadhvaniya等[93]（2019）通过文献综述把PPP项目风险分为政治风险、社会监管和法律风险、建设风险、金融风险、商业风险、合作伙伴关系风险、运营风险7个类别，共计32个风险因素。

也有一些学者对TOT项目风险因素和分类开展研究。例如，王松江[152]（2005）把TOT项目风险分为一般风险和特定风险两大类，其中一般风险为政治风险、法律风险和商业风险 3 种；特定风险为相关基础设施风险、技术风险、需求风险、供应风险、自然灾害风险、环保风险 6 种。沈俊鑫等[172]（2012）把 TOT 项目风险分为系统风险和非系统风险，系统风险包含法律风险、政治风险、金融风险、不可抗力风险四方面，非系统风险包含运营风险、市场风险两方面，共由 15 个风险指标组成。Lee 等[173]（2015）通过案例从机构监管、金融和人力资源三方面分析污水处理 TOT 项目风险。

影响 TOT 项目收入关键风险识别是对在 TOT 项目中的各种潜在风险因素进行系统地、有规律地辨识和归类。本书借鉴文献中关于 PPP/TOT 项目风险因素及分类，并运用经验分析法、头脑风暴法，根据 TOT 项目特点进行调整，把影响 TOT 项目收入风险分为政治风险、法律风险、金融风险、资产风险、运营风险、市场风险、环境风险和信用风险。通过调查问卷的方式确定影响项目收入的关键风险因素。下面分别对风险类别进行阐述。

1）政治风险

TOT 项目政治风险是指项目所在地政治状况可能带来的风险，具有主观不确定性。TOT 项目政治风险可划分为政局变化风险、政府换届风险、项目强制收回风险、原企业人员安置风险、政府行为风险和公众支持度风险等。

2）法律风险

TOT 项目法律风险是指由于法律法规和行业标准等的颁布、修订、废止等，导致项目性质、产品定价、产品需求、合同合法性及有效性等发生变化，造成项目运营和收益的变化。TOT 项目法律风险包含了法律法规和行业标准变化风险、法律依据和保障欠缺风险、合同完备或变更风险等。

3）金融风险

TOT 项目金融风险指参与人在投融资过程中，因偶然或不确定因素引起的收益不确定和融资困难的可能情况。主要包含了金融市场和项目融资两个方面给项目带来的风险。金融市场相关风险，例如利率汇率风险、通货膨胀风险等。项目融资过程中常见的风险，例如融资可得性风险、融资成本风险、资金断裂风险、经济环境恶化风险等。

4）资产风险

TOT 项目作为 BOT 项目的衍生，其最大区别在于 TOT 项目比 BOT 项目少了一个建设程序，但是增加了一个转让程序。诸如在转让程序中的资产评估时，评估价值与实际客观价值相偏离，导致决策者做出错误选择或经济损失；项目特许经营期满后资产余值达不到预期等。TOT 项目资产风险主要包括资产评估风险、资产状况与协议不符和资产余值风险。

5）运营风险

TOT 项目运营风险指在项目运营过程中由于项目公司管理能力不足或决策失误等造成项目运营效率降低、产品/服务存在缺陷或成本大幅度上升，使项目无法实现预期收益。TOT 项目运营风险主要体现在资源依赖风险、原材料供应风险、运营及维护成本风险、产品/服务质量风险、配套基础设施风险等。

6）市场风险

TOT项目市场风险指市场不确定性以及项目产品/服务与市场环境不匹配所引发的风险，主要包括同类项目竞争风险、价格风险、需求量风险。

7）环境风险

TOT项目环境风险包括不可抗力风险和环境保护风险。不可抗力风险如恶劣气候条件、生态环境变化、自然灾害、事故和战争等。环保风险则指项目运营过程中违反环境保护法相关规定的风险。

8）信用风险

TOT项目信用风险指项目参与方不履行或拒绝履行合同约定的责任和义务的风险。信用风险根据主体不同主要包括政府履约风险和社会资本方履约风险。

我们将上述风险进行整理，对 TOT 项目收入有影响的风险因素识别如表4-7所示。

TOT 项目风险识别　　　　　　　　　　　　　　表 4-7

一级风险因素	编码	二级风险因素	编码
政治风险	F_1	政局变化风险	F_{11}
		政府换届风险	F_{12}
		项目强制收回风险	F_{13}
		原企业人员安置风险	F_{14}
		政府行为风险	F_{15}
		公众支持度风险	F_{16}
法律风险	F_2	法律法规行业标准变化风险	F_{21}
		法律依据和保障欠缺风险	F_{22}
		合同完备或变更风险	F_{23}
金融风险	F_3	利率汇率风险	F_{31}
		通货膨胀风险	F_{32}
		融资可得性风险	F_{33}
		融资成本风险	F_{34}
		资金断裂风险	F_{35}
		经济环境恶化风险	F_{36}
资产风险	F_4	资产估值较低风险	F_{41}
		资产状况与协议不符	F_{42}
		资产余值风险	F_{43}
运营风险	F_5	资源依赖风险	F_{51}
		原材料、能源供应风险	F_{52}
		运营及维护成本风险	F_{53}
		产品/服务质量风险	F_{54}
		配套基础设施风险	F_{55}

续表

一级风险因素	编码	二级风险因素	编码
市场风险	F_6	同质项目竞争风险	F_{61}
		政府对项目产品定价、调价风险	F_{62}
		使用量风险	F_{63}
环境风险	F_7	不可抗力风险	F_{71}
		环保风险	F_{72}
信用风险	F_8	政府履约风险	F_{81}
		社会资本方履约风险	F_{82}
		第三方履约风险	F_{83}

2. 调查问卷设计及数据预处理

影响 TOT 项目收入关键风险因素，需要从两个方面评价，其一是风险因素对项目收入影响程度，其二为风险因素发生概率，然后根据风险矩阵评价关键风险。本书分别针对风险因素对项目收入影响程度和风险发生概率设计了调查问卷。

1）风险因素对项目收入影响程度调查问卷

"TOT 项目风险对项目收入影响程度调查问卷"分为两部分，详见附录 B。第一部分是答卷人基本信息调查；第二部分是 TOT 项目风险对项目收入影响程度调研。在第二部分中，我们对初步识别的 31 个 TOT 项目风险进行简要释义，采用李克特（Likert）五级量表法请专家评价各风险对收入的影响程度。

通过"问卷星"投放调查问卷 132 份，回收问卷 132 份，有效问卷为 132 份。经统计，调查对象中，来自企业的占 40.91%，为本调查问卷获得实践指导提供了保障；来自科研院所和大专院校的占 41.67%，当前很多科研院所及大专院校与企业联系紧密，问卷填写人员从事 PPP 项目相关科研和兼职实践工作，具有实践与理论相结合的特点，保证调查结果的可靠性。具有中级以上职称人员占比达到 80.30%，占比较高，说明答题人具有较高的专业素养。具体分布情况如图 4-2、图 4-3 所示。从上述统计数据可以看出，参与调查人员对于调查问卷的回答参考价值和可靠性较高。

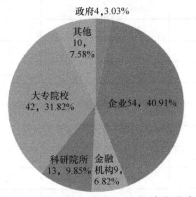

图 4-2　调查问卷填写人员的单位分布

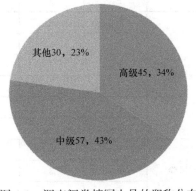

图 4-3　调查问卷填写人员的职称分布

2）调查问卷数据信度检验

本调查问卷数据的信度检验与 4.1.3 节的理论和方法相同，利用 SPSS.26 软件检测"TOT 项目风险对项目收入影响程度调查问卷"结果的信度，检测结果见表 4-8。结果显示该检测的克伦巴赫 α 信度系数为 0.955。根据表 4-4 可知，该调查问卷的数据信度非常好，可用于后续定量评价分析。

影响项目收入的风险总体克伦巴赫 α 信度系数 表 4-8

克伦巴赫 α 信度系数	基于标准化的克伦巴赫 α 信度系数	项数
0.955	0.956	30

3）TOT 项目风险对项目收入影响程度调查结果

TOT 项目风险对项目收入影响程度调查结果详见表 4-9。

4）TOT 项目风险因素发生概率调查问卷

TOT 项目风险因素发生概率调查，详见附录 C "影响 TOT 项目收入的关键风险发生概率调查问卷"。邀请 9 名相关领域专家，分别由 3 名经济/财务专业、2 名法律专业、4 名项目技术/管理专业组成专家小组，对 TOT 项目风险调查表中各风险发生的概率进行打分，统计结果见表 4-10。

TOT 项目风险对项目收入影响程度统计 表 4-9

一级指标	二级指标	可忽略	较小	一般	较大	非常大	平均分
政治风险	F_{11}	6	12	14	34	66	4.08
	F_{12}	7	8	29	50	38	3.79
	F_{13}	7	11	34	41	39	3.71
	F_{14}	6	20	56	34	16	3.26
	F_{15}	6	5	21	58	42	3.95
	F_{16}	7	25	47	40	13	3.20
法律风险	F_{21}	6	10	29	45	42	3.81
	F_{22}	3	19	35	50	25	3.57
	F_{23}	4	13	30	50	35	3.75
金融风险	F_{31}	5	15	49	45	18	3.42
	F_{32}	2	16	36	54	24	3.62
	F_{33}	4	8	35	57	28	3.73
	F_{34}	1	14	27	61	29	3.78
	F_{35}	2	14	20	42	54	4.00
	F_{36}	2	11	29	54	36	3.84
资产风险	F_{41}	3	18	41	51	19	3.49
	F_{42}	3	11	54	45	19	3.50
	F_{43}	0	18	49	50	15	3.47

续表

一级指标	二级指标	可忽略	较小	一般	较大	非常大	平均分
运营风险	F_{51}	2	15	38	57	20	3.59
	F_{52}	3	19	36	59	15	3.48
	F_{53}	1	15	45	52	19	3.55
	F_{54}	3	20	41	50	18	3.45
	F_{55}	2	17	53	51	9	3.36
市场风险	F_{61}	2	23	45	49	13	3.36
	F_{62}	4	8	40	59	21	3.64
	F_{63}	2	11	44	55	20	3.61
环境风险	F_{71}	6	24	50	36	16	3.24
	F_{72}	3	19	46	54	10	3.37
信用风险	F_{81}	3	12	36	38	43	3.80
	F_{82}	3	11	40	55	23	3.64
	F_{83}	2	12	44	59	15	3.55

TOT项目风险概率统计 表 4-10

一级指标	二级指标	可忽略	较小	一般	较大	非常大	平均分
政治风险	F_{11}	7	2	0	0	0	1.22
	F_{12}	7	0	1	1	0	1.56
	F_{13}	7	1	1	0	0	1.33
	F_{14}	2	2	2	3	0	2.67
	F_{15}	4	1	1	3	0	2.33
	F_{16}	6	0	2	1	0	1.78
法律风险	F_{21}	1	3	3	1	1	2.78
	F_{22}	1	3	2	3	0	2.78
	F_{23}	0	3	1	5	0	3.22
金融风险	F_{31}	1	2	4	2	0	2.78
	F_{32}	1	1	3	4	0	3.11
	F_{33}	1	0	6	2	0	3.00
	F_{34}	1	2	5	1	0	2.67
	F_{35}	1	1	4	2	1	3.11
	F_{36}	2	2	3	2	0	2.56
资产风险	F_{41}	1	2	5	1	0	2.67
	F_{42}	1	1	5	2	0	2.89
	F_{43}	2	1	5	1	0	2.56
运营风险	F_{51}	2	0	0	6	1	3.44
	F_{52}	1	1	3	3	1	3.22

一级指标	二级指标	可忽略	较小	一般	较大	非常大	平均分
运营风险	F_{53}	1	1	3	1	0	1.78
	F_{54}	4	2	2	1	0	2.00
	F_{55}	6	0	2	1	0	1.78
市场风险	F_{61}	1	1	4	3	0	3.00
	F_{62}	1	1	3	3	1	3.22
	F_{63}	2	0	1	5	0	2.78
环境风险	F_{71}	2	2	3	2	0	2.56
	F_{72}	2	2	2	2	1	2.78
信用风险	F_{81}	2	3	2	2	0	2.44
	F_{82}	0	1	4	4	0	3.33
	F_{83}	2	0	4	3	0	2.89

4.2.2 关键风险评价

关键风险评价主要从风险因素发生概率、风险可能带来的严重程度综合评价风险重要性，然后根据风险重要性评价其是否为关键风险。目前，风险矩阵法已经普遍运用在各种工程项目领域风险重要性等级的判定。风险矩阵法源于1995年由美国空军电子系统中心采办工程小组提出的评估项目潜在风险及确定风险等级的方法，以便捷、客观和有效著称。该方法从风险影响程度和风险发生概率两个方面，采用定性和定量相结合的方式综合判断风险重要性等级。因此，本书采用风险矩阵法对影响TOT项目收入的风险重要性进行评价。

首先，根据TOT项目风险特点及相关学者研究成果，构建风险指标体系评价集；然后，采用德尔菲法对影响TOT项目收入的风险发生概率和风险影响项目收入的程度进行打分，确定指标隶属度；最后，根据风险矩阵确定关键风险。

1. 关键风险评价标准

根据风险矩阵法，风险重要性等级从风险对项目收入的影响程度和风险发生概率两个方面进行评价。

1）风险影响程度

按照风险发生后对项目收入造成影响的大小，将风险影响程度划分为5个等级。

（1）影响可忽略，一旦风险发生，对项目收入影响可忽略，用N表示，打分为1；

（2）影响较小，一旦风险发生，对项目收入影响较小，用L表示，打分为2；

（3）影响中等，一旦风险发生，对项目收入造成中等影响，但项目还未亏损，用M表示，打分为3；

（4）影响较大，一旦风险发生，将导致整个项目收入较大下降，有亏损，项目运营资金周转困难，用 H 表示，打分为 4；

（5）影响严重，一旦风险发生，将导致整个项目收入严重下降，亏损严重，资金链断裂，甚或项目失败，用 F 表示，打分为 5。

2）风险概率

按照风险因素发生的可能性，借助模糊的概念把风险发生概率划分为 5 个等级：

风险发生概率很低，即不可能发生，用 N 表示，打分为 1；

风险发生概率较低，即发生可能性较小，用 L 表示，打分为 2；

风险发生概率中等，即可能在项目中预期发生，用 M 表示，打分为 3；

风险发生概率较高，即发生的可能性较大，用 H 表示，打分为 4；

风险发生概率很高，即发生的可能性非常大，用 F 表示，打分为 5。

根据风险矩阵法，影响 TOT 项目收入的风险评价矩阵如图 4-4 所示。

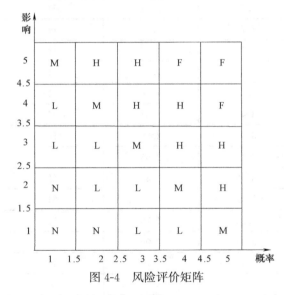

图 4-4　风险评价矩阵

（1）图中的 N 区域表示微小风险：风险发生可能性很小，或发生后造成损失较小，对项目收入的影响很小，因此可以忽略不计。

（2）图中的 L 区域表示较小风险：风险发生可能性较小，或发生后造成损失较小，对项目收入影响有限，不作为关键风险因素。

（3）图中的 M 区域表示一般风险：风险发生可能性不大，或发生后造成损失不大，对项目收入有一定影响，该区域风险应作为关键风险因素。

（4）图中的 H 区域表示较大风险：风险发生可能性较大，或发生后造成损失较大，对项目收入影响较大，该区域风险为关键风险因素。

（5）图中的 F 区域表示重大风险：风险发生可能性非常大，或发生后造成损失非常大，对项目收入影响非常大，该区域风险为关键风险因素。

在图 4-4 中，根据风险矩阵法的思想，属于 N 和 L 的区域，对 TOT 项目收入影响较小，均不作为关键风险。属于 M、H 和 F 区域的风险因素，将作为影响项目收入的关键风险。

2. 关键风险评价结果

根据 4.2.1 节中相关调查问卷数据，TOT 项目风险对收入影响重要性见表 4-11。根据 4.2.2 节中风险评价矩阵和风险评价标准，影响 TOT 项目收入的关键风险见表 4-12。

TOT项目风险对收入影响重要性 表 4-11

序号	一级指标	二级指标	影响程度	发生概率	重要性
1	政治风险	F_{11}	4.08	1.22	L
2		F_{12}	3.79	1.56	M
3		F_{13}	3.71	1.33	L
4		F_{14}	3.26	2.67	M
5		F_{15}	3.95	2.33	M
6		F_{16}	3.20	1.78	L
7	法律风险	F_{21}	3.81	2.78	H
8		F_{22}	3.57	2.78	H
9		F_{23}	3.75	3.22	H
10	金融风险	F_{31}	3.42	2.78	M
11		F_{32}	3.62	3.11	H
12		F_{33}	3.73	3.00	H
13		F_{34}	3.78	2.67	H
14		F_{35}	4.00	3.11	H
15		F_{36}	3.84	2.56	H
16	资产风险	F_{41}	3.49	2.67	M
17		F_{42}	3.50	2.89	H
18		F_{43}	3.47	2.56	M
19	运营风险	F_{51}	3.59	3.44	H
20		F_{52}	3.48	3.22	M
21		F_{53}	3.55	1.78	M
22		F_{54}	3.45	2.00	L
23		F_{55}	3.36	1.78	L
24	市场风险	F_{61}	3.36	3.00	M
25		F_{62}	3.64	3.22	H
26		F_{63}	3.61	2.78	H
27	环境风险	F_{71}	3.24	2.56	M
28		F_{72}	3.37	2.78	M
29	信用风险	F_{81}	3.80	2.44	M
30		F_{82}	3.64	3.33	H
31		F_{83}	3.12	2.89	M

影响 TOT 项目收入的关键风险 表 4-12

序号	一级指标	二级指标	影响程度	发生概率	重要性	重要性得分
1	政治风险	F_{12}	3.79	1.56	M	5.90
2		F_{14}	3.26	2.67	M	8.69
3		F_{15}	3.95	2.33	M	9.22

续表

序号	一级指标	二级指标	影响程度	发生概率	重要性	重要性得分
4		F_{21}	3.81	2.78	H	10.58
5	法律风险	F_{22}	3.57	2.78	H	9.92
6		F_{23}	3.75	3.22	H	12.08
7		F_{31}	3.42	2.78	M	9.50
8		F_{32}	3.62	3.11	H	11.26
9	金融风险	F_{33}	3.73	3.00	H	11.19
10		F_{34}	3.78	2.67	H	10.08
11		F_{35}	4.00	3.11	H	12.44
12		F_{36}	3.84	2.56	H	9.81
13		F_{41}	3.49	2.67	M	9.31
14	资产风险	F_{42}	3.50	2.89	H	10.11
15		F_{43}	3.47	2.56	M	8.87
16		F_{51}	3.59	3.44	H	12.37
17	运营风险	F_{52}	3.48	3.22	M	11.21
18		F_{53}	3.55	1.78	M	6.31
19		F_{61}	3.36	3.00	M	10.08
20	市场风险	F_{62}	3.64	3.22	H	11.73
21		F_{63}	3.61	2.78	H	10.03
22	环境风险	F_{71}	3.24	2.56	M	8.28
23		F_{72}	3.37	2.78	M	9.36
24		F_{81}	3.80	2.44	M	9.29
25	信用风险	F_{82}	3.64	3.33	H	12.13
26		F_{83}	3.12	2.89	M	10.26

4.3　TOT项目风险分担量化分析

　　资源投入比例的二级指标中，除了风险分担指标，其他指标可以通过合同以及经营过程中的管理资料进行量化。因此，对资源投入比例指标量化分析前，先对风险分担指标进行量化分析。

　　风险分担的重要性详见文献综述1.2.3节，风险分担的合理与公平影响项目效率[27,36]，是项目成败的关键，风险分担并不能保证PPP合同成功，但合理的风险分担可以最大限度地提高PPPs成功率[68,174]。合理的项目风险分担最基本特点是没有任何一方单独承担全部项目风险。风险分担需要遵守相应原则，进行合理、公平的分配。

4.3.1 风险分担原则

PPP项目风险分担原则基本达成共识，主要体现在以下几个方面。

1）最有管控能力的参与方承担风险[17,175]

最有能力管理和控制某一风险的参与方承担该风险[176,177]。因其具有最优风险管理能力，较好的风险理解能力，且能很好地对TOT项目风险进行预测、评估其影响程度，并采取有效防范和止损措施，降低风险发生概率和风险损失，使风险危害大幅度降低，同时具有承担风险损失的能力[178]。风险管理能力影响风险承担成本，是风险分配的关键决定因素[179]。

2）风险与收益对等[178]

Chan等[180]（2011）把承担风险能否获得收益作为风险分担的原则之一。支付机制是决定最终风险承担者的主要因素之一[179]，风险承担者要有相应风险收益机会[176]为风险承担的激励，从而提供高效风险管理[181]。

3）风险成本最低[175]

分担TOT项目风险时，需要综合考虑风险发生概率、造成的损失程度，风险管控成本等因素，找到最低管控风险成本的参与方风险承担组合，提升项目收益或减少项目损失，实现项目整体收益最大化。因为最佳的风险分配并不是将所有风险都转嫁给社会资本方，而是将能够以较低成本进行管理的风险转移给社会资本方，尽量减少政府和社会资本方的总体管理成本[36]。

4）风险上限[182]

项目各参与方对风险的承担能力皆有一定限度，合理承担风险范围内才能实现风险管控最优效率。社会资本方无法控制或者无法像政府方一样控制且不可保险的风险，应有政府方承担[17]。

5）归责原则[182]

由于PPP合同兼具"合同性"和"行政性"，根据风险类型进行归责，风险属于合同性的适用于民事归责原则，风险属于行政性的采用行政归责原则[183]。

6）承担风险意愿

参与方对待风险的态度及其承担风险的意愿是影响风险分担效率的重要因素，风险应分配给风险厌恶程度较低的一方[17]。愿意控制风险的参与者是最有能力承担相关风险的参与方[181]，同时愿意承担风险才能更加积极主动承担风险，实现风险管理最佳状态，达到参与方整体最大满意度[184]。

4.3.2 风险承担主体

首先，我们对识别出的26个影响TOT项目收入的关键风险因素进行分类，将其分成系统风险和非系统风险两大类，系统风险主要为政治风险、法律风险、环境风险、部分金融风险、市场风险、信用风险。非系统风险主要为部分金融风险、资产风险、运营风险[172]，具体如表 4-13 所示。

影响 TOT 项目收入的关键风险因素分类　　　　　　　　　　　　表 4-13

系统风险	承担主体	非系统风险	承担主体
政府换届风险	政府方	合同完备性或变更风险	双方共担
政府行为风险	政府方	资金断裂风险	社会资本方
原企业人员安置风险	双方共担	融资成本风险	社会资本方
法律法规政策变化风险	双方共担	融资可得性风险	社会资本方
法律依据和保障欠缺风险	双方共担	资产估值较低风险	政府方
利率、汇率风险	双方共担	资产状况与协议不符	社会资本方
通货膨胀风险	双方共担	资产余值风险	社会资本方
经济环境恶化冲击	双方共担	资源依赖风险	社会资本方
政府定价、调价风险	政府方	原材料、能源供应风险	社会资本方
需求变化风险	双方共担	运营成本风险	社会资本方
同类项目竞争	政府方	环保风险	社会资本方
不可抗力	双方共担		
社会资本方履约风险	社会资本方		
第三方履约风险	社会资本方		
政府履约风险	政府方		

本书研究中，TOT 项目风险的承担包括了政府和社会资本两个主体，故风险分担模式有政府承担、社会资本承担以及政府和社会资本共担三种。

《国家发展改革委关于开展政府和社会资本合作的指导意见》（发改投资［2014］2724号）中指出项目运营风险由社会资本承担，法律、政策调整风险由政府承担，自然灾害等不可抗力风险由双方共同承担。《政府和社会资本合作模式操作指南》（财金［2014］113号）第三章第十一条（二）风险分配基本框架指出，原则上，项目设计、建造、财务和运营维护等商业风险由社会资本承担，法律、政策和最低需求等风险由政府承担，不可抗力等风险由政府和社会资本合理共担。结合风险分担原则，对于非系统风险，只有合同完备性或变更风险需要政府和社会资本共担之外，其余非系统风险均应该由社会资本方单独承担。而对于系统风险，其中的政治风险、法律风险、部分金融风险和市场风险需要政府承担。

若该 TOT 项目由社会资本方单独成立项目公司，对于项目关键风险，我们给出了初步分担方案，如表 4-13 所示。在 TOT 项目关键系统风险中，原企业人员安置风险、法律法规政策变化风险、法律依据和保障欠缺风险、合同完备性或变更风险、利率汇率风险、经济环境恶化冲击、需求变化风险、资源依赖风险需要政府和社会资本共同承担。

4.3.3　共担风险评价指标体系

根据 4.3.1 节风险分担基本原则，构建风险分担评价指标体系，包括 3 个一级指标和 7 个二级指标，详见表 D-1。

4.3.4　共担风险的评价指标权重

风险分担评价指标权重确定方法对风险分担结果有较大影响。层次分析法（AHP）理论成熟，结构严谨，在确定指标权重方面的应用非常广泛，该方法能将定性指标判断过程数字化、定量化。但是，该方法的判断矩阵中若同一体系评价指标较多时，如何保证专家或者决策者思维的一致性具有较大的挑战。而考虑模糊理论的模糊层次分析法（FAHP），体现了模糊理论和层次分析法两者的优点，较好地解决层次分析法中的思维不一致性的难题。本书风险分担各级评价指标均为定性指标，具有一定的模糊性，指标难以量化且样本数据采集困难。在模糊层次分析法中，专家仅凭其丰富经验对相关评价指标的内涵与外延的理解即可对一些定性的模糊指标作出判断，因此，该方法适用于本书风险分担指标权重的确定。

1）准备工作

"TOT 项目风险分担评价指标权重调查问卷"与 4.2.1 节中"TOT 项目风险对项目收入影响程度调查问卷"一起进行，调查问卷详见附录 D。本次调查问卷发放和回收均为 132 份，有效问卷为 132 份，调查人员的基本信息及其分析见 4.2.1 节。为了保证调查结果的有效性，下面对调查问卷数据进行信度分析。

2）信度分析

本调查问卷数据的信度检验与 4.1.3 节的理论和方法相同，利用 SPSS.26 软件检测"TOT 项目风险分担评价指标权重调查问卷"结果的信度，见表 4-14。结果显示该检测的克伦巴赫 α 信度系数为 0.888。根据表 4-4 可知，该调查问卷的数据信度非常好，数据可信，可进行后续评价使用。

影响项目收入的风险总体克伦巴赫 α 信度系数　　　　表 4-14

克伦巴赫 α 信度系数	基于标准化的克伦巴赫 α 信度系数	项数
0.955	0.888	8

3）调查问卷结果

TOT 项目风险分担评价指标权重调查问卷统计结果见表 4-15。

风险分担评价指标相对重要性打分统计   表 4-15

指标比较	均值	指标比较	均值
U_1 相对 U_2 重要性	0.63	U_{11} 相对 U_{13} 重要性	0.57
U_1 相对 U_3 重要性	0.60	U_{12} 相对 U_{13} 重要性	0.56
U_2 相对 U_3 重要性	0.59	U_{21} 相对 U_{22} 重要性	0.57
U_{11} 相对 U_{12} 重要性	0.59	U_{31} 相对 U_{32} 重要性	0.60

4) 判断矩阵构建

风险分担评价指标体系中，令一级指标因素为矩阵 A，一级指标判断矩阵为：

$$A = \begin{bmatrix} a_{11} & a_{12} & \cdots & a_{1n} \\ a_{21} & a_{22} & \cdots & a_{2n} \\ \vdots & \vdots & \ddots & \vdots \\ a_{n1} & a_{n2} & \cdots & a_{nn} \end{bmatrix}$$

其中矩阵 A 某一因素 a_k 的二级指标为矩阵 B_k，那么构造的判断矩阵 $A_k B$ 为：

$$A_k B = \begin{bmatrix} b_{11}^k & b_{12}^k & \cdots & b_{1m}^k \\ b_{21}^k & b_{22}^k & \cdots & b_{2m}^k \\ \vdots & \vdots & \ddots & \vdots \\ b_{m1}^k & b_{m2}^k & \cdots & b_{mm}^k \end{bmatrix}$$

定义 4.1： 设模糊矩阵 $A = (a_{ij})_{n \times n}$ 和模糊矩阵 $A_k B = (b_{ij}^k)_{m \times m}$ 均为模糊互补矩阵。

依据表 D-2 的数据标度，通过调查问卷对 TOT 项目风险分担评价指标体系一级评价指标评分，可得到模糊判断矩阵：

$$A = \begin{bmatrix} a_{11} & a_{12} & \cdots & a_{1n} \\ a_{21} & a_{22} & \cdots & a_{2n} \\ \vdots & \vdots & \ddots & \vdots \\ a_{n1} & a_{n2} & \cdots & a_{nn} \end{bmatrix}$$

其中，a_{ij} 为指标 i 相对于指标 j 的重要程度，且 $a_{ij} > 0$，$a_{ij} + a_{ji} = 1$。即 $A = (a_{ij})_{n \times n}$ 满足定义 4.1，其为模糊互补判断矩阵。

同理根据表 D-2 的数字标度，通过调查问卷对 TOT 项目风险分担评价指标体系二级评价指标评分，得到模糊判断矩阵：

$$A_k B = \begin{bmatrix} b_{11}^k & b_{12}^k & \cdots & b_{1m}^k \\ b_{21}^k & b_{22}^k & \cdots & b_{2m}^k \\ \vdots & \vdots & \ddots & \vdots \\ b_{m1}^k & b_{m2}^k & \cdots & b_{mm}^k \end{bmatrix}$$

其中，b_{ij}^k 为指标 i 相对于指标 j 的重要程度，且 $b_{ij}^k > 0$，$b_{ij}^k + b_{ji}^k = 1$。则 $A_k B = (b_{ij}^k)_{m \times m}$ 满足定义 4.1，其为模糊互补判断矩阵。

定义 4.2： 设 $AW = [a_1, a_2, \cdots, a_n]^T$ 是矩阵 A 的重要性权重向量，其中 $a_i = \dfrac{\sum\limits_{j=1}^{n} a_{ij} - 1 + \dfrac{n}{2}}{n(n-1)}$，$\sum\limits_{i=1}^{n} a_i = 1$，$a_i \geqslant 0$，$i = 1, 2, \cdots, n$。令 $s_{ij} = \dfrac{a_i}{a_i + a_j}$，$i, j = 1, 2, \cdots, n$，则 A 特征矩阵为 $S = (s_{ij})_{n \times n}$；设 $B_k = [b_1^k, b_2^k, \cdots, b_m^k]^T$ 是矩阵 $A_k B$ 的重要性权重向量，其中 $b_i^k = \dfrac{\sum\limits_{j=1}^{n} b_{ij}^k - 1 + \dfrac{n}{2}}{n(n-1)}$，$\sum\limits_{i=1}^{n} b_i^k = 1$，$b_i^k \geqslant 0$，$i = 1, 2, \cdots, n$。令 $s_{ij}^k = \dfrac{b_i^k}{b_i^k + b_j^k}$，$i, j = 1, 2, \cdots, n$，则矩阵 $A_k B$ 的特征矩阵为 $S_k = (s_{ij}^k)_{n \times n}$。

采用模糊层次分析法时，通过评分得到模糊判断矩阵之后，需要通过模糊互补判断矩阵的一致性检验验证上述指标权重的合理性。本书将采用模糊互补判断矩阵与其特征矩阵的相容性指标对上述模糊互补判断矩阵一致性进行检验。

定义 4.3： 若 $I(A, S) = \dfrac{1}{n^2} \sum\limits_{i=1}^{n} \sum\limits_{j=1}^{n} |a_{ij} + s_{ij} - 1|$，则称其为 A 与 S 的相容性指标。同理，若 $I(A_k B, S_k) = \dfrac{1}{m^2} \sum\limits_{i=1}^{m} \sum\limits_{j=1}^{m} |b_{ij}^k + s_{ij}^k - 1|$，则称其为 $A_k B$ 和 S_k 的相容性指标。

相容性指标满足 $I(A, S) \leqslant \alpha$，表示矩阵 A 通过一致性检验，否则需要参会专家重新评判，直到矩阵 A 通过一致性检验。α 为决策者的态度，α 越小，表明判断矩阵对决策者的一致性要求越高。一般取 $\alpha = 0.1$，当模糊互补判断矩阵的阶数 n 较小时（如 $n \leqslant 3$），$\alpha = 0.15$ 也满足检验要求。因此，当 $I(A, S) \leqslant 0.1$，$I(A_k B, S_k) \leqslant 0.1$，矩阵 A 和矩阵 $A_k B$ 即通过一致性检验。

5）评价指标权重确定

根据共担风险中社会资本方承担风险能力各级指标相对重要性得分统计表 4-15，构造相应的模糊互补判断矩阵 A 和 $A_k B$（$k = 1, 2, 3$），且满足 $a_{ij} > 0$，$a_{ij} + a_{ji} = 1$，$b_{ij}^k > 0$，$b_{ij}^k + b_{ji}^k = 1$，详见表 4-16～表 4-19。

一级指标模糊互补判断矩阵 A　　　　　　　　　　　　　表 4-16

P	U_1	U_2	U_3
U_1	0.50	0.63	0.60
U_2	0.37	0.50	0.59
U_3	0.40	0.41	0.50

二级指标模糊互补判断矩阵 A_1B 表 4-17

U_1	U_{11}	U_{12}	U_{13}
U_{11}	0.50	0.59	0.57
U_{12}	0.41	0.50	0.56
U_{13}	0.43	0.44	0.50

二级指标模糊互补判断矩阵 A_2B 表 4-18

U_2	U_{21}	U_{22}
U_{21}	0.50	0.57
U_{22}	0.43	0.50

二级指标模糊互补判断矩阵 A_3B 表 4-19

U_3	U_{31}	U_{32}
U_{31}	0.50	0.60
U_{32}	0.40	0.50

可分别表示为：

$$A = \begin{bmatrix} 0.50 & 0.63 & 0.60 \\ 0.37 & 0.50 & 0.59 \\ 0.40 & 0.41 & 0.50 \end{bmatrix}, \quad A_1B = \begin{bmatrix} 0.50 & 0.59 & 0.57 \\ 0.41 & 0.50 & 0.56 \\ 0.43 & 0.44 & 0.50 \end{bmatrix}$$

$$A_2B = \begin{bmatrix} 0.50 & 0.57 \\ 0.43 & 0.50 \end{bmatrix}, \quad A_3B = \begin{bmatrix} 0.50 & 0.60 \\ 0.40 & 0.50 \end{bmatrix}$$

由定义 4.2 可得矩阵 A 的重要性权重向量：

$$AW = [0.3717, 0.3267, 0.3017]^T$$

同理，矩阵 A_iB（$i=1, 2, 3$）的重要性权重向量 B_i（$i=1, 2, 3$）：

$$B_1 = [0.3600, 0.3283, 0.3117]^T$$

$$B_2 = [0.535, 0.465]^T$$

$$B_3 = [0.55, 0.45]^T$$

根据定义 4.2，矩阵 A 相应的特征矩阵 S 为：

$$S = \begin{bmatrix} 0.5000 & 0.5322 & 0.5520 \\ 0.4678 & 0.5000 & 0.5199 \\ 0.4320 & 0.4801 & 0.5000 \end{bmatrix}$$

同理，矩阵 A_kB（$k=1, 2, 3$）相应的特征矩阵 S_k（$k=1, 2, 3$）为：

$$S_1 = \begin{bmatrix} 0.5000 & 0.5230 & 0.5360 \\ 0.4770 & 0.5000 & 0.5130 \\ 0.4640 & 0.4870 & 0.5000 \end{bmatrix}$$

$$S_2 = \begin{bmatrix} 0.500 & 0.535 \\ 0.465 & 0.500 \end{bmatrix}$$

$$S_3 = \begin{bmatrix} 0.50 & 0.55 \\ 0.45 & 0.50 \end{bmatrix}$$

由定义 4.3 可知:

$I(A, S) = 0.096 < 0.1$

同理,

$I(A_1B, S_1) = 0.065 < 0.1$, $I(A_2B, S_2) = 0.053 < 0.1$, $I(A_3B, S_3) = 0.075 < 0.1$

可见 $I(A, S)$ 和 $I(A_iB, S_i)$($i=1$,2,3)均小于 0.1,表明矩阵 A、A_iB($i=$1,2,3)均通过了一致性检验,即上述指标的重要性权重是合理的。因此,合理风险分担评价指标体系权重分别为:

$AW = [0.3717, 0.3267, 0.3017]^T$

$B_1 = [0.3600, 0.3283, 0.3117]^T$, $B_2 = [0.535, 0.465]^T$, $B_3 = [0.55, 0.45]^T$

$a_1B_1 = 0.3717 \times [0.3600, 0.3283, 0.3117]^T = [0.1338, 0.1220, 0.1158]^T$

$a_2B_2 = 0.3267 \times [0.535, 0.465]^T = [0.1748, 0.1519]^T$

$a_3B_3 = 0.3017 \times [0.55, 0.45]^T = [0.1659, 0.1358]^T$

若所有二级指标权重集合为 B,则二级指标相对于目标层的相对权重 B 为:

$B = [0.1338, 0.1220, 0.1158, 0.1748, 0.1519, 0.1659, 0.1358]^T$

4.3.5 共担风险模型

共担风险的比例,对参与方收入分配有较大影响,需要量化各承担主体分担比例,确定承担主体权责界限。TOPSIS(Technique for Order Preference by Similarity to Ideal Solution)法是一种多目标决策分析方法,根据检测评价对象与正理想解和负理想解的距离进行排序,具有原理直观、量化思路简洁且对样本量要求小等优点。模糊集理论在评价的主观性方面具有较大优势,因此模糊 TOPSIS 法为模糊集理论和 TOPSIS 法结合,能综合两者的优点[185]。根据模糊 TOPSIS 法的优点和参与方 TOT 项目共担风险能力指标具有较大的主观性且较难量化的特点,本书将采用模糊 TOPSIS 模型对 TOT 项目共担风险进行比例分配。

1)确定指标的模糊语义集

考虑到 TOT 项目共担风险中社会资本方承担能力指标的主观性和不确定性,采用评价语义进行量化指标。本书把评价语义变量划分为 5 个等级,如表 4-20 所示。模糊评价语义的模糊表达式为 $y_{ij} = (a_{ij}, b_{ij}, c_{ij})$,表示社会资本方承担第 j 个共担风险时,其风险承担能力的第 i 个二级评价指标的模糊语义值。

三角模糊语义集　　　　　　　　　　　　　　　　　表 4-20

语义变量	评价值	模糊数	语义变量	评价值	模糊数
很低	1	$(0,0,0.25)$	较高	4	$(0.5,0.75,1)$
较低	2	$(0,0.25,0.5)$	很高	5	$(0.75,1,1)$
一般	3	$(0.25,0.5,0.75)$			

2）计算加权模糊指标

根据表 4-20，建立模糊矩阵 $Y=[y_i]^T$，$i=1$，2，…，7。根据 4.3.4 节评价指标权重 B_i 以及模糊矩阵 Y，则加权模糊矩阵为 $X=[x_i]^T$，$x_i=y_i \times B_i$，$i=1$，2，…，m。

3）计算加权模糊指标值与其正理想解、负理想解的距离

设社会资本方承担某共担风险时，其承担能力评价指标的模糊正理想解为 $y_i^+=(0.75，1，1)$，$i=1$，2，…，7，模糊负理想解为 $y_i^-=(0，0，0.25)$，$i=1$，2，…，7，各指标与其正理想解和负理想解的距离分别为 $d(x_i，x_i^+)=B \times d(y_i，y_i^+)$ 和 $d(x_i，x_i^-)=B \times d(y_i，y_i^-)$。其中，$d(y_i，y_i^+)=\sqrt{\dfrac{1}{3}\sum(a_{ij}-0.75)^2+(b_{ij}-1)^2+(c_{ij}-1)^2}$，

$d(y_i，y_i^-)=\sqrt{\dfrac{1}{3}\sum(a_{ij}-0)^2+(b_{ij}-0)^2+(c_{ij}-0.25)^2}$。

4）计算指标贴近度 D

$D=\dfrac{d^-}{d^++d^-}$，其中 D 为指标和理想解的贴近度，D 值越大，表明社会资本方在该共担风险中分担的比重越大。

5）确定风险分担比例

本书定义风险"完全由政府承担"到"完全由社会资本承担"为一个连续区间，区间中任何一点皆表示一个风险承担比例，可以通过贴近度 D 求得双方的分担比例，如图 4-5 所示。

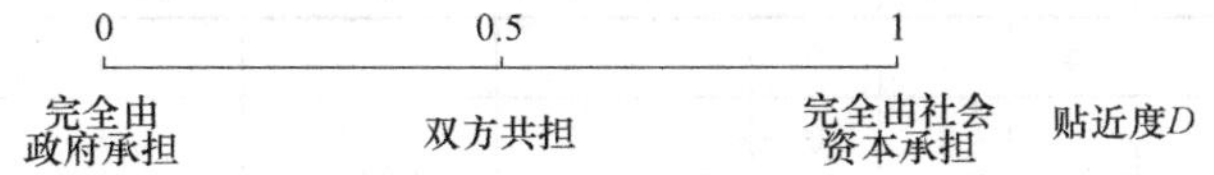

图 4-5　风险分担比例

常用的 S 形模糊隶属度函数，可以将参与方风险分担贴近度 D 转化为风险分担比例 $\eta_{i_2}=S(D)$ （$i=g$，p），$S(x；a$，b，$c)$ 是社会资本方承担风险比例。

$$\eta=S(D)$$

$$S(x；a，b，c)=\begin{cases} 0，x<a \\ 2\left(\dfrac{x-a}{c-a}\right)^2，a<x<b \\ 1-2\left(\dfrac{x-c}{c-a}\right)^2，b<x<c \\ 1，x>c \end{cases}$$

其中，S 是 x 的函数，a、b、c 都是实数，且 $b = 0.5(a+c)$，令 $a = 0$，$c = 1$，则 $b = 0.5$。S 形隶属度函数如图 4-6 所示，随着 D 值变大，社会资本承担风险比例的 S 形函数值在逐渐增大，政府承担风险比例值在逐渐减小。

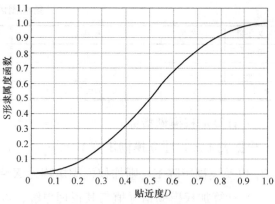

图 4-6 S 形隶属度函数曲线

4.3.6 共担风险量化结果

以下采用 4.3.5 节建立的风险分担模糊 TOPSIS 模型，对 TOT 项目中需要政府和社会资本共同承担的风险因素进行风险分担比例确定。

1）"TOT 项目共担风险能力模糊评价调查问卷"及统计结果

采用专家调查方法对社会资本方共担风险的能力进行评价。"TOT 项目共担风险能力模糊评价调查问卷"与 4.2.1 节中"TOT 项目风险发生概率调查问卷"一起邀请 9 名相关领域专家对调查问卷进行填写，详见附录 E。社会资本方共担风险能力得分见表 4-21。

2）确定指标模糊语义集

下面以原企业人员安置风险分担为例，表 4-21 中社会资本方对于原企业人员安置风险的共担风险能力的评价结果标准化值为：

$y_1 = (0.25, 0.5, 0.75)$，$y_2 = (0.25, 0.5, 0.75)$，$y_3 = (0.25, 0.5, 0.75)$，$y_4 = (0, 0.25, 0.5)$，$y_5 = (0.25, 0.5, 0.75)$，$y_6 = (0.25, 0.5, 0.75)$，$y_7 = (0, 0.25, 0.5)$。

社会资本方共担风险能力得分统计　　　　　　　　　　　　　表 4-21

共担风险	能力指标	1	2	3	4	5	有效得分	平均分	等级
原企业人员安置风险	U_{11}	1	3	4	1	0	18	2.57	3
	U_{12}	1	3	4	1	0	18	2.57	3
	U_{13}	1	2	4	1	1	20	2.86	3
	U_{21}	2	2	4	1	0	17	2.43	2
	U_{22}	1	1	5	2	0	21	3.00	3
	U_{31}	1	1	5	2	0	21	3.00	3
	U_{32}	1	4	3	1	0	17	2.43	2
法律法规行业标准变化风险、法律依据和保障缺失风险	U_{11}	1	2	4	2	0	20	2.86	3
	U_{12}	1	2	4	2	0	20	2.86	3
	U_{13}	1	0	5	3	0	23	3.29	3
	U_{21}	1	2	4	1	1	20	2.86	3
	U_{22}	0	2	2	4	1	24	3.43	3
	U_{31}	0	2	4	2	1	22	3.14	3
	U_{32}	0	3	3	2	1	21	3.00	3

续表

共担风险	能力指标	1	2	3	4	5	有效得分	平均分	等级
	U_{11}	0	1	4	3	1	24	3.43	3
	U_{12}	0	0	5	3	1	24	3.43	3
	U_{13}	0	0	4	4	1	25	3.57	4
合同完备或变更风险	U_{21}	0	2	5	1	1	21	3.00	3
	U_{22}	0	1	4	4	0	24	3.43	3
	U_{31}	0	1	4	4	0	24	3.43	3
	U_{32}	0	1	5	3	0	23	3.29	3
	U_{11}	0	3	3	3	0	21	3	3
	U_{12}	0	2	4	3	0	26	3.71	4
	U_{13}	0	3	3	2	1	21	3.00	3
利率汇率风险	U_{21}	1	4	2	1	1	18	2.57	3
	U_{22}	0	3	3	2	1	24	3.43	3
	U_{31}	0	2	3	3	1	23	3.29	3
	U_{32}	0	2	2	3	2	25	3.57	4
	U_{11}	0	5	1	2	1	19	2.71	3
	U_{12}	0	3	3	2	1	21	3.00	3
	U_{13}	0	3	2	3	1	22	3.14	3
经济环境恶化风险	U_{21}	1	5	0	2	1	18	2.57	3
	U_{22}	0	4	1	3	1	21	3.00	3
	U_{31}	0	3	2	3	1	22	3.14	3
	U_{32}	0	4	2	3	0	20	2.86	3
	U_{11}	0	2	3	2	2	24	3.43	3
	U_{12}	0	1	3	4	1	25	3.57	4
	U_{13}	0	1	3	4	1	25	3.57	4
需求变化风险	U_{21}	1	3	2	2	1	20	2.86	3
	U_{22}	0	2	2	5	0	24	3.43	3
	U_{31}	0	2	3	4	0	23	3.29	3
	U_{32}	0	3	3	2	1	21	3.00	3
	U_{11}	0	2	3	2	2	24	3.43	3
	U_{12}	0	1	4	4	0	24	3.43	3
	U_{13}	0	1	5	3	0	23	3.29	3
资源依赖风险	U_{21}	1	2	4	1	1	20	2.86	3
	U_{22}	0	2	4	3	0	22	3.14	3
	U_{31}	0	1	5	3	0	23	3.29	3
	U_{32}	0	1	6	1	1	22	3.14	3

3）计算加权模糊指标

社会资本方对原企业人员安置风险的承担风险能力的模糊矩阵为：

$$Y=\begin{bmatrix} (0.25,0.5,0.75) \\ (0.25,0.5,0.75) \\ (0.25,0.5,0.75) \\ (0,0.25,0.5) \\ (0.25,0.5,0.75) \\ (0.25,0.5,0.75) \\ (0,0.25,0.5) \end{bmatrix}$$

4）计算加权模糊指标值与其正理想解、负理想解的距离

社会资本方对于原企业人员安置风险的承担风险能力各指标值与其正理想解的距离 $d(x_i,x_i^+)=B\times d(y_i,y_i^+)$，则：

$$d(x_1,x_1^+)=0.1338\times\sqrt{\frac{1}{3}\times[(0.25-0.75)^2+(0.5-1)^2+(0.75-1)^2]}=0.1027$$

$$d(x_2,x_2^+)=0.1220\times\sqrt{\frac{1}{3}\times[(0.25-0.75)^2+(0.5-1)^2+(0.75-1)^2]}=0.0937$$

$$d(x_3,x_3^+)=0.1158\times\sqrt{\frac{1}{3}\times[(0.25-0.75)^2+(0.5-1)^2+(0.75-1)^2]}=0.0889$$

$$d(x_4,x_4^+)=0.1748\times\sqrt{\frac{1}{3}\times[(0-0.75)^2+(0.25-1)^2+(0.5-1)^2]}=0.2097$$

$$d(x_5,x_5^+)=0.1519\times\sqrt{\frac{1}{3}\times[(0.25-0.75)^2+(0.5-1)^2+(0.75-1)^2]}=0.1166$$

$$d(x_6,x_6^+)=0.1659\times\sqrt{\frac{1}{3}\times[(0.25-0.75)^2+(0.5-1)^2+(0.75-1)^2]}=0.1273$$

$$d(x_7,x_7^+)=0.1358\times\sqrt{\frac{1}{3}\times[(0-0.75)^2+(0.25-1)^2+(0.5-1)^2]}=0.1629$$

因此，加权模糊指标值与其正理想解的距离为：

$$d^+=\sum_{i=1}^{7}d(x_i,x_i^+)=0.9018$$

同理，加权模糊指标值与其负理想解的距离为：

$$d^-=\sum_{i=1}^{7}d(x_i,x_i^-)=0.6415$$

5）计算指标贴近度 D

$$D=\frac{d^-}{d^++d^-}=0.4157$$

6）确定风险分担比例

将贴近度 D 代入 S 形函数公式进行计算，以确定风险分担比例。S 值表示社会资本方承担原企业人员安置风险的比例，$(1-S)$ 值表示政府方承担原企业人员安置风险的比例，$a=0$，$c=1$，$b=0.5$，则：

$$\eta_{P_2}=S(0.4157)=0.35，\eta_{g_2}=1-S=0.65$$

由此可见，在 TOT 项目中，原企业人员安置风险由社会资本和政府双方共同承担，其比例分别为 35% 和 65%。

依照上述步骤，同理可计算出需双方共担的法律法规政策及行业标准变化风险、法律依据和保障欠缺风险、合同完备或变更风险、利率汇率风险、经济环境恶化风险、需求变化风险、资源依赖风险 7 种风险比例，共担风险比例情况如表 4-22 所示。

共担风险比例　　　　　　　　　　　　　　　　表 4-22

共担风险因素	贴近度 D	社会资本和政府风险分担比例(%)
原企业人员安置风险	0.4157	35、65
法律法规政策及行业标准变化风险	0.5000	50、50
法律依据和保障欠缺风险	0.5000	50、50
合同完备或变更风险	0.5476	60、40
利率汇率风险	0.4162	65、35
经济环境恶化风险	0.5000	50、50
需求变化风险	0.5647	64、36
资源依赖风险	0.5000	50、50
不可抗力	—	按资产所属承担

4.3.7　关键风险分担量化结果

关键风险分担指政府和社会资本方关于 TOT 项目所有关键风险分担的比例。参与方承担关键风险比例为其承担所有关键风险的加权。关键风险权重由 TOT 项目关键风险重要性确定（表 4-12），令各关键风险重要性为 r_{rj}，关键风险权重为：$w_{rj}=r_{rj}/\sum r_{rj}$。

参与方承担关键风险比例为：

$$\eta_{i2}=\sum_{j=1}^{26}w_{rj}\eta_{ij}\quad(i=g,p) \tag{4-1}$$

4.4　参与方运营绩效量化分析

TOT 项目双方运营绩效主要体现在合同执行度、承担任务复杂性和相互满意度三个指标。合同执行度指参与方按照合同规定实际履行 TOT 合同实质性任务完成比率，可根据经营管理的相关资料整理获得其得分。承担任务复杂性指参与方所在关键岗位的技术、管理协调的复杂性，专业技术性越强、管理协调难度越大的岗位，其任务复杂性越大，通过相关岗位和管理资料结合获得评分。本书关键岗位指公司中层及以上岗位，通过调查表确定岗位的权重，根据参与方在各岗位的人员比例与权重之积，获得参与方该指标得分。根据同级指标的数据一致性，规定得分较高的一方承担任务复杂性为1，另一方按照得分比例进行换算。相互满意度指参与方在运营过程中双方协调、配合积极性和有效性，包括信息交流共享度、平均响应度、协同合作性等方面，可通过相关管理档案和相互评价获得其得分。合同执行度、相互满意度和承担任务复杂性分别记为 R_{11}、R_{12}、R_{13}，其得分记为 H_{i1}、H_{i2}、H_{i3}（$i=$g.p）。指标权重记为 $W_1=\{w_{11}, w_{12}, w_{13}\}$。二级指标权重通过专家打分法确定。

TOT项目参与方运营绩效表达式为：

$$H_i=\sum w_{11}H_{i1}+w_{12}H_{i2}+w_{13}H_{i3} \tag{4-2}$$

采用专家调查表法对运营绩效指标权重进行评价。"影响TOT项目收入分成比例指标体系权重调查问卷"与4.2.1节中"TOT项目风险发生概率调查问卷"一起邀请9名相关领域专家对调查问卷进行填写，详见附录F。

9名相关领域专家采用0~4强制打分法对运营绩效二级指标权重进行打分，统计得分见表4-23，各指标权重计算见表4-24。

专家小组对运营绩效二级指标打分汇总　　　　　　　　　表 4-23

运营绩效指标	0	1	2	3	4	打分人数	得分
R_{11} 相对于 R_{12} 的重要性	0	2	3	2	2	9	22
R_{11} 相对于 R_{13} 的重要性	0	0	4	3	2	9	25
R_{12} 相对于 R_{13} 的重要性	0	2	2	3	2	9	23

运营绩效指标权重计算　　　　　　　　　表 4-24

运营绩效指标	R_{11}	R_{12}	R_{13}	得分	权重
R_{11}	×	22	25	47	0.44
R_{12}	14	×	23	37	0.34
R_{13}	11	13	×	24	0.22
合计		108			1

根据表 4-24，TOT 项目运营绩效指标权重分别为 $w_{11}=0.44$，$w_{12}=0.34$，$w_{13}=0.22$。

4.5　参与方资源投入比例、合作联盟供求水平量化分析

4.5.1　参与方资源投入比例量化分析

资源投入比例包含参与方投资比例、风险分担比例、创新投入比例、突发事件贡献度

四个指标。政府方投资比例指该项目特许权费用[55]扣除社会资本方投资所占特许权费用的比例；社会资本方投资比例指社会资本方一次性支付给政府方的投资额占特许权费用的比例。政府方与社会资本方之间的风险分担比例即需要双方承担风险的比例。创新投入比例指双方在项目经营期间的技术创新、管理创新、制度创新、运营服务创新等投入的综合比例。突发事件贡献度是项目经营过程中处理合同规定以外的其他突发事件贡献度。

投资比例、风险分担比例、创新投入比例、突发事件贡献度分别记为 R_{21}、R_{22}、R_{23}、R_{24}；其得分通过相关合同和经营管理资料整理获得，分别记为 η_{i1}、η_{i2}、η_{i3}、η_{i4}（$i=g$，p）。二级指标权重记为 $W_2=\{w_{21}，w_{22}，w_{23}，w_{24}\}$。

本书在文献［83］、［84］、［85］、［164］、［121］的基础上，提出 Shapley 值资源投入比例修正系数，其表达式为：

$$\eta_i = \sum w_{21}\eta_{i1}+w_{22}\eta_{i2}+w_{23}\eta_{i3}+w_{24}\eta_{i4} \tag{4-3}$$

采用专家调查表法对资源投入比例指标权重进行评价。"影响 TOT 项目收入分成比例指标体系权重调查问卷"与 4.2.1 节中"TOT 项目风险发生概率调查问卷"一起邀请 9 名相关领域专家对调查问卷进行填写，详见附录 F。

9 名相关领域专家采用 0～4 强制打分法对运营绩效二级指标权重进行打分，统计得分见表 4-25，各指标权重计算见表 4-26。

投入比例二级指标专家打分及得分汇总　　　　　　　　表 4-25

资源投入比例指标	0	1	2	3	4	人数合计	得分
R_{21} 相对 R_{22}	0	2	3	1	3	9	23
R_{21} 相对 R_{23}	0	2	3	2	2	9	22
R_{21} 相对 R_{24}	0	2	2	4	1	9	22
R_{22} 相对 R_{23}	0	5	1	2	1	9	17
R_{22} 相对 R_{24}	0	2	2	4	1	9	22
R_{23} 相对 R_{24}	0	2	2	4	1	9	22

投入比例二级指标权重计算　　　　　　　　表 4-26

投入比例指标	R_{21}	R_{22}	R_{23}	R_{24}	得分	权重
R_{21}	×	23	22	22	67	0.31
R_{22}	13	×	17	22	52	0.24
R_{23}	14	19	×	22	55	0.26
R_{24}	14	14	14	×	42	0.19
合计					216	

通过表 4-26 的计算得出，投入比例二级指标权重分别为 $w_{21}=0.31$，$w_{22}=0.24$，$w_{23}=0.26$，$w_{24}=0.19$。

4.5.2　合作联盟供求水平量化分析

合作联盟供求水平对收入分成的影响，为合作联盟供求非均衡对收入分成的影响。可根据双方合作迫切程度对合作联盟供求均衡状态下收入分成系数进行调整。根据 4.1.3 节中合作迫切程度的含义，结合各参与方需求弹性及面临的经济、行业环境评价得出合作迫切系数。记参与方合作迫切系数为 τ_i（$i=g$，p）。

根据收入分成机制优化思路，当合作联盟供求非均衡时，本书在资源投入比例系数的基础上提出资源投入比例与合作迫切程度的综合修正系数 θ_i（$i=g$，p）。该系数反映资源投入比例及合作急迫程度共同作用对参与方 Shapley 值的修正，简称为供求非均衡多因素修正系数，其表达式为：

$$\theta_i = \frac{\dfrac{\eta_i}{\tau_i}}{\sum \dfrac{\eta_i}{\tau_i}} \tag{4-4}$$

当 $\tau_i=1$ 时，供求非均衡多因素修正系数 $\theta_i=\eta_i$。此系数说明了当双方的合作迫切系数均为 1 时，合作联盟供求关系恢复到均衡状态，即均衡状态为非均衡状态的一个特例。

4.6　本章小结

本章主要分析影响 TOT 项目参与方收入分成的关键因素，确定指标体系并对指标体系进行量化分析，具体包含以下内容。

（1）影响指标选取。首先，对 2010 年以来相关文献中收入分成影响指标进行汇总分析和初步筛选。其次，根据相关调查结果采用灰色关联度检验指标有效性，确定关键指标。最后，结合各关键指标的影响机理以及完整报酬机制，把指标分为影响项目收入不确定指标（项目风险），影响收入分成比例指标（资源投入比例、合作联盟供求关系），既影响项目收入不确定又影响收入分成比例指标（运营绩效）三大类。

（2）风险分担指标量化分析。首先，通过调查表法获得风险发生的概率及风险的影响程度得分，采用风险矩阵确定了 26 个关键风险。其次，根据风险分担的原则及相关指导文件确定 9 个需要双方共担的风险。然后，采用模糊 TOPSIS 法求得共担风险的比例。最后，综合政府和社会资本方各自承担的其他关键风险，根据加权平均法获得参与方所有关键风险承担的比例。

（3）运营绩效量化分析。运营绩效包含合同执行度、相互满意度和承担任务复杂性三个指标，首先采用专家打分法求得运营绩效二级指标权重。然后，可根据运营管理资料及相关调查信息获得二级指标得分，采用加权平均法完成运营绩效指标量化。参与方运营绩

效表达式为 $H_i = \sum w_{11}H_{i1} + w_{12}H_{i2} + w_{13}H_{i3}$。

（4）资源投入比例量化分析。资源投入比例由投资比例、风险分担比例、创新投入比例、突发事件贡献度四个指标构成，二级指标权重采用专家打分法求得。各指标得分通过相关合同和经营管理资料整理获得，采用加权平均法计算各参与方资源投入比例指标量化结果。资源投入比例表达式为 $\eta_i = \sum w_{21}\eta_{i1} + w_{22}\eta_{i2} + w_{23}\eta_{i3} + w_{24}\eta_{i4}$。

（5）合作联盟供求水平量化分析。合作联盟供求水平通过参与方合作迫切程度指标表达。该指标仅影响参与方收入分成比例，本书在资源投入比例系数的基础上形成供求非均衡多因素修正系数，表达式为：$\theta_i = \dfrac{\dfrac{\eta_i}{\tau_i}}{\sum \dfrac{\eta_i}{\tau_i}}$。当 $\tau_i = 1$ 时，$\theta_i = \eta_i$，表明当双方合作迫切系数均为 1 时，合作联盟供求关系恢复到均衡状态，即均衡状态为非均衡状态的一个特例。

第 5 章

基于Shapley值的TOT项目
收入分成机制优化

固定回报加收入分成合约结构均衡内涵表明参与方收入分成比例取决于其各生产要素综合投入比例，为 TOT 项目收入分成机制的设计及优化提供了基本理论框架。但其均衡假设条件比较苛刻，第一，前提条件为完全竞争市场，即 TOT 项目中合作联盟双方供求均衡；第二，未考虑项目收入不确定影响；第三，项目收入为参与方运营绩效为 1 时的项目收入。因此，面对收入不确定、运营绩效不确定及合作联盟供求非均衡等影响因素，需要在固定回报加收入分成合约结构均衡的基础上，综合考虑以上因素影响，设计并优化收入分成机制。

本书收入分成机制优化思路为：首先根据影响机理，分步骤并采用不同方法构建修正 Shapley 值。然后通过修正 Shapley 值归一化构建参与方收入分成比例函数，在此基础上建立参与方收入分成函数，形成修正 Shapley 值收入分成模型。其中基于系统修正 Shapley 值的 TOT 项目收入分成模型和基于供求非均衡系统修正 Shapley 值的 TOT 项目收入分成模型为本书最终优化成果。

5.1 基于修正 Shapley 值的 TOT 项目收入分成模型优化

5.1.1 基于模糊支付 Shapley 值的 TOT 项目收入分成模型

根据定义 2.3 和基于模糊支付 Shapley 值内涵，基于模糊支付的参与方收入分成比例及收入分成分别为：

$$\widetilde{\beta}_i = \frac{\widetilde{\varphi}_i(\widetilde{v})}{\sum \widetilde{\varphi}_i(\widetilde{v})} \tag{5-1}$$

$$\widetilde{\gamma}_i = \widetilde{\beta}_i \widetilde{v}_{\mathrm{TOT}} \tag{5-2}$$

式（5-2）中 $\widetilde{v}_{\mathrm{TOT}}$ 表示模糊支付下 TOT 项目预期收益。

式（5-1）和式（5-2）为基于模糊支付 Shapley 值的 TOT 项目收入分成模型，简称为"模糊支付收入分成模型"，并记为收入分成模型Ⅰ。根据式（5-1）和式（5-2），可知 $\tilde{\beta}_i$，$\tilde{\gamma}_i$ 是 $\tilde{v}$ 的函数，随着 $\tilde{v}(S)$ 变动而变动。

把修正的 Shapley 值作为参与方收入占比而非收入绝对值，构建相应的收入分成比例及收入分成函数，是本书与文献中采用 Shapley 值法构建收入分成模型的最基本的区别。随之各种影响因素对 Shapley 值的修正，均通过收入分成比例（相对值）影响收入分成结果，是本书的创新点之一。

5.1.2　基于常数双重模糊 Shapley 值的 TOT 项目收入分成模型

根据定义 2.4 和 2.5，基于常数双重模糊 Shapley 值的参与方收入分成比例及收入分成分别为：

$$\tilde{\tilde{\beta}}_i^* = \frac{\tilde{\tilde{\varphi}}_i^*(\tilde{v})(H)}{\sum \tilde{\tilde{\varphi}}_i^*(\tilde{v})(H)} \tag{5-3}$$

$$\tilde{\tilde{\gamma}}_i^* = \tilde{\tilde{\beta}}_i^* \tilde{\tilde{v}}_{\text{TOT}}^* \tag{5-4}$$

式（5-4）中 $\tilde{\tilde{v}}_{\text{TOT}}^*$ 表示常数双重模糊下 TOT 项目预期收入。

式（5-3）和式（5-4）为基于常数双重模糊 Shapley 值的 TOT 项目收入分成模型，简称为"常数双重模糊收入分成模型"，并记为收入分成模型Ⅱ。

5.1.3　基于双重模糊 Shapley 值的 TOT 项目收入分成模型

根据定义 2.4 和 2.6，基于双重模糊 Shapley 值的参与方收入分成比例和收入分成分别为：

$$\tilde{\tilde{\beta}}_i = \frac{\tilde{\tilde{\varphi}}_i(\tilde{v})(H)}{\sum \tilde{\tilde{\varphi}}_i(\tilde{v})(H)} \tag{5-5}$$

$$\tilde{\tilde{\gamma}}_i = \tilde{\tilde{\beta}}_i \tilde{\tilde{v}}_{\text{TOT}} \tag{5-6}$$

式（5-6）中 $\tilde{\tilde{v}}_{\text{TOT}}$ 表示双重模糊下 TOT 项目预期收入。

式（5-5）和式（5-6）为基于双重模糊 Shapley 值的 TOT 项目收入分成模型，简称为"双重模糊收入分成模型"，并记为收入分成模型Ⅲ。收入分成模型Ⅱ为收入分成模型Ⅰ向收入分成模型Ⅲ转变的过渡模型。

5.1.4　基于系统修正 Shapley 值的 TOT 项目收入分成模型

根据定义 2.7，基于资源投入比例、双重模糊修正 Shapley 值的参与方收入分成比例和收入分成分别为：

$$\tilde{\tilde{\beta}}_i^\eta = \frac{\tilde{\tilde{\varphi}}_i^\eta(\tilde{v})(H)}{\sum \tilde{\tilde{\varphi}}_i^\eta(\tilde{v})(H)} \tag{5-7}$$

$$\widetilde{\widetilde{\gamma}}_i^\eta = \widetilde{\widetilde{\beta}}_i^\eta \widetilde{\widetilde{v}}_{\mathrm{TOT}}^\eta \tag{5-8}$$

式（5-8）中 $\widetilde{\widetilde{v}}_{\mathrm{TOT}}^\eta$ 表示基于资源投入比例、双重模糊的 TOT 项目预期收入。

式（5-7）和式（5-8）为基于资源投入比例、双重模糊修正 Shapley 值的 TOT 项目收入分成模型，简称为"系统修正收入分成模型"，并记为收入分成模型Ⅳ。在完全竞争市场，参与方合作联盟供求水平为均衡。该模型是合作联盟供求关系均衡状态下的收入分成模型，为本书最终优化成果之一。

5.1.5 供求非均衡系统修正 Shapley 值的 TOT 项目收入分成模型

根据定义 2.8，供求非均衡多因素系数修正 Shapley 值的参与方收入分成比例和收入分成分别为：

$$\widetilde{\widetilde{\beta}}_i^\theta = \frac{\widetilde{\widetilde{\varphi}}_i^\theta(\widetilde{v})(H)}{\sum \widetilde{\widetilde{\varphi}}_i^\theta(\widetilde{v})(H)} \tag{5-9}$$

$$\widetilde{\widetilde{\gamma}}_i^\theta = \widetilde{\widetilde{\beta}}_i^\theta \widetilde{\widetilde{v}}_{\mathrm{TOT}}^\theta \tag{5-10}$$

式（5-10）中 $\widetilde{\widetilde{v}}_{\mathrm{TOT}}^\theta$ 表示合作联盟供求非均衡时 TOT 项目预期收入。

式（5-9）和式（5-10）为合作联盟供求非均衡时系统修正 Shapley 值的 TOT 项目收入分成模型，简称为"供求非均衡系统修正收入分成模型"，并记为收入分成模型Ⅴ。该收入分成模型主要针对合作联盟供求非均衡，为本书收入分成模型最终优化成果之二。

根据式（4-4），当 $\tau_i = 1$ 时，供求非均衡多因素修正系数 $\theta_i = \eta_i$，表明当合作迫切系数均为 1 时，收入分成模型Ⅳ和收入分成模型Ⅴ完全一致，即收入分成模型Ⅳ是收入分成模型Ⅴ的一个特例。

5.2 TOT 项目收入分成模型的模糊结构元表达式

5.2.1 模糊支付收入分成模型的模糊结构元表达式

根据定义 2.3 和定义 2.9，模糊支付对策中，TOT 项目预期收入的模糊结构元表达式为：

$$\widetilde{v}_{\mathrm{TOT}}(E) = f_{\widetilde{v}_{\mathrm{TOT}}}(E) \tag{5-11}$$

根据定义 2.3 和定义 2.9，模糊支付收入分成模型中参与方 Shapley 值的模糊结构元表达式为：

$$\widetilde{\varphi}_i(E) = \sum_{\widetilde{S} \subseteq N} \frac{(|S|-1)!\,(2-|S|)!}{2!} [a_S - a_{S \setminus i} + (b_S + b_{S \setminus i})E] \tag{5-12}$$

根据定义 2.9、式（5-1）和式（5-2），模糊支付收入分成模型中参与方收入分成比例

和收入分成的模糊结构元表达式分别为:

$$\widetilde{\beta}_i(E) = \frac{\widetilde{\varphi}_i(E)}{\sum \widetilde{\varphi}_i(E)} \tag{5-13}$$

$$\widetilde{\gamma}_i(E) = \widetilde{\beta}_i(E) \times \widetilde{v}_{\text{TOT}} \tag{5-14}$$

5.2.2 常数双重模糊收入分成模型的模糊结构元表达式

根据定义2.4、定义2.5和定义2.9,常数双重模糊收入分成模型中各支付函数和参与方Shapley值的模糊结构元线性表达式分别为:

$$\widetilde{\widetilde{v}}_{\text{TOT}}^{*}(E) = \sum_{l=1}^{m(\widetilde{S})} (a_{\widetilde{S}} + b_{\widetilde{S}}E)(c_l - c_{l-1}) \tag{5-15}$$

$$\widetilde{\widetilde{\varphi}}_i^{*}(E) = \sum_{i \in S} \frac{(|S|-1)!\ (2-|S|)!}{2!} [\widetilde{\widetilde{v}}^{*}(\widetilde{S})(E) - \widetilde{\widetilde{v}}^{*}(\widetilde{S} \backslash i)(E)] \tag{5-16}$$

根据定义2.9,式(5-3)和式(5-4),常数双重模糊收入分成模型中参与方收入分成比例及收入分成的模糊结构元线性表达式分别为:

$$\widetilde{\widetilde{\beta}}_i^{*}(E) = \frac{\widetilde{\widetilde{\varphi}}_i^{*}(E)}{\sum \widetilde{\widetilde{\varphi}}_i^{*}(E)} \tag{5-17}$$

$$\widetilde{\widetilde{\gamma}}_i^{*}(E) = \widetilde{\widetilde{\beta}}_i^{*}(E) \times \widetilde{\widetilde{v}}_{\text{TOT}}^{*} \tag{5-18}$$

5.2.3 双重模糊收入分成模型的模糊结构元表达式

根据定义2.4、定义2.6和定义2.9,双重模糊收入分成模型中各支付函数和参与方Shapley值的模糊结构元线性表达式分别为:

$$\widetilde{\widetilde{v}}_{\text{TOT}}(E) = \sum_{l=1}^{m(\widetilde{S})} (a_{\widetilde{S}} + b_{\widetilde{S}}E)[c_l - c_{l-1} + (d_l + d_{l-1})E] \tag{5-19}$$

$$\widetilde{\widetilde{\varphi}}_i(E) = \sum_{i \in S} \frac{(|S|-1)!\ (2-|S|)!}{2!} [\widetilde{\widetilde{v}}(\widetilde{S})(E) - \widetilde{\widetilde{v}}(\widetilde{S} \backslash i)(E)] \tag{5-20}$$

根据定义2.9,式(5-5)和式(5-6),双重模糊收入分成模型中参与方收入分成比例和收入分成的模糊结构元线性表达式分别为:

$$\widetilde{\widetilde{\beta}}_i(E) = \frac{\widetilde{\widetilde{\varphi}}_i(E)}{\sum \widetilde{\widetilde{\varphi}}_i(E)} \tag{5-21}$$

$$\widetilde{\widetilde{\gamma}}_i(E) = \widetilde{\widetilde{\beta}}_i(E) \times \widetilde{\widetilde{v}}_{\text{TOT}} \tag{5-22}$$

5.2.4 系统修正收入分成模型的模糊结构元表达式

根据定义2.4、定义2.7和定义2.9,系统修正收入分成模型中TOT项目预期收入和参与方Shapley值的模糊结构元线性表达式分别为:

$$\widetilde{\widetilde{\widetilde{v}}}^{\eta}_{\text{TOT}}(E) = \widetilde{\widetilde{\widetilde{v}}}_{\text{TOT}}(E) = \sum_{l=1}^{m(\widetilde{S})} (a_{\widetilde{S}} + b_{\widetilde{S}}E)[c_l - c_{l-1} + (d_l + d_{l-1})E] \tag{5-23}$$

$$\widetilde{\widetilde{\widetilde{\varphi}}}^{\eta}_i(E) = 2\eta_i \sum_{i \in S} \frac{(|S|-1)!\,(2-|S|)!}{2!}[\widetilde{\widetilde{v}}(\widetilde{S})(E) - \widetilde{\widetilde{v}}(\widetilde{S}\backslash i)(E)] \tag{5-24}$$

根据定义 2.9、式（5-7）和式（5-8），系统修正收入分成模型中参与方收入分成比例及收入分成的模糊结构元线性表达式分别为：

$$\widetilde{\widetilde{\beta}}^{\eta}_i(E) = \frac{\widetilde{\widetilde{\widetilde{\varphi}}}^{\eta}_i(E)}{\sum \widetilde{\widetilde{\widetilde{\varphi}}}^{\eta}_i(E)} \tag{5-25}$$

$$\widetilde{\widetilde{\gamma}}^{\eta}_i(E) = \widetilde{\widetilde{\beta}}^{\eta}_i(E) \times \widetilde{\widetilde{\widetilde{v}}}^{\eta}_{\text{TOT}} \tag{5-26}$$

5.2.5 供求非均衡系统修正收入分成模型的模糊结构元表达式

根据定义 2.4、定义 2.8 和定义 2.9，供求非均衡系统修正收入分成模型中 TOT 项目预期收入及参与方 Shapley 值的模糊结构元线性表达式分别为：

$$\widetilde{\widetilde{\widetilde{v}}}^{\theta}_{\text{TOT}}(E) = \widetilde{\widetilde{\widetilde{v}}}_{\text{TOT}}(E) = \sum_{l=1}^{m(\widetilde{S})} (a_{\widetilde{S}} + b_{\widetilde{S}}E)[c_l - c_{l-1} + (d_l + d_{l-1})E] \tag{5-27}$$

$$\widetilde{\widetilde{\widetilde{\varphi}}}^{\theta}_i(E) = 2\theta_i \sum_{i \in S} \frac{(|S|-1)!\,(2-|S|)!}{2!}[\widetilde{\widetilde{v}}(\widetilde{S})(E) - \widetilde{\widetilde{v}}(\widetilde{S}\backslash i)(E)] \tag{5-28}$$

根据定义 2.9、式（5-9）和式（5-10），供求非均衡系统修正收入分成模型中参与方收入分成比例及收入分成的模糊结构元线性表达式分别为：

$$\widetilde{\widetilde{\beta}}^{\theta}_i(E) = \frac{\widetilde{\widetilde{\widetilde{\varphi}}}^{\theta}_i(E)}{\sum \widetilde{\widetilde{\widetilde{\varphi}}}^{\theta}_i(E)} \tag{5-29}$$

$$\widetilde{\widetilde{\gamma}}^{\theta}_i(E) = \widetilde{\widetilde{\beta}}^{\theta}_i(E) \times \widetilde{\widetilde{\widetilde{v}}}^{\theta}_{\text{TOT}} \tag{5-30}$$

5.3 收入分成模型优化过程分析

5.3.1 算例概况

假设某经营性 TOT 项目为非资源依赖型经营性 TOT 项目，如果采用传统模式其收入为 50 万元，采用私人建设模式其收入为 80 万元，若采用 TOT 模式其收入为 100 万元；项目风险引起的项目收入变化为 ±10%，参与方运营绩效变化浮动 ±5%。本算例中双方共同组建项目公司，表 4-13 为社会资本方单独成立项目公司时风险承担主体分配情况。因此需要根据风险分担原则对关键风险承担主体重新分配。根据风险承担原则，与表 4-13 相比，对于双方共同出资组成项目公司的 TOT 项目，共担风险和政府承担的风险不变；对于社会资本方承担的风险，除了社会资本方履约风险以外，其他各风险由政府方和社会资本方分别按照 20% 和 80% 的比例承担。综上，根据式（4-1），本案例中政府方和社会资本方风险分担比例为 43% 和 57%。政府方和社会资本方各指标得分见表 5-1（斜体字表示假设值）。

政府和社会资本方各指标得分　　　　　　　　表 5-1

指标		政府方	社会资本方
运营绩效	合同执行度	*0.8*	*1.0*
	相互满意度	*0.8*	*0.9*
	承担任务复杂性	0.7	1.0
资源投入比例	投资比例	0.2	0.8
	风险分担比例	0.43	0.57
	创新投资比例	0.1	0.9
合作联盟供求关系	突发事件贡献度	*0.1*	*0.9*
	合作迫切系数	*1.2*	*1.0*

1. 模糊支付收入分成模型算例结果

根据案例资料及定义 2.9 和式（5-11）可得，

$$f_{\widetilde{v}_g}(E)=50+5E，f_{\widetilde{v}_p}(E)=80+8E，f_{\widetilde{v}_{TOT}}(E)=100+10E$$

根据定义 2.3，

$$\widetilde{v}_g-\widetilde{v}_\phi=f_{\widetilde{v}_g}(E)=50+5E，\widetilde{v}_{TOT}-\widetilde{v}_p=f_{\widetilde{v}_{TOT}}(E)-f_{\widetilde{v}_p}(-E)=20+18E$$

根据式（5-12），

$$\widetilde{\varphi}_g=35+11.5E，\widetilde{\varphi}_p=65+11.5E$$

根据式（5-13），

$$\widetilde{\beta}_g=\frac{35+11.5E}{100+23E}，\widetilde{\beta}_p=\frac{65+11.5E}{100+23E}$$

根据式（5-14），

$$\widetilde{\gamma}_g=\frac{35+11.5E}{100+23E}(100+10E)，\widetilde{\gamma}_p=\frac{65+11.5E}{100+23E}(100+10E)$$

2. 常数双重模糊收入分成模型算例结果

根据表 5-1 和式（4-2），

$$H_g=0.75，H_p=0.95$$

由式（5-15）得：

$$\widetilde{\widetilde{v}}_{TOT}^{*}=91+9.1E$$

由式（5-16）得：

$$\widetilde{\widetilde{\varphi}}_g^{*}=26.25+8.625E，\widetilde{\widetilde{\varphi}}_p^{*}=64.75+10.225E$$

由式（5-17）得：

$$\tilde{\tilde{\beta}}_g^* = \frac{26.25 + 8.625E}{91.00 + 18.85E}, \quad \tilde{\tilde{\beta}}_p^* = \frac{64.75 + 10.225E}{91.00 + 18.85E}$$

由式（5-18）得：

$$\tilde{\tilde{\gamma}}_g^* = \frac{26.25 + 8.625E}{91.00 + 18.85E}(91 + 9.1E), \quad \tilde{\tilde{\gamma}}_p^* = \frac{64.75 + 10.225E}{91.00 + 18.85E}(91 + 9.1E)$$

3. 双重模糊收入分成模型算例结果

根据式（4-2）和表5-1，

$$f_{\tilde{h}_g}(E) = 0.75 + 0.05E, \quad f_{\tilde{h}_p}(E) = 0.95 + 0.05E$$

由式（5-19）得，

$$\tilde{\tilde{v}}_{TOT} = 91 + 14.1E + 0.5E^2$$

由式（5-20）得，

$$\tilde{\tilde{\varphi}}_g = 26.25 + 12.075E + 0.175E^2, \quad \tilde{\tilde{\varphi}}_p = 64.75 + 13.475E + 0.375E^2$$

由式（5-21）得，

$$\tilde{\tilde{\beta}}_g = \frac{26.25 + 12.075E + 0.175E^2}{91 + 25.55E + 0.5E^2}, \quad \tilde{\tilde{\beta}}_p = \frac{64.75 + 13.475E + 0.375E^2}{91 + 25.55E + 0.5E^2}$$

由式（5-22）得，

$$\tilde{\tilde{\gamma}}_g = \frac{26.25 + 12.075E + 0.175E^2}{91 + 25.55E + 0.5E^2}(91 + 14.1E + 0.5E^2),$$

$$\tilde{\tilde{\gamma}}_p = \frac{64.75 + 13.475E + 0.375E^2}{91 + 25.55E + 0.5E^2}(91 + 14.1E + 0.5E^2)$$

4. 系统修正收入分成模型算例结果

根据式（5-23）得，

$$\tilde{\tilde{v}}_{TOT}^{\eta} = 91 + 14.1E + 0.5E^2$$

根据算例基本资料得，

$$w_{21} = 0.61, \quad w_{22} = 0.12, \quad w_{23} = 0.21, \quad w_{24} = 0.06$$

然后，根据式（4-3）及表5-1得，

$$\eta_g = 0.21, \quad \eta_p = 0.79$$

根据式（5-24）得，

$$\tilde{\tilde{\varphi}}_g^{\eta} = 11.025 + 5.07E + 0.07E^2, \quad \tilde{\tilde{\varphi}}_p^{\eta} = 102.31 + 45.307E + 0.51E^2$$

根据式（5-25）得，

$$\tilde{\tilde{\beta}}_g^{\eta}(E) = \frac{11.025 + 5.07E + 0.07E^2}{113.33 + 26.36E + 0.59E^2}, \quad \tilde{\tilde{\beta}}_p^{\eta}(E) = \frac{102.31 + 45.307E + 0.51E^2}{113.33 + 26.36E + 0.59E^2}$$

根据式（5-26）得，

$$\tilde{\tilde{\gamma}}_g^{\eta} = \frac{11.025 + 5.07E + 0.07E^2}{113.33 + 26.36E + 0.59E^2}(91 + 14.1E + 0.5E^2),$$

$$\widetilde{\gamma}_{p}^{\eta} = \frac{102.31 + 45.307E + 0.51E^{2}}{113.33 + 26.36E + 0.59E^{2}} \times (91 + 14.1E + 0.5E^{2})$$

5. 供求非均衡系统修正收入分成模型算例结果

根据式（5-27）得，

$$\widetilde{\widetilde{v}}_{\text{TOT}}^{\theta} = 91 + 14.1E + 0.5E^{2}$$

根据式（4-4）及表 5-1 得，

$$\theta_{g} = 0.18, \quad \theta_{p} = 0.82$$

根据式（5-28）得，

$$\widetilde{\widetilde{\varphi}}_{g}^{\theta} = 9.45 + 4.35E + 0.063E^{2}, \quad \widetilde{\widetilde{\varphi}}_{p}^{\theta} = 106.19 + 22.10E + 0.533E^{2}$$

根据式（5-29）得，

$$\widetilde{\widetilde{\beta}}_{g}^{\theta}(E) = \frac{9.45 + 4.35E + 0.063E^{2}}{115.64 + 26.45E + 0.596E^{2}}, \quad \widetilde{\widetilde{\beta}}_{p}^{\theta}(E) = \frac{106.19 + 22.10E + 0.533E^{2}}{115.64 + 26.45E + 0.596E^{2}}$$

根据式（5-30）得，

$$\widetilde{\widetilde{\gamma}}_{g}^{\theta} = \frac{9.45 + 4.35E + 0.063E^{2}}{115.64 + 26.45E + 0.596E^{2}} (91 + 14.1E + 0.5E^{2}),$$

$$\widetilde{\widetilde{\gamma}}_{p}^{\theta} = \frac{106.19 + 22.10E + 0.533E^{2}}{115.64 + 26.45E + 0.596E^{2}} (91 + 14.1E + 0.5E^{2})$$

5.3.2　单因素影响分析

1. 模糊支付与收入分成的关系

模糊支付收入分成模型与经典 Shapley 值模型对比主要体现项目风险引起支付不确定对收入分成的影响。

1）项目收入变化

如图 5-1 所示，收入分成模型 I 的项目收入曲线为 $f(\widetilde{v}_{\text{TOT}})$，与 E 值正相关。基于经典 Shapley 值的项目收入如图 5-1 点 $D_{v_{\text{TOT}}}$ 所示，即为曲线 $f(\widetilde{v}_{\text{TOT}})$ 上 $E = 0$ 时特殊点。与经典 Shapley 值法相比，项目风险引起项目收入变为区间模糊值。

2）政府方收入分成比例及收入分成变化

收入分成模型 I 中政府方收入分成比例曲线如图 5-2 中 $f(\widetilde{\beta}_{g})$，收入分成曲线如图 5-1 中 $f(\widetilde{\gamma}_{g})$。经典 Shapley 值法中政府方收入分成比例如图 5-2 中 $f(\widetilde{\beta}_{g})$ 上 $E = 0$ 对应的点 $D_{\beta_{g}}$，代表政府方的边际贡献 35.98%；收入分成如图 5-1 中 $f(\widetilde{\gamma}_{g})$ 上 $E = 0$ 对应的点 $D_{\gamma_{g}}$。可见，收入分成模型 I 与经典 Shapley 值法相比，政府方收入分成比例及收入分成由固定值变为区间值；收入分成模型 I 形成了弹性收入分成比例及收入分成。表 5-2 显示，政府方收入不确定占比为 70.59%，与其边际贡献负相关。

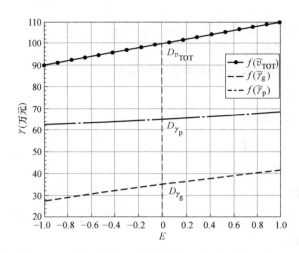

图 5-1　经典 Shapley 值法与收入分成模型 I 中项目收入及收入分成对比

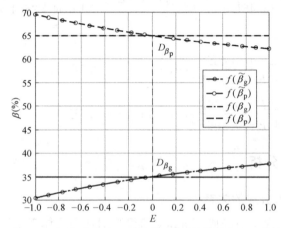

图 5-2　经典 Shapley 值法与收入分成模型 I 中参与方收入分成比例对比

经典 Shapley 值法与收入分成模型 I 中政府方收入分成对比　　　　　表 5-2

模型	项目收入	区间差	收入分成比例	收入分成	区间差	不确定占比
经典模型	100	0	35%	35	0	—
模型 I	[90,110]	20	[30.52%,37.80%]	[27.47,41.59]	14.12	70.59%

说明：收入分成不确定占比为参与方收入分成区间范围与项目收入区间范围之比。

3）社会资本方收入分成比例及收入分成变化

收入分成模型 I 中社会资本方收入分成比例曲线变化与政府方相关变化分析同理。

图 5-2 中，$f(\widetilde{\beta}_\mathrm{p})$ 上 $E=0$ 对应的点 D_{β_p}，代表社会资本方的边际贡献 64.02%。收入分成模型 I 与经典 Shapley 值法相比，社会资本方收入分成比例及收入分成由固定值变为区间值，收入分成模型 I 形成了弹性收入分成比例及收入分成。表 5-3 显示，社会资本方收入不确定占比为 29.41%，社会资本方收入不确定占比与其边际贡献负相关。

经典 Shapley 值法与收入分成模型Ⅰ中社会资本方收入分成对比 表 5-3

模型	收入分成比例	收入分成	区间差	不确定占比
经典	65%	65	0	—
模糊支付	[69.48%,62.20%]	[62.53,68.41]	5.88	29.41%

综上：(1) 参与方收入分成比例与收入分成皆随项目收入变化而变化，形成了弹性收入分成比例和收入分成。(2) 边际贡献大的参与方收入分成比例与项目收入变化负相关，边际贡献小的参与方收入分成比例与项目收入变化正相关。(3) 参与方不确定占比与其边际贡献负相关，效率低的参与方承担风险后果较大，效率高的参与方承担风险后果较小；较好地表达了效率高者风险管控效率高，应承担较小的风险后果，准确地表达了对风险管控效果的激励，体现了收入不确定风险承担的公平合理性，激励参与方提高效率。模糊支付与收入分成及相关指标的关系如表 5-4 所示。弹性收入分成比例是本书中收入分成模型标志性特点之一，为本书收入分成机制的一个小创新点。

模糊支付与收入分成及相关指标的关系 表 5-4

自变量	变化	参与方	因变量	变化
项目收入	减少↓	边际贡献较大者	收入分成比例	增加↑
			参与方不确定占比	降低↓
			收入分成	降低↓
		边际贡献较小者	收入分成比例	降低↓
			参与方不确定占比	增加↑
			收入分成	降低↓↓

2. 运营绩效与收入分成的关系

根据表 5-5，收入分成模型Ⅰ中，$h_g = h_p = 1$；收入分成模型Ⅱ中，$h_g = 0.75$，$h_p = 0.95$；收入分成模型Ⅲ中，$\tilde{h}_g = [0.7, 0.8]$，$\tilde{h}_p = [0.9, 1]$。收入分成模型Ⅱ与Ⅰ对比体现参与方运营绩效变小对收入分成的影响；收入分成模型Ⅲ与Ⅱ对比体现运营绩效模糊化对参与方收入分成的影响。收入分成模型Ⅲ与Ⅰ对比为以上两者对比的综合，具体分析如下。

收入分成模型Ⅰ、Ⅱ、Ⅲ中项目收入对比 表 5-5

模型	政府运营绩效		社会资本运营绩效				项目收入	
	$E=-1$	$E=1$	$E=-1$	$E=1$	$E=-1$	$E=1$	区间差	变化幅度
模型Ⅰ	1.00	1.00	1.00	1.00	90	110	20	20%
模型Ⅱ	0.75	0.75	0.95	0.95	81.9	100.1	18.2	20%
模型Ⅲ	0.7	0.8	0.9	1	77.4	105.6	28.2	30.82%
Ⅱ-Ⅰ	0.25	0.25	0.05	0.05	8.1	9.9	1.8	0
Ⅲ-Ⅱ	−0.05	0.05	−0.05	0.05	−4.5	5.5	10	10.82%
Ⅲ-Ⅰ	−0.3	−0.2	−0.1	0	−12.6	−4.4	8.2	10.82%

1) 项目收入变化分析

收入分成模型Ⅲ与Ⅱ相比，如图5-3所示，$f(\widetilde{\widetilde{v}}_{\text{TOT}}^*)$ 在 $f(\widetilde{v}_{\text{TOT}})$ 下方，项目收入减少，表明项目收入与运营绩效正相关。表5-5表明，运营绩效不确定导致项目收入不确定性增加了10.82%，增加幅度较大。

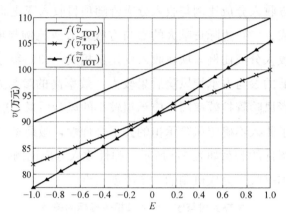

图5-3 收入分成模型Ⅰ、Ⅱ、Ⅲ项目收入对比

2) 政府方收入分成比例及收入分成变化

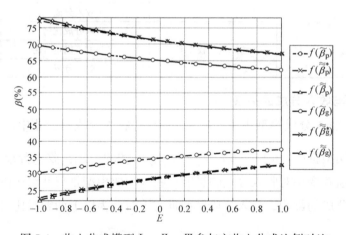

图5-4 收入分成模型Ⅰ、Ⅱ、Ⅲ参与方收入分成比例对比

收入分成模型Ⅱ与Ⅰ相比，如图5-4所示，收入分成比例曲线 $f(\widetilde{\widetilde{\beta}}_{\text{g}}^*)$ 在 $f(\widetilde{\beta}_{\text{g}})$ 下方，政府方收入分成比例下降。如图5-5所示，收入分成曲线 $f(\widetilde{\widetilde{\gamma}}_{\text{g}}^*)$ 在 $f(\widetilde{\gamma}_{\text{g}})$ 下方，且距离较大，表明项目收入和政府方收入分成比例同时下降，其收入分成大幅下降。表5-6显示，政府方收入分成不确定占比提高了7.20%，表明项目整体运营绩效降低时，相对运营绩效低者，其不确定占比提高。

收入分成模型Ⅲ与Ⅱ对比，如图5-5所示，收入分成曲线 $f(\widetilde{\widetilde{\gamma}}_{\text{g}})$ 和 $f(\widetilde{\widetilde{\gamma}}_{\text{g}}^*)$ 与收入分成比例曲线趋势相同，变化不明显。如表5-6所示，政府方收入不确定占比降低了

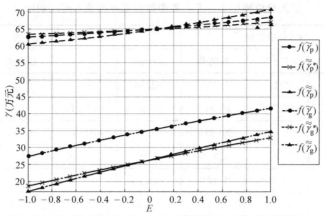

图 5-5 收入分成模型Ⅰ、Ⅱ、Ⅲ中参与方收入分成对比

14.34%，表明仅运营绩效不确定增加时，根据风险归责原则，边际贡献较小者引发的项目收入不确定性较小，其承担不确定占比也减少。

收入分成模型Ⅰ、Ⅱ、Ⅲ中政府方收入分成对比　　　　　　　　　表 5-6

模型	收入分成比例			收入分成			
	$E=-1$	$E=1$	区间差	$E=-1$	$E=1$	区间差	不确定占比
模型Ⅰ	30.52%	37.80%	7.29%	27.47	41.59	14.12	70.59%
模型Ⅱ	22.71%	32.73%	10.01%	18.60	32.76	14.16	77.79%
模型Ⅲ	21.76%	32.89%	11.13%	16.84	34.73	17.89	63.45%
Ⅱ-Ⅰ	−7.81%	−5.08%	2.73%	−8.86	−8.82	0.04	7.20%
Ⅲ-Ⅱ	−0.96%	0.16%	1.12%	−1.76	1.97	3.74	−14.34%
Ⅲ-Ⅰ	−8.76%	−4.91%	3.85%	−10.63	−6.85	3.77	−7.14%

收入分成模型Ⅲ与Ⅰ对比，如图 5-4 所示，收入分成比例曲线 $f(\widetilde{\widetilde{\beta}}_g)$ 在 $f(\widetilde{\beta}_g)$ 下方且垂直距离较大，项目整体运营绩效降低及政府方相对绩效降低引发其收入分成比例大幅下降。如图 5-5 所示，收入分成曲线 $f(\widetilde{\widetilde{\gamma}}_g)$ 在 $f(\widetilde{\gamma}_g)$ 下方且垂直距离较大，项目收入及其收入分成比例都显著降低时，其收入分成必然大幅度降低。表 5-6 显示，收入不确定占比降低了 7.14%，为相对运营绩效降低引起的收入不确定占比增加与因项目整体绩效不确定性大幅增加时边际贡献小的参与方收入不确定占比降低的综合结果。

3）社会资本方收入分成比例及收入分成变化

收入分成模型Ⅱ与Ⅰ对比，如图 5-4 所示，收入分成比例曲线 $f(\widetilde{\beta}_p^*)$ 在 $f(\widetilde{\beta}_p)$ 上方，收入分成比例整体提升。如图 5-5 所示，收入分成曲线 $f(\widetilde{\gamma}_p^*)$ 与 $f(\widetilde{\gamma}_p)$ 交叉，收入分成变化不确定。如表 5-7 所示，收入分成不确定占比下降了 7.2%，表明项目整体绩效降低，相对绩效较高者的收入不确定占比降低。

收入分成模型Ⅰ、Ⅱ、Ⅲ中社会资本方收入分成对比 表 5-7

模型	收入分成比例			收入分成			
	$E=-1$	$E=1$	区间差	$E=-1$	$E=1$	区间差	不确定占比
模型Ⅰ	69.48%	62.20%	7.29%	62.53	68.41	5.88	29.41%
模型Ⅱ	77.29%	67.27%	10.01%	63.30	67.34	4.04	22.21%
模型Ⅲ	78.24%	67.11%	11.13%	60.56	70.87	10.31	36.55%
Ⅱ-Ⅰ	7.81%	5.08%	2.73%	0.76	−1.08	−1.84	−7.20%
Ⅲ-Ⅱ	0.96%	−0.16%	1.12%	−2.74	3.53	6.26	14.34%
Ⅲ-Ⅰ	8.76%	4.91%	3.85%	−1.97	2.45	4.43	7.14%

收入分成模型Ⅲ与Ⅱ对比，如图 5-4 所示，收入分成比例曲线 $f(\tilde{\bar{\beta}}_p)$ 比 $f(\tilde{\bar{\beta}}_p^*)$ 更加陡峭且右下方倾斜，表明社会资本方收入分成比例不确定性增大。如图 5-5 所示，收入分成曲线 $f(\tilde{\gamma}_p)$ 与 $f(\tilde{\bar{\beta}}_p)$ 变化趋势类同，表明社会资本方收入分成不确定性增大。表 5-7 显示，社会资本方不确定占比提高了 14.34%。

收入分成模型Ⅲ与Ⅰ对比，如图 5-4 所示，收入分成比例曲线 $f(\tilde{\bar{\beta}}_p)$ 在 $f(\tilde{\beta}_p)$ 上方，且距离较大，表明社会资本方收入分成比例大幅度提高。如图 5-5 所示，收入分成曲线 $f(\tilde{\gamma}_p)$ 与 $f(\tilde{\gamma}_p)$ 交叉，表明其收入分成变化不确定。表 5-7 显示，收入分成不确定占比又增加了 7.14%，为其相对绩效提高引发的不确定占比降低与其运营绩效不确定引发的不确定占比提高综合的结果。

综上，运营绩效与收入分成及相关指标的关系见表 5-8。（1）项目收入与运营绩效正相关。（2）项目收入不确定、收入分成不确定与运营绩效不确定正相关。（3）收入分成比例与相对运营绩效变化正相关。（4）整体运营绩效降低时，若相对运营绩效较高者收入分成比例提升幅度大于项目收入降低幅度，收入分成提高，反之，收入分成降低；相对运营绩效较低者，其收入分成必然降低。（5）整体运营绩效降低时，参与方收入不确定占比与相对运营绩效负相关。（6）运营绩效不确定引发项目收入不确定时，参与方收入不确定占比与其边际贡献正相关，边际贡献大者不确定占比越大，与风险归责原则相吻合。以上关系将激励参与方积极发挥主观能动性，提高其相对运营绩效并减少运营绩效不确定，以减少项目收入不确定及其收入分成不确定。

可见，运营绩效及其不确定性对项目收入、收入分成比例、收入分成、不确定占比的影响是多层次和多样性。表明双重模糊 Shapley 值法较好地表达了运营绩效在收入分成模型中影响机制的多层次性，改进了运营绩效在多权重 Shapley 值法与收入分成之间简单线性关系，增加了收入分成机制的公平合理性和激励作用。以上也是本书收入分成模型优化的创新点之一。

运营绩效与收入分成及相关指标的关系 表 5-8

自变量	变化	因变量	变化
整体运营绩效	减少↓	项目收入	降低↓
		相对运营绩效高且边际贡献小者不确定占比	降低↓
		相对运营绩效高且边际贡献大者不确定占比	不确定
		相对运营绩效低且边际贡献小者不确定占比	不确定
		相对运营绩效低且边际贡献大者不确定占比	提高↑
		相对运营绩效高的收入分成比例	提高↑
		相对运营绩效低的收入分成比例	降低↓
		相对运营绩效高的收入分成	不确定
		相对运营绩效低的收入分成	降低↓↓

3. 资源投入比例与收入分成的关系

收入分成模型Ⅳ与Ⅲ相比，政府方投入比例由 0.5 变为 0.21，社会资本方投入比例由 0.5 变为 0.79。下面从收入分成模型Ⅳ与Ⅲ对比分析资源投入比例变化对收入分成结果的影响。

1) 政府方收入分成变化分析

收入分成模型Ⅳ与Ⅲ对比，如图 5-6 所示，收入分成比例曲线 $f(\tilde{\tilde{\beta}}_g^\eta)$ 在 $f(\tilde{\tilde{\beta}}_g)$ 下方，收入分成比例随资源投入比例下降而大幅度降低。如图 5-7 所示，收入分成曲线 $f(\tilde{\gamma}_g^\eta)$ 在 $f(\tilde{\gamma}_g)$ 下方，表明参与方收入分成随资源投入比例下降而下降。表 5-9 显示，收入不确定占比下降了 39.18%。收入不确定占比随与资源投入比例下降而下降，且收入不确定占比的变化幅度与资源投入比例的变化幅度基本一致。

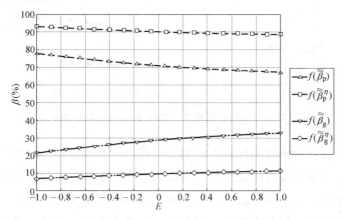

图 5-6 收入分成模型Ⅲ、Ⅳ中参与方收入分成比例对比

2) 社会资本方收入分成变化分析

收入分成模型Ⅳ与Ⅲ对比，如图 5-6 所示，收入分成比例曲线 $f(\tilde{\tilde{\beta}}_p^\eta)$ 在 $f(\tilde{\tilde{\beta}}_p)$ 上

方，收入分成比例大幅度提高。如图 5-7 所示，收入分成曲线 $f(\tilde{\tilde{\gamma}}_\mathrm{p}^\eta)$ 在 $f(\tilde{\tilde{\gamma}}_\mathrm{p})$ 上方，收入分成整体提高。如表 5-10 所示，其不确定占比提升了 39.18%，提升幅度非常大。社会资本方收入分成比例、收入分成及不确定占比随其资源投入比例提高而上升。

收入分成模型Ⅲ、Ⅳ中政府方收入分成对比 表 5-9

模型对比	投入比例	收入分成比例			收入分成			
		$E=-1$	$E=1$	区间差	$E=-1$	$E=1$	区间差	不确定占比
模型Ⅲ	0.50	21.76%	32.89%	11.13%	16.84	34.73	17.89	63.45%
模型Ⅳ	0.21	6.88%	11.53%	4.64%	5.33	12.17	6.84	24.27%
对比绝对值	−0.29	−14.88%	−21.36%	−6.49%	−11.51	−22.56	−11.05	−39.18%
对比相对值	−58.00%	−68.36%	−64.95%	−58.29%	−68.36%	−64.95%	−61.75%	−61.75%

收入分成模型Ⅲ、Ⅳ中社会资本方收入分成对比 表 5-10

模型对比	投入比例	收入分成比例			收入分成			
		$E=-1$	$E=1$	区间差	$E=-1$	$E=1$	区间差	不确定占比
模型Ⅲ	0.50	78.24%	67.11%	11.13%	60.56	70.87	10.31	36.55%
模型Ⅳ	0.79	93.12%	88.47%	4.64%	72.07	93.43	21.36	75.73%
对比绝对值	0.29	14.88%	21.36%	−6.49%	11.51	22.56	11.05	39.18%

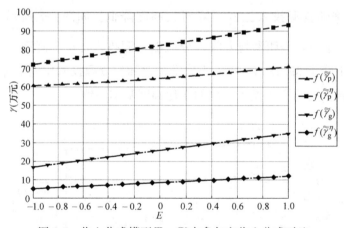

图 5-7 收入分成模型Ⅲ、Ⅳ中参与方收入分成对比

综上：（1）参与方资源投入比例不影响项目收入，参与方收入分成比例及收入分成与之正相关，即参与方资源投入比例提高，其收入分成比例和收入分成提高才能达到收入分成合约结构新的均衡。以上关系将激励社会资本方积极投资 TOT 项目。（2）不确定占比与资源投入比例正相关。以上表明投入与收益、不确定占比正相关，显示了收入及其不确定分配的公平合理性，见表 5-11。

4. 合作迫切程度对收入分成的影响

收入分成模型Ⅴ与Ⅳ相比，政府方合作迫切系数由 1 变为 1.2，社会资本方合作迫切

资源投入比例与收入分成及相关指标的关系　　　　　　　　表 5-11

自变量	变化	因变量	变化
资源投入比例	增加↑	项目收入	不变→
		不确定占比	提高↑
		收入分成比例	提高↑
		收入分成	提高↑

系数仍为 1，即政府方相对合作迫切系数提高，社会资本方相对合作迫切系数降低。下面分析参与方相对合作迫切系数变化对收入分成的影响。

1）政府方收入分成变化

收入分成模型 V 与 IV 对比，如图 5-8 所示，收入分成比例曲线 $f(\widetilde{\widetilde{\beta}}_g^\theta)$ 在 $f(\widetilde{\widetilde{\beta}}_g^\eta)$ 下方，收入分成比例大幅度降低，表明相对合作迫切系数与收入分成比例负相关。如图 5-9 所示，收入分成曲线 $f(\widetilde{\widetilde{\gamma}}_g^\theta)$ 在 $f(\widetilde{\widetilde{\gamma}}_g^\eta)$ 下方，收入分成整体下降，表明参与方收入分成

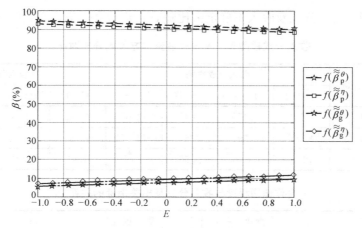

图 5-8　收入分成模型 IV、V 中参与方收入分成比例对比

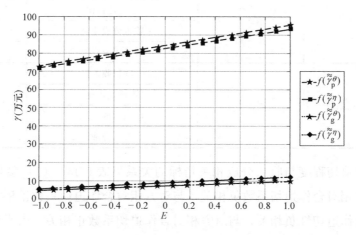

图 5-9　收入分成模型 IV、V 中参与方收入分成对比

随相对合作迫切系数提高而下降。表 5-12 显示，收入不确定占比下降了 3.69%，表明参与方收入不确定占比随相对合作迫切系数提高而下降。

收入分成模型Ⅳ、Ⅴ中政府方收入分成对比   表 5-12

模型	迫切比例	收入分成比例			收入分成			
		$E=-1$	$E=1$	区间差	$E=-1$	$E=1$	区间差	不确定占比
模型Ⅳ	1	6.88%	11.53%	4.64%	5.33	12.17	6.84	24.27%
模型Ⅴ	1.2	5.75%	9.71%	3.96%	4.45	10.26	5.80	20.58%
对比值	0.2	−1.13%	−1.81%	−0.68%	−0.87	−1.91	−1.04	−3.69%

2）社会资本方收入分成变化

收入分成模型Ⅴ与Ⅳ对比，如图 5-8 所示，收入分成比例曲线 $f(\tilde{\tilde{\beta}}_p^\theta)$ 在 $f(\tilde{\tilde{\beta}}_p^\eta)$ 上方，收入分成比例整体提升。如图 5-9 所示，收入分成曲线 $f(\tilde{\tilde{\gamma}}_p^\theta)$ 在 $f(\tilde{\tilde{\gamma}}_p^\eta)$ 上方，收入分成整体提升。如表 5-13 所示，社会资本方收入分成不确定占比提高 3.69%。表明参与方收入分成比例、收入分成及收入不确定占比随对方相对合作迫切系数提升而提升。

收入分成模型Ⅳ、Ⅴ中社会资本方收入分成对比   表 5-13

模型对比	迫切比例	收入分成比例			收入分成			
		$E=-1$	$E=1$	区间差	$E=-1$	$E=1$	区间差	不确定占比
模型Ⅳ	1	93.12%	88.47%	4.64%	72.07	93.43	21.36	75.73%
模型Ⅴ	1	94.25%	90.29%	3.96%	72.95	95.34	22.40	79.42%
对比值		1.13%	1.81%	−0.68%	0.87	1.91	1.04	3.69%

合作迫切程度与收入分成及相关指标的关系   表 5-14

自变量	变化	因变量	变化
相对合作迫切系数	增加↑	项目收入	不变→
		不确定占比	降低↓
		收入分成比例	降低↓
		收入分成	降低↓
对方相对合作迫切系数	增加↑	项目收入	不变→
		不确定占比	提高↑
		收入分成比例	提高↑
		收入分成	提高↑

综上，合作迫切程度与收入分成相关指标的关系见表 5-14。（1）参与方收入分成比例及收入分成与相对合作迫切系数负相关，与对方相对合作迫切系数正相关。（2）不确定占比与其相对合作迫切性负相关，与对方相对合作迫切系数正相关。表明合作需求越迫切的参与方，将愿意牺牲一部分收入分成来达成合作，这与地方政府合作需求较大时推出相

关优惠政策相吻合。合作需求急迫的政府方，在保证国有资产不流失的情况下，愿意牺牲当下部分经济收益来换取社会资本方撬动当地经济发展的杠杆效应。

5.3.3 多因素联合对收入分成的影响

多因素联合对收入分成的影响将通过模型 Ⅴ 与经典 Shapley 值模型的结果进行对比分析。

1）各因素联合对参与方收入分成比例的影响

以社会资本方为例，模型 Ⅴ 与经典 Shapley 值模型相比，其相对运营绩效高于对方 20%，资源投入比例提升 58%，对方相对合作迫切系数提升 20%，三个因素皆与其收入分成比例正相关；项目收入变化为 ±10%，社会资本方收入分成比例变化方向与项目收入变化负相关，但项目收入变化幅度相较于其他三个因素较小，因此，社会资本方收入分成比例大幅度提高，如图 5-10 所示，社会资本方收入分成比例由点 D_{β_p} 向上移动到 $f(\tilde{\tilde{\beta}}_p^\theta)$。政府方收入分成比例变化与此同理。

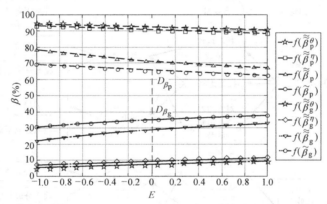

图 5-10 经典模型与收入分成模型 Ⅰ、Ⅲ、Ⅳ、Ⅴ 中参与方收入分成比例对比

综上，各因素影响变化方向一致时，较容易判断收入分成比例变化方向。如图 5-12 所示，相对运营绩效、资源投入比例、对方相对合作迫切系数都增加，其收入分成比例必然大幅增加；若同时减少，其收入分成比例必然大幅减少。若各因素作用方向不一致，影响需要根据各因素作用方向和变化幅度综合判断。

2）各因素联合对参与方收入分成的影响

以社会资本方为例，当项目收入降低、相对运营绩效提升、资源投入比例提高、对方相对合作迫切系数提升时，很难直接判断其收入分成变化，如图 5-12 中类型 C。若要精确判断，需根据各因素作用方向及变化幅度综合分析。以 $E=0$ 点为例，通过各因素联合对社会资本方收入分成影响分析可知社会资本方收入分成比例大幅度提升；项目收入下降了 9%，相对于收入分成比例下降幅度较小，四个因素综合作用下，其收入分成大幅度提升。收入分成的具体变化过程见图 5-11，由点 D_{γ_p} 逐步变为了曲线段 $f(\tilde{\tilde{\gamma}}_p^\theta)$。政府方收入分成变化与此同理，如图 5-12 中类型 D，收入分成大幅度降低，具体变化如图 5-11 所示，其收入分成由点 D_{γ_g} 变化为曲线段 $f(\widetilde{\widetilde{\gamma}}_g^{\theta})$，降幅明显。

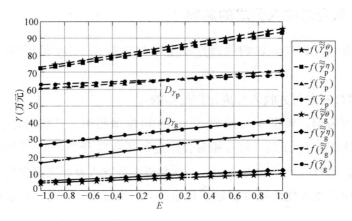

图 5-11　经典模型与收入分成模型 I、III、IV、V 中参与方收入分成对比

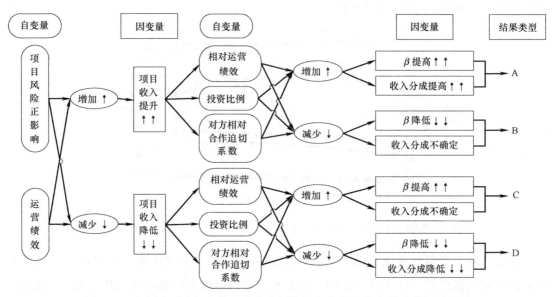

图 5-12　各因素对参与方收入分成比例及收入分成的综合影响路径局部图

综上，各因素对收入分成影响方向一致时，较容易判断收入分成变化方向，如图 5-12 中的结果类型 A。若各因素作用方向不一致，影响需要根据各因素作用方向和变化幅度综合判断。

5.3.4　收入分成模型 IV 和 V 的潜在功能

收入分成模型 IV 和 V 唯一区别为合作联盟需求是否均衡，即双方合作迫切系数是否全部为 1。除此之外，两者其他功能相同。本书以收入分成模型 IV 为例说明收入分成机制优化成果的潜在功能。

1. 合同设计阶段动态预测功能

合同设计阶段动态预测功能是指根据概率统计及实践经验可以估算某一置信区间项目风险引起项目收入波动及运营绩效波动范围，然后根据该波动区间对应隶属度，估算不同置信区间项目收入、参与方收入分成及分成比例区间，实现合同设计阶段不同置信区间的项目收入、参与方收入动态估计。例如，假设根据概率统计及专家经验，当置信水平为68%，项目收入在3%以内、运营绩效在1.5%以内波动。

根据该收入分成机制，项目收入在3%以内、运营绩效在1.5%以内波动对应模糊元值范围为$-0.3 \leqslant E \leqslant 0.3$。当$-0.3 \leqslant E \leqslant 0.3$，分别如图5-13和图5-14中点$A_{v_{\text{TOT}}}$和$B_{v_{\text{TOT}}}$、$A_{\beta_{\text{g}}}$和$B_{\beta_{\text{g}}}$、$A_{\gamma_{\text{g}}}$和$B_{\gamma_{\text{g}}}$、$A_{\beta_{\text{p}}}$和$B_{\beta_{\text{p}}}$、$A_{\gamma_{\text{p}}}$和$B_{\gamma_{\text{p}}}$对应的纵轴区间，$\widetilde{v}_{\text{TOT}}^{\eta}$为$[86.82, 95.28]$万元，$\widetilde{\beta}_{\text{g}}^{\eta}$为$[9.02\%, 10.35\%]$，$\widetilde{\gamma}_{\text{g}}^{\eta}$为$[7.83, 9.86]$万元、$\widetilde{\beta}_{\text{p}}^{\eta}$为$[90.98\%, 89.65\%]$，及$\widetilde{\gamma}_{\text{p}}^{\eta}$为$[78.99, 85.42]$万元。即该项目收入以68%概率落入区间$[86.82, 95.28]$万元。同理政府方收入分成以68%的概率落入区间$[7.83, 9.86]$万元，社会资本方收入分成以68%的概率落入$[78.99, 85.42]$万元。

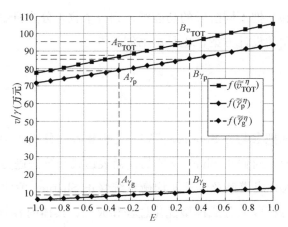

图5-13　系统修正收入分成模型中项目收入及参与方收入分成

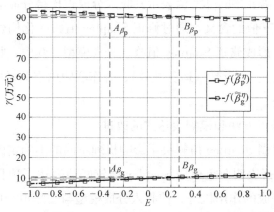

图5-14　系统修正收入分成模型中参与方收入分成比例

合同设计阶段动态预测功能是收入分成模型Ⅳ和Ⅴ灵活性体现之一，也是本书关于收入分成机制创新成果之一。（1）有利于参与方根据概率统计及其经验，推测不同置信区间下项目收入及运营绩效波动范围，精确估计对应置信区间下项目收入区间和参与方收入分成比例及收入分成区间。（2）有利于风险厌恶的参与方明确其收入分成最小值是否在其最大的风险承受能力范围。因此，系统修正收入分成模型在合同设计阶段动态预测功能有利于参与方在合同设计阶段做出更加合理的决策，减少合同执行期重新谈判概率。

2. 合同执行阶段动态精准收入分配功能

收入分成模型Ⅳ在合同执行阶段精准收入分配功能是指，已知具体 TOT 项目收入时，可根据项目实际收入对应模糊元值计算参与方对应收入分成及分成比例精确值。如 $\tilde{\tilde{v}}^{\eta}_{\text{TOT}}$ 为 95.28 万元时，此时 $E=0.3$，对应 $\tilde{\tilde{\beta}}^{\eta}_{\text{g}}$ 为 10.35%，$\tilde{\tilde{\gamma}}^{\eta}_{\text{g}}$ 为 9.86 万元，$\tilde{\tilde{\beta}}^{\eta}_{\text{p}}$ 为 89.65%，及 $\tilde{\tilde{\gamma}}^{\eta}_{\text{p}}$ 为 85.42 万元。分别如图 5-13 和图 5-14 点 $B_{\beta_{\text{g}}}$、$B_{\gamma_{\text{g}}}$、$B_{\beta_{\text{p}}}$、$B_{\gamma_{\text{p}}}$。

收入分成模型Ⅳ和Ⅴ能动态精准地实现参与方收入分配是其灵活性的又一体现。该灵活性拓展了收入分成机制的适用范围，满足了合同执行阶段精准动态的收入分配需求。此外，收入分成模型Ⅳ和Ⅴ把不同阶段的功能纳入到一个收入分成机制中，简化了不同阶段需要多个收入分配机制的设计方案，也是本书创新点之一。

5.4　本章小结

本章根据定义 2.3 把参与方 Shapley 值归一化构建收入分成比例函数，在此基础上形成收入分成模型。同时，对修正 Shapley 值的模糊表达式和算法进行改进。最终形成了系统修正 Shapley 值收入分成模型及供求非均衡系统修正 Shapley 值收入分成模型两个优化成果。然后通过算例分析收入分成模型优化过程和成果，具体内容如下。

1）基于修正 Shapley 值收入分成模型构建方法的优化。

本书中各影响因素修正 Shapley 值表示其收入分成占比得分而非实际收入分成。根据各影响因素修正 Shapley 值的含义，通过修正 Shapley 值归一化构建参与方收入分成比例函数和收入分成函数，形成修正 Shapley 值收入分成模型。其中，收入分成模型Ⅴ涵盖了项目投入（资源投入比例）、贡献（运营绩效）、合作联盟供求关系以及收入不确定对参与方收入分成带来的影响。

2）Shapley 值法修正方法和模糊表达式的改进

第一，采用双重模糊 Shapley 值解决了影响机理不同的不确定因素综合模糊函数构建难题。5.3.2 节算例分析表明双重模糊 Shapley 值较好地表达了项目收入不确定、运营绩效及其不确定对收入分成的作用机理，使收入分成模型与实际拟合度更好，以增加模型的适用性。第二，优化了资源投入比例修正系数对 Shapley 值修正方式，使资源投入比例对参与方收入分成和收入不确定分配更加合理，见 5.3.2 节的算例分析。第三，采用三角模糊结构元表达式建立了项目收入区间、参与方收入分成比例区间、参与方收入分成区间函数良好的关联性，实现收入分成机制动态预测功能和精准动态收入分配功能，并实现了不同阶段收入分成模型统一，见 5.3.4 节算例分析。第四，采用适用性更强的模糊数计算规则解决模糊区间端点问题，增加模型计算的准确性。以上四个方法主要改进了计算的准确性和适用性，为本文创新点。

3）模型Ⅵ和Ⅴ中影响因素与收入分成之间关联的优化表现

通过 5.3～5.4 节算例的数据分析，模型Ⅵ和Ⅴ中各影响因素与收入分成之间关系的优化，主要体现在以下三点：（1）修正了方法Ⅶ中参与方收入不确定占比与边际贡献率一致的弊端。根据项目收入不确定形成了弹性收入分成比例及收入分成，表达了参与方收入分成与项目收入正相关；不确定占比与边际贡献负相关。（2）改进了方法Ⅵ和Ⅶ中影响因素与收入分成及不确定占比之间的简单线性关系。运营绩效与项目收入、参与方收入分成及不确定占比之间形成了多维度多层次关系，具体表现为运营绩效与项目收入及其收入分成正相关，相对运营绩效与收入分成比例正相关，运营绩效与收入分成正相关；不确定占比与相对运营绩效负相关。（3）量化了合作联盟供求非均衡对参与方收入分成的影响。相对合作迫切系数与其收入分成比例、收入分成、不确定占比负相关，体现合作联盟供求关系对参与方收入分成影响量化分析的公平合理性。以上优化成果的也是本书创新点。

第6章
案 例 分 析

本章主要通过案例分析验证收入分成机制优化效果。优化的收入分成机制在实践应用中的关键点在于理解各影响指标影响机理、各修正 Shapley 值的含义，以及根据具体 TOT 项目风险按照本书提出的原则和方法进行合理分担。该收入分成机制的应用难点为影响因素相关数据的获得、双重模糊 Shapley 值和共担风险的计算。影响因素相关数据获得主要有三种途径。（1）查阅相关文档资料，该方式获得的数据相对客观，比如资源投入比例中各指标、合同执行度。（2）绩效考核时，采用调查表法根据制定量化标准进行打分，该方法具有一定的主观性，比如运营绩效中的相关满意度指标。（3）实地调查或者德尔菲法，比如承担任务的复杂性指标、运营绩效二级指标的权重等。上述通过调查表或者德尔菲法获得数据需要评价者客观、公正的态度，从而保证收入分配结果的公平合理性。

6.1 案例基本情况

1）项目的资产情况

该项目为湖北省某市民政项目，项目占地面积为 238.68 亩。其中，生产、办公生活区建设用地面积为 72.11 亩；停车场用地面积为 18.24 亩；广场绿化用地面积为 49.45 亩。本项目当前形成固定资产总额为 1.159 亿元，其中建安工程及配套设施费用 0.672 亿元，工程建设其他费用 0.346 亿元，预备费使用 0.051 亿元，建设期贷款利息 0.089 亿元。

2）项目筹资情况

本项目中，该市某管理所作为政府授权出资代表（以下称政府）与社会资本共同成立项目公司。该项目公司将以 1.159 亿元购买存量项目资产，投入 0.03 亿元作为项目流动资金，投入 1.189 亿元的资金启动该项目。项目公司资本金占项目资产的 30%，约 0.347 亿元，其中政府出资约 0.070 亿元，占资本金比例 20%；社会资本方出资约 0.277 亿元，占项目资产比例为 80%；其余约 0.812 亿元采用银行贷款方式筹措解决。政府方和社会资本方共同的银行贷款资金额度同样按照 20% 和 80% 分担。流动资金政府方出资 30 万元，占比 10%，社会资本方出资 270 万元，占比 90%。

3）项目运作方式及收入机制

本项目作为存量项目，采用移交-经营-移交（TOT）的运作方式。本项目属于经营性项目。根据项目前期的工作情况以及项目经营管理的行业特殊性，经某市政府与实施机构研究决定，本项目特许经营期内的经营管理包含在本项目特许经营权范畴内。就本项目而言，经财务测算分析可知，项目的收费应采取"使用者付费"方式，为典型经营性 TOT 项目。本 TOT 项目基准特许经营期为 15 年。

4）项目及股东的回报机制

本项目兼具一定的公益性和经营性，主营业务的投资回报按照政府指导定价、相关的收费标准进行收费，辅助业务按照市场价格用市场调节价收费。

本项目为典型的"使用者付费"模式，按政府方出资代表在项目公司所占股权比例（20%）获得利润分红。社会资本方按照其在项目公司所占股权比例（80%）获得利润分红。

5）项目测算数据

根据"某市民政 PPP 项目实施方案"测算结果，不考虑资金时间价值，TOT 模式下的项目增值税金及附加为 726.60 万元，所得税为 1535.28 万元，增值税金及附加为 2261.88 万元，项目净利润之和为 4605.85 万元，详见表 G-1。根据"某市民政 PPP 项目实施方案"和"某市民政 PPP 项目物有所值评价方案"的数据，若项目采用传统方式，特许经营期内项目净利润之和为 2834.22 万元，增值税及附加和所得税之和为 1462.82 万元，详见表 G-2。若项目完全由社会资本方实施，根据"某市民政 PPP 项目实施方案"和"某市民政 PPP 项目物有所值评价方案"中传统方式和 TOT 项目模式相关数据的合理推算得出，私人模式下特许经营期内项目净利润之和为 4459.31 万元，增值税及附加与所得税之和为 2255.27 万元，详见表 G-3。三种模式下利润、增值税及附加与所得税之和整理后见表 6-1。

不同模式下净利润（万元）　　　　　　　　　　　　　　　表 6-1

	传统模式	私人模式	TOT 模式
净利润之和	2834.22	4459.31	4605.85
增值税及附加与所得税之和	1462.82	2255.27	2261.88

6）其他说明

本案例为非资源依赖型 TOT 项目，关键风险不包含资源依赖风险，共 25 个关键风险。本案例为双方共同组建项目公司，表 4-13 为社会资本方单独成立项目公司时风险初步分担情况。根据风险承担原则，与表 4-13 相比，本案例中共担风险和政府承担的风险分担主体不变；表 4-13 中由社会资本方承担的风险，除了社会资本方履约风险以外，其他各风险由政府方和社会资本方分别按照 20% 和 80% 的比例承担。综上，根据式（4-1），本案例中政府方和社会资本方风险分担比例为43%和57%。

假设项目风险引起净利润变化为±10%。运营绩效上下浮动±0.05。根据式（4-1）及政府方和社会资本方风险分担情况，其风险承担比例分别为43%和57%。政府和社会资本方各指标得分见表6-2（注：斜体字表示预测值）。

政府和社会资本方各指标得分　　　　　　　　　　表6-2

指标		政府方	社会资本方
运营绩效	合同执行度	*0.95*	*0.75*
	相互满意度	*0.95*	*0.71*
	承担任务复杂性	0.72	1
投入比例	投资比例	0.2	0.8
	风险分担比例	0.43	0.57
	创新投资比例	0.1	0.9
	突发事件贡献度	*0.1*	*0.9*
供求关系	合作迫切系数	*1.2*	*1*

6.2　TOT案例项目收入分成计算

6.2.1　模糊支付收入分成模型中TOT项目收入分成

根据表6-1及定义2.9和式（5-11）可得，

$$f_{\widetilde{v}_g}(E)=2834.22+283.42E,$$

$$f_{\widetilde{v}_p}(E)=4459.31+445.93E,$$

$$f_{\widetilde{v}_{TOT}}(E)=4605.85+460.59E$$

根据定义2.3和式（5-12），

$$\widetilde{\varphi}_g=1490.38+594.97E,\quad \widetilde{\varphi}_p=3115.47+594.97E$$

根据式（5-13），

$$\widetilde{\beta}_g=\frac{1490.38+594.97E}{4605.85+1189.94E},\quad \widetilde{\beta}_p=\frac{3115.47+594.97E}{4605.85+1189.94E}$$

根据式（5-14），

$$\widetilde{\gamma}_g=\frac{1490.38+594.97E}{4605.85+1189.94E}(4605.85+460.59E),$$

$$\widetilde{\gamma}_p=\frac{3115.47+594.97E}{4605.85+1189.94E}(4605.85+460.59E)$$

6.2.2　常数双重模糊收入分成模型中TOT项目收入分成

根据表6-2和式（4-2），

$H_g=0.9$，$H_p=0.80$

由式（5-15）得，

$\widetilde{\widetilde{v}}_{TOT}^*=3968.10+396.81E$，$\widetilde{\widetilde{v}}_g^*=3567.45+356.74E$，$\widetilde{\widetilde{v}}_p^*=2550.80+255.08E$

由式（5-16）得，

$\widetilde{\widetilde{\varphi}}_g^*=1475.73+535.47E$，$\widetilde{\widetilde{\varphi}}_p^*=2492.38+475.98E$

由式（5-17）得，

$\widetilde{\widetilde{\beta}}_g^*=\dfrac{1475.73+535.47E}{3968.10+1011.45E}$，$\widetilde{\widetilde{\beta}}_p^*=\dfrac{2492.38+475.98E}{3968.10+1011.45E}$

由式（5-18）得，

$\widetilde{\widetilde{\gamma}}_g^*=\dfrac{1475.73+535.47E}{3968.10+1011.45E}(3968.10+396.81E)$，

$\widetilde{\widetilde{\gamma}}_p^*=\dfrac{2492.38+475.98E}{3968.10+1011.45E}(3968.10+396.81E)$

6.2.3　双重模糊收入分成模型中 TOT 项目收入分成

根据式（4-2）和表6-2，

$f_{\widetilde{h}_g}(E)=0.9+0.05E$，$f_{\widetilde{h}_p}(E)=0.8+0.05E$

由式（5-19）得，

$\widetilde{\widetilde{v}}_{TOT}=3968.10+627.11E+23.03E^2$

由式（5-20）得，

$\widetilde{\widetilde{\varphi}}_g=1475.73+578.84E+7.45E^2$，$\widetilde{\widetilde{\varphi}}_p=2492.38+660.09E+15.58E^2$

由式（5-21）得，

$\widetilde{\widetilde{\beta}}_g=\dfrac{1475.73+578.84E+7.45E^2}{3968.10+1238.93E+23.03E^2}$，$\widetilde{\widetilde{\beta}}_p=\dfrac{2492.38+660.09E+15.58E^2}{3968.10+1238.93E+23.03E^2}$

由式（5-22）得，

$\widetilde{\widetilde{\gamma}}_g=\dfrac{1475.73+578.84E+7.45E^2}{3968.10+1238.93E+23.03E^2}(3968.10+627.11E+23.03E^2)$，

$\widetilde{\widetilde{\gamma}}_p=\dfrac{2492.38+660.09E+15.58E^2}{3968.10+1238.93E+23.03E^2}(3968.10+627.11E+23.03E^2)$

6.2.4　系统修正收入分成模型中 TOT 项目收入分成

根据式（5-23）得，

$\widetilde{\widetilde{v}}_{TOT}^{\eta}=3968.10+627.11E+23.03E^2$

根据算例基本资料可得，

$w_{21}=0.61$，$w_{22}=0.12$，$w_{23}=0.21$，$w_{24}=0.06$

然后，根据式（4-3）及表6-2可得，

$\eta_g = 0.21$，$\eta_p = 0.79$

根据式（5-24）得，

$\tilde{\tilde{\varphi}}_g^\eta = 619.81 + 243.11E + 3.13E^2$，$\tilde{\tilde{\varphi}}_p^\eta = 3937.95 + 1042.95E + 24.61E^2$

根据式（5-25）得，

$$\tilde{\tilde{\beta}}_g^\eta = \frac{619.81 + 243.11E + 3.13E^2}{4557.76 + 1286.06E + 27.74E^2}，\tilde{\tilde{\beta}}_p^\eta = \frac{3937.95 + 1042.95E + 24.61E^2}{4557.76 + 1286.06E + 27.74E^2}$$

根据式（5-26）得，

$$\tilde{\tilde{\gamma}}_g^\eta = \frac{619.81 + 243.11E + 3.13E^2}{4557.76 + 1286.06E + 27.74E^2}(3968.10 + 627.11E + 23.03E^2)，$$

$$\tilde{\tilde{\gamma}}_p^\eta = \frac{3937.95 + 1042.95E + 24.61E^2}{4557.76 + 1286.06E + 27.74E^2}(3968.10 + 627.11E + 23.03E^2)$$

6.2.5 供求非均衡系统修正收入分成模型中 TOT 项目收入分成

根据式（5-27）得，

$\tilde{\tilde{v}}_{TOT}^\theta = 3968.10 + 627.11E + 23.03E^2$

根据式（4-4）及表6-2可得，

$\theta_g = 0.18$，$\theta_p = 0.82$

根据式（5-28）得，

$\tilde{\tilde{\varphi}}_g^\theta = 531.26 + 208.38E + 2.68E^2$，$\tilde{\tilde{\varphi}}_p^\theta = 4087.50 + 1082.55E + 25.55E^2$

根据式（5-29）得，

$$\tilde{\tilde{\beta}}_g^\theta(E) = \frac{531.26 + 208.38E + 2.68E^2}{4618.76 + 1290.93E + 28.23E^2}，\tilde{\tilde{\beta}}_p^\theta(E) = \frac{4087.50 + 1082.55E + 25.55E^2}{4618.76 + 1290.93E + 28.23E^2}$$

根据式（5-30）得，

$$\tilde{\tilde{\gamma}}_g^\theta = \frac{531.26 + 208.38E + 2.68E^2}{4618.76 + 1290.93E + 28.23E^2}(3968.10 + 627.11E + 23.03E^2)，$$

$$\tilde{\tilde{\gamma}}_p^\theta = \frac{4087.50 + 1082.55E + 25.55E^2}{4618.76 + 1290.93E + 28.23E^2}(3968.10 + 627.11E + 23.03E^2)$$

6.3 收入分成模型优化过程结果验证

6.3.1 单因素影响验证

1. 项目收入不确定对参与方收入分成影响验证

收入分成模型Ⅰ中，项目风险引起项目收入不确定范围为原预期的±10%。本节通过模型Ⅰ和经典Shapley值模型相比，分析项目风险对项目收入、参与方收入分成比例、收入分成及不确定占比的影响。

1）项目收入及参与方收入分成变化

收入分成模型Ⅰ与经典Shapley值模型相比，如图6-1所示，项目收入由点$D_{v_{\mathrm{TOT}}}$变为曲线段$f(\widetilde{v}_{\mathrm{TOT}})$，政府方和社会资本方收入分成分别由点$D_{\gamma_{\mathrm{g}}}$和$D_{\gamma_{\mathrm{p}}}$变为曲线段$f(\widetilde{\gamma}_{\mathrm{g}})$和$f(\widetilde{\gamma}_{\mathrm{p}})$。以上验证了5.3.2节中模糊支付收入分成模型与经典Shapley值模型最大区别为项目收入及参与方收入分成由固定值变为区间值。

2）参与方收入分成比例变化

如图6-2所示，经典Shapley值模型，点$D_{\beta_{\mathrm{g}}}$和$D_{\beta_{\mathrm{p}}}$分别代表政府方和社会资本方边际贡献为35.98%和64.02%；收入分成模型Ⅰ与经典Shapley值模型相比，如图6-2所示，双方的收入分成比例由点$D_{\beta_{\mathrm{g}}}$和$D_{\beta_{\mathrm{p}}}$变为曲线段$f(\widetilde{\beta}_{\mathrm{g}})$和$f(\widetilde{\beta}_{\mathrm{p}})$。验证了5.3.2节中项目收入不确定，参与方收入分成比例由固定值变为区间值。

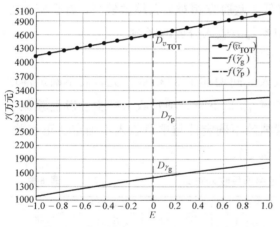

图6-1　经典Shapley值法与收入分成模型Ⅰ中项目收入及收入分成对比

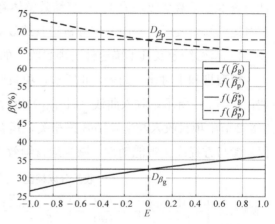

图6-2　经典Shapley值法与收入分成模型Ⅰ中参与方收入分成比例对比

如图6-1和图6-2所示，当$E>0$时，政府方收入分成比例和收入分成均增加，社会资本方收入分成比例下降，收入分成增加；反之，当$E<0$时，项目收入降低，政府方收入分成比例和收入分成均减少，社会资本方收入分成比例增加，收入分成减少。验证了5.3.2节中项目收入、参与方收入分成比例及其收入分成皆与E值正相关，此关系激励参与方积极应对项目风险并减少项目风险负面影响，从而更有利于其收入最大化。

3）收入不确定占比变化

表6-3和表6-4表明，模型Ⅰ中政府方收入不确定占比为80%，边际贡献为[26.21%，35.98%]；社会资本方收入不确定占比为20%，边际贡献为[73.79%，64.02%]，即边际贡献越大，不确定占比越小。验证了5.3.2节中不确定占比与边际贡献之间负相关以及项目不确定在参与方分配的合理性。

经典 Shapley 值法与收入分成模型 I 中政府方收入分成对比　　　　表 6-3

模型	项目收入	收入分成比例	收入分成	不确定占比
经典	4605.85	32.36%	1490.38	—
模型 I	[4145.26, 5066.44]	[26.21%, 35.98%]	[1086.59, 1822.93]	80%

经典 Shapley 值法与收入分成模型 I 中社会资本方收入分成对比　　　　表 6-4

模型	收入分成比例	收入分成	区间差	不确定占比
经典	67.64%	3115.47	0	—
模型 I	[73.79%, 64.02%]	[3058.67, 3243.51]	184.85	20%

综上，验证结果表明弹性收入分成比例实现了参与方不确定占比与边际贡献负相关的关系，提升不确定占比的合理性，激励参与方提高效率以减少其承担风险后果，为收入分成机制优化的创新成果之一。

2. 运营绩效对项目收入及参与方收入分成影响验证

如表 6-5 所示，模型 III 中 $\widetilde{h}_g = [0.85, 0.95]$，$\widetilde{h}_p = [0.75, 0.85]$，模型 I 中政府方和社会资本方运营绩效均为 1。运营绩效整体降低，政府方相对运营绩效较高，社会资本方相对运营绩效较低。下面分别分析运营绩效对参与方收入分成的影响。

1）运营绩效及其不确定性与项目收入的关系

模型 III 和 I 对比，如表 6-6 所示，项目收入区间增加了 333.03 万元，其不确定性增加；如图 6-3 所示，收入曲线 $f(\widetilde{\widetilde{v}}_{TOT})$ 在 $f(\widetilde{v}_{TOT})$ 下方，项目收入减少。以上验证了 5.3.2 节中项目收入与运营绩效正相关，运营绩效不确定性与项目收入不确定性正相关，促使参与方提高主观能动性，减少运营绩效不确定性。

收入分成模型 I、III 中项目收入对比　　　　表 6-5

模型对比	社会资本方运营绩效		政府方运营绩效		项目收入		
	$E=-1$	$E=1$	$E=-1$	$E=1$	$E=-1$	$E=1$	区间差
模型 I	1	1	1	1	4145.26	5066.44	921.18
模型 III	0.75	0.85	0.85	0.95	3364.03	4618.24	1254.21
对比绝对值	−0.25	−0.15	−0.15	−0.05	−781.24	−448.20	333.03
对比相对值	−25.00%	−15.00%	−15.00%	−5.00%	−18.85%	−8.85%	36.15%

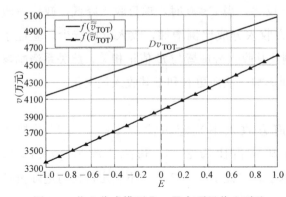

图 6-3　收入分成模型 I、III 中项目收入对比

2）相对运营绩效与收入比例的关系

图 6-4 中，模型 III 与 I 对比，政府方收入分成比例曲线 $f(\widetilde{\widetilde{\beta}}_g)$ 在 $f(\widetilde{\beta}_g)$ 上方，表明其收入分成比例增加；而社会资本方收入分成比例曲线 $f(\widetilde{\widetilde{\beta}}_p)$ 在 $f(\widetilde{\beta}_p)$ 下方，表明其收入分成比例减少。验证了 5.3.2 节中关于相对运营绩效较高者收入分成比例提升，反之亦然，

具有激励参与方提升运营绩效的作用。

3）相对运营绩效与参与方收入分成关系

模型Ⅲ与Ⅰ对比，如图 6-5 所示，收入分成曲线 $f(\widetilde{\widetilde{\gamma}}_p)$ 在 $f(\widetilde{\gamma}_p)$ 下方，社会资本方整体大幅下降；而收入分成曲线 $f(\widetilde{\widetilde{\gamma}}_p)$ 与 $f(\widetilde{\gamma}_p)$ 基本重叠，政府方收入分成变化不明显。以上验证了 5.3.2 节中项目收入降低，参与方相对运营绩效降低，其收入分成大幅度降低；若参与方相对运营绩效与项目收入变化方向不一致，其收入分成变化不确定。

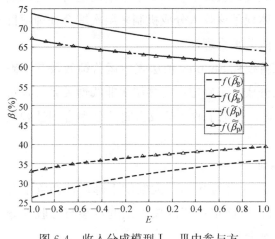

图 6-4　收入分成模型Ⅰ、Ⅲ中参与方
收入分成比例对比

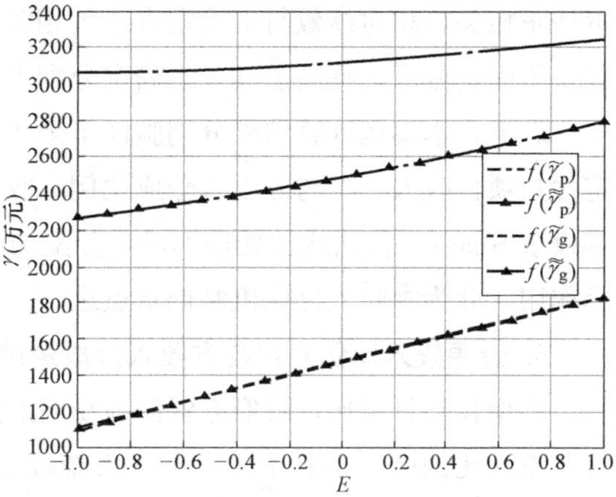

图 6-5　收入分成模型Ⅰ、Ⅲ中参与方收入分成对比

4）相对运营绩效与不确定占比关系

模型Ⅲ与Ⅰ对比，表 6-6 和表 6-7 显示，政府方收入分成不确定占比下降 22.89%，降幅较大。社会资本方收入分成不确定占比提高 22.89%，增幅较大。以上验证了 5.3.2 节中收入不确定占比与相对绩效负相关，边际贡献较小者对绩效不确定引起的不确定占比较小，遵循了风险归责原则。因此该收入分成机制具有促进项目收入不确定在参与方之间更加合理分配的功能。

收入分成模型Ⅰ、Ⅲ中政府方收入分成对比　　　　　　表 6-6

模型对比	收入分成比例			收入分成			
	$E=-1$	$E=1$	区间差	$E=-1$	$E=1$	区间差	不确定占比
模型Ⅰ	26.21%	35.98%	9.77%	1086.59	1822.93	736.33	79.93%
模型Ⅲ	32.86%	39.43%	6.57%	1105.38	1820.80	715.42	57.04%
对比值	6.65%	3.45%	−3.20%	18.78	−2.13	−20.91	−22.89%

本案例中，社会资本方相对运营绩效较低以及风险归责原则使其基本承担了运营绩效不确定引发的项目收入不确定。政府方运营绩效变动引起的风险责任小，相对绩效高都使其不确定占比降低，抵消了其运营绩效不确定引起的其收入不确定增加，因而政府方收入

收入分成模型Ⅰ、Ⅲ中社会资本方收入分成对比　　　　表 6-7

模型对比	收入分成比例			收入分成			
	$E=-1$	$E=1$	区间差	$E=-1$	$E=1$	区间差	不确定占比
模型Ⅰ	73.79%	64.02%	9.77%	3058.67	3243.51	184.85	20.07%
模型Ⅲ	67.14%	60.57%	6.57%	2258.65	2797.44	538.79	42.96%
对比值	-6.65%	-3.45%	-3.20%	-800.02	-446.07	353.95	22.89%

分成区间基本没有变化。可见，政府方收入分成变化验证了 5.3.2 节中不确定占比与风险责任正相关，相对绩效与不确定占比负相关，体现了该收入分成机制多层次综合处理项目收入不确定分配，提高了其在不确定分配方面的公平合理性。

综上，本案例计算结果分别验证了采用双重模糊 Shapley 值法表达运营绩效及其不确定性与项目收入、参与方收入分成比例、收入分成、不确定占比多层次非线性关系，是对多权重 Shapley 值法线性处理不确定分配的改进，增加了收入分成机制的公平合理性和激励作用，此为本收入分成机制创新点之一。

3. 资源投入比例对参与方收入分成影响验证

模型Ⅳ与Ⅲ对比，政府方资源投资比例由 0.5 变为 0.21，大幅度下降；社会资本方资源投入比例由 0.5 上升到 0.79，大幅度上升。下面根据资源投入比例对参与方收入分成比例、收入分成及不确定占比的影响进行详细分析。

1）资源投入比例与参与方收入分成比例的关系

模型Ⅳ与Ⅲ对比，如图 6-6 所示，政府方收入分成比例曲线 $f(\tilde{\tilde{\beta}}_{\mathrm{g}}^{\eta})$ 在 $f(\tilde{\tilde{\beta}}_{\mathrm{g}})$ 下方，且垂直距离较远；社会资本方收入分成比例曲线 $f(\tilde{\tilde{\beta}}_{\mathrm{p}}^{\eta})$ 在 $f(\tilde{\tilde{\beta}}_{\mathrm{p}})$ 上方，且垂直距离较远。以上验证了 5.3.2 节中参与方收入分成比例与资源投入比例正相关。

2）资源投入比例与参与方收入分成的关系

模型Ⅳ与Ⅲ对比，如图 6-7 所示，政府方收入分成曲线 $f(\tilde{\tilde{\gamma}}_{\mathrm{g}}^{\eta})$ 在 $f(\tilde{\tilde{\gamma}}_{\mathrm{g}})$ 下方，且垂

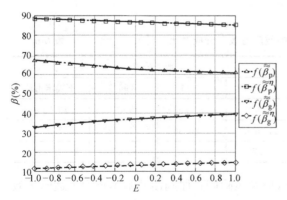

图 6-6　收入分成模型Ⅲ、Ⅳ中参与
方收入分成比例对比

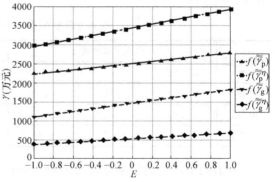

图 6-7　收入分成模型Ⅲ、Ⅳ中参与
方收入分成对比

直距离较大；社会资本方收入分成曲线 $f(\tilde{\tilde{\gamma}}_p^\eta)$ 在 $f(\tilde{\tilde{\gamma}}_p)$ 上方，且垂直距离较远，参与方收入分成与收入分成比例变化趋势一致。以上验证了 5.3.2 节中参与方收入分成与资源投入比例正相关。

3）资源投入比例与不确定占比的关系

模型Ⅳ与Ⅲ对比，表 6-8 显示，政府方收入分成比例区间差降低 421.49 万元，不确定性降低。收入不确定占比变化均值下降 83.52％，与资源投入比例变化均值下降 81.69％基本一致。表 6-9 显示，收入分成不确定占比变化均值为 56.23％，与资源投入比例变化均值 44.96％基本一致。以上验证了 5.3.2 节中不确定占比与其资源投入比例正相关，也体现了投入、收益风险对等的原则，显示了收入及其不确定分配相对公平合理性。

收入分成模型Ⅲ、Ⅳ中政府方收入分成对比 表 6-8

模型对比	投入比例	收入分成比例		收入分成			
		$E=-1$	$E=1$	$E=-1$	$E=1$	区间差	不确定占比
模型Ⅲ	0.50	32.86％	39.43％	1105.38	1820.80	715.42	57.04％
模型Ⅳ	0.21	11.51％	14.75％	387.26	681.18	293.93	23.44％
对比值	−0.29	−21.35％	−24.68％	−718.12	−1139.61	−421.49	−33.61％
变化均值	−81.69％	−96.22％	−91.10％	−96.22％	−91.10％	−83.52％	−83.52％

注：变化均值为变化值与变化前后之和的简单平均数之比。

收入分成模型Ⅲ、Ⅳ中社会资本方收入分成对比 表 6-9

模型对比	投入比例	收入分成比例		收入分成			
		$E=-1$	$E=1$	$E=-1$	$E=1$	区间差	不确定占比
模型Ⅲ	0.50	67.14％	60.57％	2258.65	2797.44	538.79	42.96％
模型Ⅳ	0.79	88.49％	85.25％	2976.77	3937.05	960.29	76.56％
对比值	0.29	21.35％	24.68％	718.12	1139.61	421.49	33.61％
变化均值	44.96％	27.43％	33.84％	27.43％	33.84％	56.23％	56.23％

4）资源投入比例系数法与文献代表方法Ⅵ对收入分成的影响对比

以政府方收入分成变化为例，表 6-8 显示，政府方投入比例减少 0.29，收入分成最小值减少 718.12 万元，最大值减少 1139.61 万元；若采用方法Ⅵ，资源投入比例引起的参与方收入调整值的公式为 $\Delta v_i = (\eta_i - 0.5) \times v$，按照本案例中的数据，政府方收入分成最小值减少 975.57 万元，最大值减少 1339.29 万元。可见，方法Ⅵ政府方收入分成最小值和最大值的变化都大于收入分成模型Ⅳ。

表 6-8 显示，收入分成模型Ⅳ中政府方收入分成变化均值（[−96.22％，−91.10％]）与资源投入比例的变化均值（−81.69％）基本一致；而方法Ⅵ中政府方收入分成的变化均值为 [−157.96％，−116.34％]，显然与资源投入比例的变化均值 −81.69％差异特别

大。表明方法Ⅵ对于边际贡献较小的参与方收入分成影响较大，收入变化比较极端与影响因素的变化不一致。

综上，该案例验证了资源投入比例与收入分成比例、不确定占比、收入分成正相关的关系，体现了资源投入比例与收入分成及风险责任对等的收入分配原则，采用资源投入比例系数修正收入分成的方法对方法Ⅵ中相应的多权重方法进行了优化，使影响因素的变动与收入分成的变动更加一致和合理，证明了该收入分成机制在公平合理性上的优化。

4. 合作迫切程度对参与方收入分成影响验证

模型Ⅴ与Ⅳ对比，政府方合作迫切系数提高1.2倍，社会资本方合作迫切系数仍为1。政府方相对合作迫切系数较高，社会资本方相对合作迫切系数较低。合作迫切系数对参与方收入分成相关指标的影响如下。

1）合作迫切程度对参与方收入分成比例的影响验证

模型Ⅴ与Ⅳ相比，如图6-8所示，政府方收入分成比例曲线 $f(\widetilde{\widetilde{\beta}}_g^\theta)$ 在 $f(\widetilde{\widetilde{\beta}}_g^\eta)$ 下方，其收入分成比例整体下降；社会资本方收入分成比例曲线 $f(\widetilde{\widetilde{\beta}}_p^\theta)$ 在 $f(\widetilde{\widetilde{\beta}}_p^\eta)$ 上方，其收入分成比例整体提升。以上验证了参与方收入分成比例与其相对合作迫切系数负相关，与对方相对合作迫切系数正相关。

2）合作迫切程度对参与方收入分成的影响验证

模型Ⅴ与Ⅳ相比，如图6-9所示，政府方收入分成曲线 $f(\widetilde{\widetilde{\gamma}}_g^\theta)$ 在 $f(\widetilde{\widetilde{\gamma}}_g^\eta)$ 下方，其收入分成整体下降；社会资本方收入分成曲线 $f(\widetilde{\widetilde{\gamma}}_p^\theta)$ 在 $f(\widetilde{\widetilde{\gamma}}_p^\eta)$ 上方，其收入分成整体提升。以上表明参与方收入分成与其相对合作迫切系数负相关；与对方相对合作迫切系数正相关。

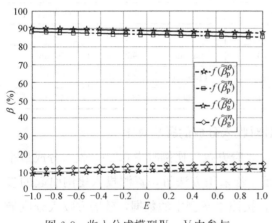

图6-8　收入分成模型Ⅳ、Ⅴ中参与
方收入分成比例对比

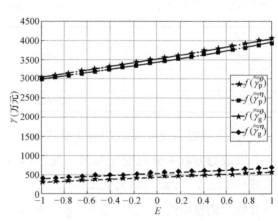

图6-9　收入分成模型Ⅳ、Ⅴ中参与方收入分成对比

3）合作迫切程度与不确定占比的关系验证

模型Ⅴ与Ⅳ相比，如表6-10和表6-11所示，政府方收入不确定占比下降了3.42%；社会资本方收入分成不确定占比提高了3.42%。以上验证了参与方不确定占比与其相对

合作迫切系数负相关，与对方相对迫切系数正相关。

收入分成模型Ⅳ、Ⅴ中政府方收入分成对比　　　　　　表 6-10

模型对比	迫切系数	收入分成比例			收入分成			
		$E=-1$	$E=1$	区间差	$E=-1$	$E=1$	区间差	不确定占比
模型Ⅳ	1	11.51%	14.75%	3.24%	387.26	681.18	293.93	23.44%
模型Ⅴ	1.2	9.70%	12.50%	2.80%	326.34	577.35	251.01	20.01%
对比值		−1.81%	−2.25%	−0.44%	−60.92	−103.84	−42.92	−3.42%

综上，本案例验证了 5.3.2 节中相对合作迫切系数与收入分成比例及收入分成负相关，对方相对合作迫切系数与其收入分成比例及收入分成正相关；表达了政府对合作联盟需求较大时，为了激励社会资本方积极参与 TOT 项目而做出相关优惠政策；体现了模型Ⅴ对供求关系的关注以及与实践的贴合；验证了合作联盟供求关系对参与方收入分成影响的公平合理性。

收入分成模型Ⅳ、Ⅴ中社会资本方收入分成对比　　　　表 6-11

模型对比	投入比例	收入分成比例			收入分成			
		$E=-1$	$E=1$	区间差	$E=-1$	$E=1$	区间差	不确定占比
模型Ⅳ	1	88.49%	85.25%	3.24%	2976.77	3937.05	960.29	76.56%
模型Ⅴ	1	90.30%	87.50%	2.80%	3037.69	4040.89	1003.20	79.99%
对比值		1.81%	2.25%	−0.44%	60.92	103.84	42.92	3.42%

6.3.2　多因素联合对收入分成影响验证

1）多因素联合对参与方收入分成比例的影响验证

以社会资本方为例，模型Ⅴ与Ⅰ相比，影响收入分成比例三个相关指标中，资源投入比例和对方相对合作迫切系数提升，相对运营绩效降低。根据 5.3.3 节的结论，无法直接判断影响结果，需要进一步根据各因素变化幅度判断。社会资本方相对运营绩效低于对方10%、资源投入比例提升 58%、对方相对合作迫切系数提高 20%。由于资源投入比例、对方相对合作迫切系数综合提升幅度较大，远远超过相对运营绩效降低幅度，因此，其收入分成比例大幅度提升。如图 6-10 所示，社会资本方收入分成比例由点 D_{β_p} 变为 $f(\widetilde{\beta}_p)$，最终提高到 $f(\widetilde{\widetilde{\beta}}_p^{\theta})$。

同理，多因素联合对政府方收入分成比例的影响如下。模型Ⅴ与Ⅰ相比，政府方相对运营绩效高于对方10%、资源投入比例下降58%、对方相对合作迫切系数降低20%。由于资源投入比例、对方相对合作迫切系数综合下降幅度远远超过相对运营绩效提升幅度，其收入分成比例大幅度下降，如图 6-10 所示，社会资本方收入分成比例由点 D_{β_g} 变为 $f(\widetilde{\beta}_g)$，最终下降到曲线 $f(\widetilde{\widetilde{\beta}}_g^{\theta})$。

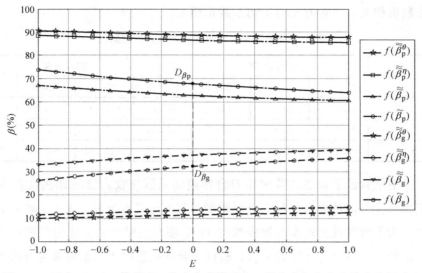

图 6-10　经典 Shapley 值模型、收入分成模型 Ⅰ～Ⅴ中参与方收入分成比例对比

2）各因素联合对参与方收入分成的影响验证

以社会资本方为例，分析各因素联合对其收入分成的影响。模型 Ⅴ 与经典 Shapley 值模型相比，社会资本方相对运营绩效与项目收入均下降，变化一致，记为第一组指标，资源投入比例和对方合作迫切系数均提高，变化方向一致，记为第二组指标，两组指标变化方向相反，无法直接判定。根据 6.3.1 节中相关资料，以 $E=0$ 为例项目收入下降 13.85%，社会资本方相对运营绩效低于对方 10%、资源投入比例提升 58%、对方相对合作迫切系数提高 20%，由于第二组指标提升幅度远超第一组指标下降幅度，因此，其收入分成将有所提升。如图 6-11 所示，社会资本方收入分成由点 D_{γ_p} 下降到曲线 $f(\widetilde{\gamma}_p)$，最终到曲线 $f(\widetilde{\widetilde{\gamma}}_p^\theta)$。

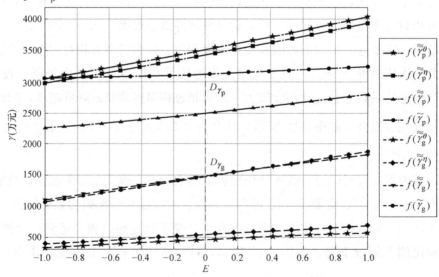

图 6-11　经典 Shapley 值模型、收入分成模型 Ⅰ～Ⅴ中参与方收入分成对比

同理，多因素联合对政府方收入分成的影响如下。以 $E=0$ 为例，项目收入下降 13.85%，政府方相对运营绩效高于对方 10%，资源投入比例下降 58%，对方相对合作迫切系数减低 20%，四个因素中只有相对运营绩效高于对方 10%，其他三个指标下降幅度超过其运营绩效提升幅度，因此其收入分成大幅度下降。如图 6-11 所示，其收入分成比例由点 $D_{\gamma_{\mathrm{g}}}$ 下降为曲线 $f(\widetilde{\widetilde{\gamma}}_{\mathrm{g}}^{\theta})$。

综上，该案例中政府方和社会资本方收入分成比例及收入分成变化皆验证了 5.3.3 节关于影响因素变化方向不一致时，其收入分成比例及收入分成变化方向取决于各因素综合变化幅度大的方向，体现了该收入分成机制多因素综合作用机理的合理性。

6.3.3　潜在功能验证

1）合同设计阶段动态预测功能

本书中收入分成机制优化成果可用于合同设计阶段对项目收入不确定及收入分成进行估计。根据参与方需求，可以估算出不同置信区间项目收入及收入分成，从而更有利于不同风险态度的投资者进行更加合理的决策。例如根据经验，若项目收入及运营绩效以 95% 的概率落在 $-0.6 \leqslant E \leqslant 0.6$ 的不确定区间，那么可估算出，$\widetilde{\widetilde{v}}_{\mathrm{TOT}}^{\eta}$ 以 95% 的概率为区间 $[3600.12，4352.65]$ 万元，同理可以分别估算出 $\widetilde{\widetilde{\beta}}_{\mathrm{g}}^{\eta}$ 以 95% 的概率落在区间 $[12.51\%，14.36\%]$，$\widetilde{\widetilde{\gamma}}_{\mathrm{g}}^{\eta}$ 以 95% 的概率落在区间 $[450.54，625.10]$ 万元、$\widetilde{\widetilde{\beta}}_{\mathrm{p}}^{\eta}$ 以 95% 的概率落在区间 $[87.46\%，85.64\%]$，及 $\widetilde{\widetilde{\gamma}}_{\mathrm{p}}^{\eta}$ 以 95% 的概率落在区间 $[3149.58，3727.56]$ 万元，分别如图 6-12 和图 6-13 中点 $M_{v_{\mathrm{TOT}}}$ 和 $N_{v_{\mathrm{TOT}}}$、$M_{\beta_{\mathrm{g}}}$ 和 $N_{\beta_{\mathrm{g}}}$、$M_{\gamma_{\mathrm{g}}}$ 和 $N_{\gamma_{\mathrm{g}}}$、$M_{\beta_{\mathrm{p}}}$ 和 $N_{\beta_{\mathrm{p}}}$、$M_{\gamma_{\mathrm{p}}}$ 和 $N_{\gamma_{\mathrm{p}}}$ 对应的纵轴区间。

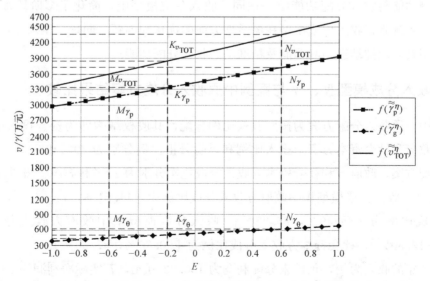

图 6-12　系统修正收入分成模型项目收入与参与方收入分成

2）精准动态收入分配功能

本书收入分成机制可以根据项目实际收入对应模糊元值计算参与方对应的收入分成及分成比例精确值，以满足合同执行阶段动态精准的收入分成需求。如当 $\widetilde{\widetilde{v}}_{\text{TOT}}^{\eta}$ 为 3843.60 万元时，如图 6-12 中点 $K_{v_{\text{TOT}}}$，对应 $E=-0.2$。然后，分别找出 $E=-0.2$ 对应的 $\widetilde{\widetilde{\beta}}_{\text{g}}^{\eta}$ 为 13.28%，$\widetilde{\widetilde{\gamma}}_{\text{g}}^{\eta}$ 为 510.48 万元，$\widetilde{\widetilde{\beta}}_{\text{p}}^{\eta}$ 为 86.72%，及 $\widetilde{\widetilde{\gamma}}_{\text{p}}^{\eta}$ 为 3333.12 万元。分别如图 6-12 和图 6-13 中点 $K_{\beta_{\text{g}}}$、$K_{\gamma_{\text{g}}}$、$K_{\beta_{\text{p}}}$、$K_{\gamma_{\text{p}}}$。从而实现参与方精准收入分配值。

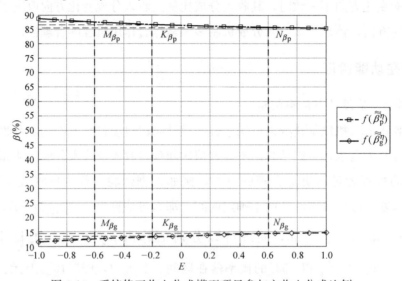

图 6-13　系统修正收入分成模型项目参与方收入分成比例

综上，案例分析结果验证了 5.3.4 节中系统修正收入分成模型在合同设计阶段具有良好的动态预测功能，以及在合同执行阶段具有较好的精准动态收入分配功能。该收入分成模型把预测功能与收入分配功能统一在同一收入分成模型中，简化了多阶段多模型的繁杂，体现了系统修正收入分成模型在灵活性方面的优化和创新。同理，供求非均衡系统收入分成模型具有同样动态预测功能及精准动态收入分配功能。

6.3.4　收入分成模型Ⅳ、Ⅴ与案例中原收入分成方案结果比较

案例中，原收入分配方案为按照股权比例分配，其股权结构即为资金投入比例结构。案例中，政府和社会资本方资金投入比例和风险分担比例分别为 20% 和 80%，因此按照原收入分配方案，政府方和社会资本方收入分成比例分别为 20% 和 80%。根据表 6-11 和表 6-12 可知，收入分成模型Ⅳ中政府方收入分成比例为 [11.51%，14.75%]，社会资本方收入分成比例为 [88.49%，85.25%]。收入分成模型Ⅴ中政府方收入分成比例为 [9.70%，12.50%]，社会资本方收入分成比例为 [90.30%，87.50%]。

以第 2 年的收入为例，预计未分配利润为 100.82 万元，若实际净利润为 98.80 万元，按照原方案分配，政府方和社会资本方的收入分成比例分别为 20% 和 80%，对应的收入

分成分别为 19.76 万元和 79.04 万元。采用本书收入分成模型 Ⅳ，则该实际收入对应的 $E=-0.2$，政府方和社会资本方资源投入比例为 21% 和 79%，双方运营绩效分别为 0.9 和 0.8；政府方和社会资本方的收入分成比例为 13.28% 和 86.72%，双方收入分成分别为 13.12 万元，85.68 万元。采用本书收入分成模型 Ⅴ，则该实际收入对应的 $E=-0.2$，政府方和社会资本方的收入分成比例为 11.23% 和 88.77%，双方收入分成分别为 11.09 万元，87.71 万元。

收入分成模型 Ⅳ 和原方案相比：（1）原收入分成比例为固定值，不随项目收入变动而变动；而收入分成模型 Ⅳ 为弹性收入分成比例，具有更大的灵活性。（2）原分配方案没有考虑参与方的边际贡献、资源投入综合比例、运营绩效对收入分成比例的影响，直接把股权比例作为分配比例；收入分成模型 Ⅳ 考虑上述因素的影响得出收入分成比例及收入分成，在政府方资源投入比例、运营绩效稍微提升时，其边际贡献为其收入分成比例的主要决定因素，边际贡献较小决定其收入分成比例小于资源投入比例，原方案仅考虑股权比例作为双方投入分成比例有些片面。

收入分成模型 Ⅴ 和原方案相比：（1）原收入分成比例为固定值，而模型 Ⅴ 为弹性收入分成比例，具有更大的灵活性。（2）原分配方案没有考虑参与方的边际贡献、资源投入综合比例、运营绩效及合作迫切程度对收入分成比例的影响，直接把股权比例作为分配比例；收入分成模型 Ⅴ 考虑上述因素的影响得出收入分成比例及收入分成，在政府方资源投入比例、运营绩效稍微提升时，但政府合作迫切程度较大、边际贡献较小时，其收入分成比例远远小于资源投入比例，原方案仅考虑股权比例作为双方投入分成比例有些片面。

综上，收入分成模型 Ⅳ 和 Ⅴ 更加灵活，考虑影响因素更加系统，因而更加合理。

6.4 收入分成模型与文献典型方法对比

6.4.1 不同修正因素下 Shapley 值修正方法选取

通过 1.2.5 节中 Shapley 值法应用分析可知，其应用主要有两个方向：一方面通过拓展影响因素范围对 Shapley 值修正；另一方面通过模糊数学挖掘因素不确定性对 Shapley 值修正。

胡丽等[83]（2011）、樊亮[84]（2014）、刘伟华等[85]（2016）、张宏等[164]（2018）、刘泉钧[121]（2019）等学者主要以多权重影响因素对 Shapley 值修正（方法 Ⅵ）。该方法主要从投资额度、风险承担、突发事件贡献度、合同执行度/努力水平等角度对经典 Shapley 值修正，通常对多种因素采用层次分析法确定修正系数。多权重系数的调整值的公式为 $\Delta v_i=(\eta_i-0.5)\times v$，然后把参与方原来 Shapley 值与其调整值相加得到参与方收入分成。

王平[88]（2017）、喻天舒等[123]（2017）、邢潇雨等[124]（2018）、徐珊[125]（2018）、盛松涛[122]（2019）等学者采用多权重区间修正的 Shapley 值法（方法Ⅶ，其中关于区间 Shapley 值计算，记为方法Ⅷ）。该方法引入了模糊支付函数，采用区间 Shapley 值应对项目收入不确定问题，在此基础上采用多权重方法进一步修正 Shapley 值，形成多权重区间修正 Shapley 值法。因此，该方法通过多因素修正收入分成的公平合理性，同时，实现了项目收入不确定情况下对参与方收入分成区间估计。但该方法仅做了区间估计，无法实现项目收入区间与收入分成区间值的一一对应，同时该方法采用的模糊算法对区间不确定估计不足，以及运营绩效不确定性项目收入影响的考虑不足。

收入分成机制优化的路径和方法选取如下。

（1）面对项目收入不确定，采用模糊支付方法，构建模糊支付 Shapley 值收入分成模型。先确定项目收入变化对收入分成的影响，根据各参与方 Shapley 值占比形成了弹性收入分成比例，实现收入分成比例、收入分成随着项目收入变化而变化，提高收入分配的灵活性。改进了文献中不同不确定性状态下收入分成比例不变的缺点。

（2）对于运营绩效及其不确定对项目收入及收入分成的影响，建立双重模糊修正 Shapley 值收入分成模型。双重模糊 Shapley 值解决了不同类别不确定因素综合模糊函数构建难题。根据双重模糊 Shapley 值占比，建立收入分成比例函数和收入分成函数，充分体现收入不确定和运营绩效及其不确定性对收入分成比例和收入分成多层次影响，改进了方法Ⅵ和Ⅶ中运营绩效与收入分成简单的线性关系。

（3）考虑资源投入比例与收入分成的影响，形成系统修正 Shapley 值收入分成模型。其中，投入比例修正系数改变了文献中利用多权重修正系数与项目收入之积的绝对收入分成进行修正，而是把资源投入比例修正系数与支付函数相关联，根据资源投入比例修正后的 Shapley 值占比，构建收入分成比例及收入分成函数，简化了修正过程。

（4）考虑合作联盟供求关系对收入分成的影响，形成供求非均衡的系统修正 Shapley 值收入分成模型。供求非均衡多因素修正系数综合考虑了资源投入比例因素以及合作迫切程度，在双重模糊 Shapley 值的基础上形成供求非均衡多因素修正 Shapley 值。此模型中收入分成比例及收入分成为供求非均衡多因素修正 Shapley 值的函数，体现资源投入比例及合作联盟供求水平联合对参与方收入分成的影响。

6.4.2 收入分成模型Ⅰ与方法Ⅷ对比

1. 区间计算方法对比

方法Ⅷ中参与方收入分成区间计算公式为：

$$\widetilde{\varphi}_i = [\widetilde{\varphi_i^-}, \widetilde{\varphi_i^+}]$$

$$\widetilde{\varphi_i^+} = \sum_{i \in S} \frac{(|S|-1)!(n-|S|)!}{n!}[V^+(S) - V^+(S \backslash i)]$$

$$\widetilde{\varphi_i} = \sum_{i \in S} \frac{(|S|-1)!(n-|S|)!}{n!} [V^-(S) - V^-(S\backslash i)]$$

方法Ⅷ中模糊数加减运算采用基于区间数的传统运算性质,具体规则如下:

$$\widetilde{a} = [a^-, a^+] 和 \widetilde{b} = [b^-, b^+] \in \widetilde{R}_+$$

$$\widetilde{a} + \widetilde{b} = [a^- + b^-, a^+ + b^+]$$

$$\widetilde{a} - \widetilde{b} = [a^- - b^-, a^+ - b^+]$$

而模糊支付收入分成模型中模糊数加减运算采用如下的规则[149]:

$$\widetilde{a} = [a^-, a^+] 和 \widetilde{b} = [b^-, b^+] \in \widetilde{R}_+$$

$$\widetilde{a} + \widetilde{b} = [a^- + b^-, a^+ + b^+]$$

$$\widetilde{a} - \widetilde{b} = [a^- - b^+, a^+ - b^-]$$

两者主要区别在于模糊数减法运算,模糊支付收入分成模型中采用 $\widetilde{a} - \widetilde{b} = [a^- - b^+, a^+ - b^-]$,区间范围为最小可能和最大可能区间,而方法Ⅷ中采用 $\widetilde{a} - \widetilde{b} = [a^- - b^-, a^+ - b^+]$,区间最小值为两区间最小值之差,区间最大值为两区间最大值之差。方法Ⅷ的计算原则存在可能出现 $\widetilde{a} - \widetilde{b} \geqslant a^+ - b^+$,如2.1.5节中所述端点估算不足的弊端。故同一案例按照方法Ⅷ计算原则其区间范围小于模糊支付收入分成模型的区间范围,不确定性被低估。

2. 收入分成模型Ⅰ与方法Ⅷ中收入分成结果对比

根据案例数据即"1. 区间计算方法对比"中的计算公式,方法Ⅷ的计算结果见表6-13和表6-14。方法Ⅷ与模糊支付收入分成模型Ⅰ相比,项目收入相同,其收入分成比例与收入分成对比如下。

1) 参与方收入分成比例比较

模型Ⅰ与方法Ⅷ对比,表6-12显示,方法Ⅷ中与政府方收入分成比例最大值和最小值均为32.36%,其他中间值未给出计算方法;模型Ⅰ中政府方收入分成比例为[26.21%,35.98%],且在该区间内为连续函数,形成弹性收入分成比例;方法Ⅷ中收入分成比例不具有此特点,以方法Ⅷ为基础的方法Ⅶ也不具有弹性收入分成比例的特点。表6-13中社会资本方收入分成比例与政府方收入分成比例分析同理。

收入分成模型Ⅰ与方法Ⅷ中政府方收入分成对比　　　　　　　　　　表6-12

模型对比	收入分成比例			收入分成			
	最小值	最大值	区间差	最小值(万元)	最大值(万元)	区间差(万元)	不确定占比
模型Ⅰ	26.21%	35.98%	9.77%	1086.59	1822.93	736.34	79.93%
方法Ⅷ	32.36%	32.36%	0	1341.34	1639.42	298.08	32.36%
对比值	6.15%	−3.62%	−9.77%	254.75	−183.51	−438.26	−47.57%

2）参与方收入分成比较

模型Ⅰ与方法Ⅷ对比，表 6-12 显示，方法Ⅷ中政府方收入分成最小值为 1341.34 万元，最大值为 1639.42 万元，其他中间值未给出计算方法；模型Ⅰ中政府方收入分成为 [1086.59，1822.93] 万元，且在该区间内为连续函数，形成了弹性收入分成；方法Ⅷ中收入分成比例不具有此特点。表 6-13 中社会资本方收入分成比例与政府方收入分成比例分析同理。

收入分成模型Ⅰ与方法Ⅷ中社会资本方收入分成对比　　　　　　表 6-13

模型对比	收入分成比例			收入分成			
	$E=-1$	$E=1$	区间差	$E=-1$(万元)	$E=1$(万元)	区间差(万元)	不确定占比
模型Ⅰ	73.79%	64.02%	9.77%	3058.67	3243.51	184.85	20.07%
方法Ⅷ	67.64%	67.64%	0	2803.92	3427.02	623.10	67.64%
对比值	−6.15%	3.62%	−9.77%	−254.75	183.51	438.25	47.57%

3）参与方不确定占比比较

模型Ⅰ与方法Ⅷ对比，模型Ⅰ中社会资本方收入不确定占比为 20.07%，政府方收入不确定占比为 79.93%，与边际贡献率负相关，凸显了效率较低者（边际贡献低）收入不确定占比较大的合理性，表明效率高的参与方风险管控效率高、承担风险损失（后果）小，更准确地体现了对风险管控效果的激励；而方法Ⅷ中社会资本方不确定占比为 67.64%，政府方不确定占比为 32.36%，与边际贡献率完全一致，无法体现边际贡献率较大者其风险控制能力与其承担风险量的关系，不仅不能实现风险管控的激励，反而挫伤效率高的参与方风险管控的积极性。

4）不同模糊算法下模糊区间比较

模型Ⅰ中政府方模糊支付 Shapley 区间为 [895.41，2085.35]，社会资本方模糊支付 Shapley 区间为 [2520.5，710.44]；方法Ⅷ中政府方模糊区间为 [1341.34，1639.42]，社会资本方模糊区间为 [2803.92，3427.02]。以上数据表明模型Ⅰ的模糊区间范围更大，而方法Ⅷ对模糊端点的估算不足。

综上，通过模型Ⅰ与方法Ⅷ中收入分成对比发现：（1）方法Ⅷ模糊数计算方法造成对不确定性估算不足，而模型Ⅰ算法更符合不确定只能相互叠加而不能相互抵消的实际情况。（2）模糊支付收入分成模型中，收入分成比例随模糊支付变化，形成弹性收入分成比例。模型Ⅱ、Ⅲ、Ⅳ、Ⅴ的收入分成比例也均有该特点，使项目收入及其不确定在参与方之间更加合理分配，也是本书收入分成模型对方法Ⅷ收入分成比例的改进。（3）模型Ⅰ中参与方收入不确定占比与边际贡献负相关，激励参与者提高效率以减少其承担风险后果，也是本书收入分成机制激励功能体现之一。投入比例相同的情况下，贡献率高的参与方收入风险小，反之，亦然。而方法Ⅷ中政府方收入分成不确定占比与边际贡献相同，忽视了贡献率高的参与方在项目风险管理方面能力激励。

以上比较结果支持了本书收入分成模型的创新点之一，同时也验证了收入分成模型更加公平合理的特点。

6.4.3 收入分成模型Ⅳ、Ⅴ与文献中方法Ⅶ对比

收入分成模型Ⅳ、Ⅴ为本书收入分成机制优化成果，方法Ⅶ为当前文献中各方法的典型代表。通过三个模型的对比，能更加明确本书收入分成模型的改进思路及改进效果。

1. 收入分成模型Ⅳ、Ⅴ与方法Ⅶ的区别

三个模型考虑的指标皆比较全面，包含项目风险引起的项目收入不确定、运营绩效、投入比例对收入分成的影响。下面主要分析模型之间的区别。

（1）对指标影响层次挖掘不同。模型Ⅳ在考虑上述影响因素的基础上，进一步考察运营绩效未达预期及其不确定对项目收入的影响。模型Ⅴ在模型Ⅳ的基础上加入了合作迫切程度对收入分成的影响。

（2）模型构建思路不同。如6.4.1节所述，收入分成模型Ⅳ、Ⅴ根据影响机理分三步优化，并根据具体指标特点采用不同的方法优化。方法Ⅶ未考虑运营绩效未达预期、合作迫切程度对收入分成的影响，采用多权重区间Shapley值法进行简单修正。

（3）模糊支付计算方法不同。收入分成模型Ⅳ、Ⅴ采用模糊结构元表达模糊函数，形成弹性收入分成比例及收入分成，且可进行精准预测和收入分配。而方法Ⅶ的收入分成比例为固定值，只能给出模糊收入区间，而非连续函数，不能动态预测和精准动态收入分配。

（4）如2.3节中定义2.7所述，多权重系数的计算方法及思路不同。

（5）多权重系数修正方法不同，本书采用多权重系数修正Shapley值形成收入分成比例对收入分成进行改进，而方法Ⅵ中则采用 $\Delta v = (\eta_i - 0.5) \times v$ 作为调整值。通过6.3.1节中资源投入比例对收入分成的影响分析可以看出，方法Ⅵ在因素变动引起的结果变动一致性方面更加合理。

2. 收入分成模型Ⅳ、Ⅴ与方法Ⅶ收入分成结果对比

根据6.1节案例的基本数据，采用4.1.3节中各指标重要性的灰色关联系数确定各指标权重。采用方法Ⅶ的案例结果见表6-14～表6-16。

表6-14显示：

（1）模型Ⅳ、Ⅴ与方法Ⅶ相比，模型Ⅳ、Ⅴ因运营绩效降低，项目收入整体下降，且因运营绩效的不确定性其区间差增加，方法Ⅶ未考虑运营绩效未达预期及其不确定对项目收入及收入分成的影响。以上验证运营绩效及其不确定性不仅影响项目收入，同时也影响收入分成比例。

（2）模型Ⅳ、Ⅴ项目收入区间为连续函数，而方法Ⅶ中项目收入为仅端点明确的模糊区间。验证了6.4.2节中模糊计算规则对结果的影响。

表 6-15 和表 6-16 对比表明：

（1）方法Ⅶ收入分成比例仅给出了端点值；模型Ⅳ、Ⅴ收入分成比例为连续区间值，随着项目收入变动，显然更加灵活和公平。

（2）方法Ⅶ是根据收入分成比例确定参与方收入不确定占比，而模型Ⅳ、Ⅴ收入分成的不确定占比是各因素作用的综合表现，且具有弹性，体现了该收入分成机制在收入不确定分配方面的公平合理性与灵活性。

（3）模型Ⅳ中政府方收入分成比例小于方法Ⅶ中的收入分成比例，表明模型Ⅳ比较注重社会资本方获利空间，能较好地表达"鼓励社会资本方积极参与存量基础设施的市场化，政府方在保障国有资产不流失的前提下适当让利，通过 TOT 项目提供更优的公共服务，同时利用 PPP 项目撬动甚至加速当地经济发展，实现较大的社会效应"的思想。模型Ⅴ中政府方对合作联盟需求更加急迫时，会适当牺牲当下项目利益，通过引进社会资本方盘活项目，带来更大的社会收益。可见，模型Ⅴ为上述思想的深化与实践。

收入分成模型Ⅳ、Ⅴ与方法Ⅶ中项目收入对比 　　表 6-14

模型对比	社会资本方运营绩效		政府方运营绩效		项目收入		
	$E=-1$	$E=1$	$E=-1$	$E=1$	$E=-1$	$E=1$	区间差
方法Ⅶ	1	1	1	1	4145.26	5066.44	921.18
模型Ⅳ、Ⅴ	0.75	0.85	0.85	0.95	3364.03	4618.24	1254.21
对比值	−0.25	−0.15	−0.15	−0.05	−781.24	−448.20	333.03

收入分成模型Ⅳ、Ⅴ与方法Ⅶ中政府方收入分成对比 　　表 6-15

模型对比	收入分成比例			收入分成			
	最小值	最大值	区间差	最小值	最大值	区间差	不确定占比
方法Ⅶ	13.51%	13.51%	0	559.95	684.39	124.44	13.51%
模型Ⅳ	11.51%	14.75%	3.24%	387.26	681.18	293.93	23.44%
模型Ⅴ	9.70%	12.50%	2.80%	326.34	577.35	251.01	20.01%
Ⅳ-Ⅶ	−2.00%	1.24%	3.24%	−172.69	−3.20	169.49	9.93%
Ⅴ-Ⅶ	−3.81%	−1.01%	2.80%	−233.62	−107.04	126.58	6.51%

收入分成模型Ⅳ、Ⅴ与方法Ⅶ中社会资本方收入分成对比 　　表 6-16

模型对比	收入分成比例			收入分成			
	最小值	最大值	区间差	最小值	最大值	区间差	不确定占比
方法Ⅶ	86.49%	86.49%	0	3585.31	4382.05	796.74	86.49%
模型Ⅳ	88.49%	85.25%	3.24%	2976.77	3937.05	960.29	76.56%
模型Ⅴ	90.30%	87.50%	2.80%	3037.69	4040.89	1003.20	79.99%
Ⅳ-Ⅶ	2.00%	−1.24%	−3.24%	−608.54	−445.00	163.54	−9.93%
Ⅴ-Ⅶ	3.81%	1.01%	2.80%	−547.62	−341.16	206.46	−6.51%

综上，模型Ⅳ、Ⅴ验证了本书优化成果对项目收入及运营绩效不确定性把握更加精准，在收入分成及其不确定的分配方面更加公平合理，且能够在国有资产保值的情况下，适当让利社会资本方，鼓励社会资本方积极参加 TOT 项目，撬动当地经济发展的杠杆。

6.4.4 收入分成系列模型与文献典型方法效率分析

1. 收入分成模型Ⅳ和Ⅴ的基本功能

通过 6.3.1～6.3.3 节的案例结果分析。收入分成模型Ⅳ和Ⅴ均具有以下五个特点，更能体现公平、效率与灵活。

（1）公平与效率统一。收入分成与资源投入及运营绩效正相关，与相对合作迫切系数负相关；项目收入不确定按参与方不确定占比合理分配于参与方，实现收益分配公平性，同时激励参与方尽力提高运营绩效，使项目更加有效率。

（2）弹性收入分配。参与方收入分成比例及收入分成随项目收入变化。无需承担最低收益担保，无需超额利润分配设计，减少政府相应补贴和债务风险，同时降低社会资本方利用重新谈判获利的机会主义问题。

（3）分散参与方收入风险。项目收入不确定按参与方收入不确定占比合理分担，而不是完全由某一方单独承担或者简单按照收入分成比例分担，增加项目收入不确定分担的合理性、降低参与方收入分成不确定性。

（4）动态预测功能。在合同设计阶段，根据收入不确定变化预测参与方相应收入分成区间，为参与方决策提供可靠依据。

（5）动态精准收入分配功能。在合同执行阶段，项目收入确定以后，实现参与方收入分成与项目收入精确对应。

2. 不同修正因素、方法对应的基本功能

通过文献资料以及本书案例验证结果表明：

（1）采用收入分成方法皆能实现弹性收入分配和收入风险分散功能，即模型Ⅰ～Ⅴ及方法Ⅵ、Ⅶ都具有以上功能。

（2）采用模糊结构元表达模糊数，能实现项目收入模糊数与参与方收入分成比例及收入分成模糊数一一对应，则该方法或者模型也具有动态精准收入分配功能，模型Ⅰ～Ⅴ皆具有该功能。

（3）采用多因素（资源投入比例、运营绩效指标、合作迫切程度等）对 Shapley 值修正收入分成方法或者模型具有较大的公平与效率特点。

（4）采用模糊联盟 Shapley 值修正收入分成方法或者模型更能体现参与方运营绩效及其不确定性对项目收入的影响，完善项目收入不确定因素。一方面，模糊联盟 Shapley 值对项目收入不确定范围确定更加合理化；另一方面，模糊联盟 Shapley 值表达了参与方运营绩效与收入分成的关系，体现了贡献与收益的对等原则，完善了收入分配机制公平与效率，模型Ⅳ和Ⅴ具有该功能。

3. 收入分成模型与方法Ⅵ、Ⅶ效率对比

根据 6.4.2 节及 6.4.3 节对比分析，以及 6.4.4 节中修正因素、修正方法和对应功能的描述，模型Ⅰ～Ⅴ及方法Ⅵ、Ⅶ相应的特征如表 6-17 所示。其中，√表示某收入分成方法具有相关特征；※表示考虑相关指标但不完善。

表 6-17 显示，模型Ⅰ～Ⅲ因为对资源投入比例、合作联盟供求水平、运营绩效未考虑或者考虑不全面而在公平与效率方面欠缺。方法Ⅵ、Ⅶ因对资源投入比例、合作联盟供求关系、运营绩效考虑不全面而在公平与效率方面表现不足。方法Ⅵ因为未考虑不确定性没有预测功能和动态分配功能，其精准分配功能也是缘于未考虑不确定的影响，分配结果是确定的。方法Ⅶ因未采用模糊结构元表达式而不具备功能较好预测功能和精准动态分配功能。相较于模型Ⅰ～Ⅲ和方法Ⅵ、Ⅶ，针对合作联盟供求均衡及非均衡状态下的收入分成，模型Ⅳ和Ⅴ更加凸显收入分成结果的公平、效率以及较大灵活性，即收入分成模型Ⅳ和Ⅴ更加有效率。

各模型和方法中 Shapley 值修正方式及其特点对比　　　　表 6-17

模型/方法		Ⅰ	Ⅱ	Ⅲ	Ⅳ	Ⅴ	Ⅵ	Ⅶ
修正方法	模糊支付	√	√	√	√	√		√
	模糊联盟		※	√	√	√		
	多权重				√	√	√	√
修正因素	项目收入不确定 / 项目风险引发	√	√	√	√	√	√	√
	运营绩效 / 合同执行度		√	√	√	√	√	√
	运营绩效 / 相互满意度		√	√	√	√	√	√
	运营绩效 / 承担任务复杂性		√	√	√	√	※	※
	资源投入比例 / 资金投入				√	√	√	√
	资源投入比例 / 风险分担				√	√	√	√
	资源投入比例 / 创新投入				√	√	※	※
	资源投入比例 / 突发事件贡献度				√	√	√	√
	合作联盟供求 / 合作迫切程度				√			
功能	灵活性 / 弹性收入分成	√	√	√	√	√	※	※
	灵活性 / 分散收入风险	√	√	√	√	√		
	灵活性 / 预测功能	√	√	√	√	√		※
	灵活性 / 精准收入分配功能	√	√	√	√	√	※	
	灵活性 / 动态收入分配功能	√	√	√	√	√		
	公平与效率 / 收入分成比例合理				√	√	※	※
	公平与效率 / 收入分成合理				√	√	※	※
	公平与效率 / 不确定占比合理				√	√		

6.5 本章小结

本章通过案例数据分析验证收入分成机制优化效果，具体内容如下。

Shapley 值修正方法和模糊表达式的改进，促进了收入分成模型灵活性、精准性和适用性提高。具体表现在：

（1）采用双重模糊 Shapley 值解决了影响机理不同的不确定因素综合模糊 Shapley 值函数构建难题。6.3.2 节案例结果分析证明双重模糊 Shapley 值较好地表达了项目收入不确定、运营绩效及其不确定对收入分成的影响机理，使收入分成模型与实际拟合度更好，增加模型的适用性。

（2）资源投入比例修正系数对收入分成的影响，实现了资源投入比例变化均值与收入分成及不确定占比均值变化一致性，减少了多权重系数方法引起边际贡献较小的参与方收入分成变化极端的问题，使资源投入对收入分成影响更加合理，见 6.3.1 节案例结果分析。

（3）模糊结构元表达式，形成了弹性收入分成比例，增加了收入分成模型的灵活性；同时使收入分成模型具有了良好动态预测功能及精准动态收入分配功能，并且把不同阶段的收入分成需求统一到一个收入分成模型，简化了不同阶段不同收入分成模型的烦琐，进一步提高了收入分成模型的灵活性，见 6.3.3 节案例分析。

（4）适用性更强的模糊数计算规则解决模糊区间端点问题，使区间预测更加合理和准确，见 6.4.2 节的对比分析。

各影响因素与收入分成多层次的关联，优化了收入分成机制公平合理性。6.3.1 节案例分析验证收入分成机制的公平合理性，具体表现如下：

（1）修正了方法Ⅶ中参与方收入不确定占比与边际贡献率一致的弊端。模糊支付形成了弹性收入分成比例，表达了参与方收入分成不确定与项目收入不确定的关系；确立了收入不确定占比与边际贡献率负相关，使参与方收入不确定在参与方之间进行了合理分配，激励参与方提高效率以减少其承担风险后果。

（2）改进了方法Ⅵ和Ⅶ中运营绩效与收入分成及不确定占比之间简单的线性关系。运营绩效与项目收入和参与方收入分成皆成正比；相对运营绩效与收入不确定占比负相关；相对运营绩效与收入分成比例变动正相关；运营绩效不确定带来的项目收入不确定体现了风险归责的原则。上述关系进一步提高了收入及其不确定分配的公平合理性，激励参与方提升运营绩效。

（3）量化了合作联盟供求非均衡对参与方收入分成的影响。相对合作迫切系数与收入分成比例、收入分成及不确定占比负相关，符合政府方合作联盟需求较大时做出相关优惠政策的实践经验，表明合作联盟供求关系对参与方收入分成影响量化分析的公平合理性。

案例分析结果验证了收入分成模型Ⅳ、Ⅴ效率最优。通过与以往文献中典型修正Shapley值方法及与案例分析原收入分成方案对比、优化过程中的各模型对比，模型Ⅳ、Ⅴ具有更大的灵活性，例如弹性收入分配功能、分散和降低收入风险功能、合同设计阶段预测功能、合同执行阶段动态精准收入分配功能。同时，模型Ⅳ、Ⅴ综合体现了边际贡献、项目收入不确定、运营绩效、资源投入比例、合作迫切程度与收入分成及不确定占比之间的关系，对项目收入及其不确定在参与方之间合理分配，表明收入分成机制优化成果更加公平、合理。

第 7 章
结论及展望

7.1 结论

TOT 项目当前存在收入不确定、收益分配不合理而引发的争议、重新谈判成本较大，或者较高概率的重新谈判带来社会资本方机会主义、违约甚至项目失败，以及政府担保引起的政府隐形债务问题。为了解决上述问题，本书在前人研究的基础上，主要做了以下工作。

1）构建 TOT 项目收入分成合约结构模型，为收入分成合约机制优化提供理论依据

首先，根据收入分成合约结构内涵，结合 TOT 项目特点，把 TOT 项目资产和运营所需投入作为基本生产要素，提出 TOT 项目收入分成合约结构，并对 TOT 项目资产使用权及其转让进行界定，指出 TOT 项目收入分成合约结构关键要素为特许经营期、特许经营权费用、收入分成比例。

其次，构建 TOT 项目收入分成合约结构代数和几何均衡模型，均衡解经济含义如下：（1）政府年收入（项目资产年机会成本）等于项目资产年边际产出，项目收入最大化。（2）社会资本方边际产出等于边际成本，非项目资产要素年收入最大化，参与方收入分配公平且有效率。（3）与既定社会资本方投入对应的最佳的特许经营期、收入分成比例是满足项目产出最大化和参与方收入分成最大化约束下的均衡结果。收入分成合约结构均衡模型既表达了特许经营期与特许经营权费用之间的均衡关系，又表达了 TOT 项目效率和收入分配公平的经济学原理。

最后，在 TOT 项目收入分成合约结构均衡的基础上，构建不同生产效率社会资本方参与的收入分成合约结构均衡模型和固定回报加收入分成合约结构均衡模型。若不考虑交易费用，收入分成合约、固定租金合约与固定回报加收入分成合约具有相同的效率。若考虑交易费用，收入分成合约效率更高，固定回报加收入分成合约的效率与其收入分成合约所占比重正相关，固定租金合约效率较低。

2）构造影响因素指标体系，并对指标量化分析

（1）构建影响因素指标。通过对文献中收入分成影响因素梳理，得到收入分成比例影

响指标，并采用调查问卷评价其重要性，根据灰色关联理论筛选有效指标。根据影响机理把指标分为三类：影响项目收入的因素（项目风险）；既影响项目收入又影响参与方收入分成比例的因素（运营绩效）；影响参与方收入分成比例的因素（资源投入比例及合作联盟供求水平）。

（2）确定关键风险，并对风险分担量化分析。首先，通过调查表法及风险矩阵确定26个关键风险。然后，根据风险分担原则及相关指导文件确定9个双方共担风险，并采用模糊TOPSIS法求得共担风险的比例。最后，根据加权平均法获得参与方所有关键风险承担的比例。

（3）对影响指标进行量化分析。运营绩效由合同执行度、相互满意度、承担任务的复杂性构成，其表达式为 $H_i = \sum w_{11}H_{i1} + w_{12}H_{i2} + w_{13}H_{i3}$。资源投入比例由资金投入比例、风险分担比例、创新投入比例、突发事件贡献度构成，其表达式为 $\eta_i = \sum w_{21}\eta_{i1} + w_{22}\eta_{i2} + w_{23}\eta_{i3} + w_{24}\eta_{i4}$；供求非均衡多因素修正系数表达式为 $\theta_i = \dfrac{\eta_i/\tau_i}{\sum \eta_i/\tau_i}$，当 $\tau_i = 1$ 时，该系数变成资源投入比例修正系数，表明合作联盟供求均衡为非均衡的一个特殊情况。

3）优化基于修正Shapley值收入分成模型的构建方法，提升TOT项目收入分成公平合理性

本书各影响因素修正Shapley值表示参与方收入分成占比得分，通过修正Shapley值归一化构建参与方收入分成比例函数，并在此基础上形成修正Shapley值收入分成模型，其公平合理性表现如下：

（1）修正了方法Ⅶ中参与方收入不确定占比与边际贡献率一致的弊端。确立参与方收入不确定占比与边际贡献率负相关，表达了效率高者风险管控效率高，因而承担较小的风险损失，激励参与方通过提高效率以减少其应承担的风险后果。

（2）改进了方法Ⅵ和Ⅶ中运营绩效与收入分成及不确定占比简单的线性关系。确立了：①项目收入与运营绩效正相关；②项目收入不确定、参与方收入分成不确定与运营绩效不确定正相关；③参与方收入分成比例与其相对运营绩效正相关；④参与方收入分成不确定占比与其相对运营绩效负相关；⑤运营绩效引发的项目收入不确定，边际贡献大者承担的不确定占比大，与风险归责原则相吻合。其中，①、③表达绩效在收入分配中的公平原则，②激励参与方减少运营绩效的不确定，④、⑤表达了收入不确定分配的公平性。

（3）量化了合作联盟供求非均衡对参与方收入分成的影响。6.3.2节案例结果验证了合作联盟需求急迫的参与方可通过让利达到其合作的目的，体现了收入分成模型Ⅴ对合作联盟供求关系的关注以及与实践的贴合，表明了合作联盟供求关系对参与方收入分成影响

量化分析的公平合理性。

4）改进 Shapley 值的修正方法和模糊表达式，提高收入分成模型的精准性、适用性和灵活性

（1）采用双重模糊 Shapley 值法解决了不同类别不确定因素综合模糊函数构建难题，增加模型的适用性。6.3.2 节案例结果验证了双重模糊 Shapley 值较好地表达了项目收入不确定、运营绩效及其不确定对收入分成的影响机理，使收入分成模型与实际拟合度更好，以增加模型的适用性。

（2）简化并优化资源投入比例修正系数，更加精准、合理地表达资源投入比例对收入分成的影响。6.3.1 节验证了资源投入比例变化均值与收入分成及不确定占比均值变化一致性，减少了方法Ⅵ中多权重系数方法引起边际贡献较小的参与方收入分成及不确定占比变化极端的问题，使资源投入对收入分成及不确定占比影响更加精准合理。

（3）采用三角模糊结构元表达式形成弹性收入分成比例，实现了收入分成比例随着项目收入与运营绩效的变化而变化，提高了收入分成机制的灵活性和合理性。6.4.3 节案例结果证明其在收入分成方面的合理性与灵活性；6.4.2 节案例结果凸显了效率较低者收入不确定占比较大的合理性，更准确地表达了对风险管控效率高者的激励。

（4）采用三角模糊结构元表达式实现收入分成模型的动态预测和精准收入分配功能。三角模糊元建立了支付函数、收入分成比例函数与收入分成函数之间的关联，改进了方法Ⅶ中模糊函数之间关联差的问题，实现了收入分成机制的动态预测和精准收入分配功能。此外，合同准备阶段的预测需求和合同执行阶段的收入分配需求统一在同一收入分成模型，进一步提高了收入分成模型的灵活性。

（5）采用了适用性更强的模糊数计算规则，提高模糊算法的准确性，改进了文献代表方法Ⅶ中存在的模糊区间估算不足的问题。详见 6.4.2 节区间算法的对比。

综上，通过案例分析以及与文献 [83]、[84]、[85] 中代表方法Ⅵ与文献 [123]、[124]、[125] 中的代表方法Ⅶ的对比，本书优化的收入分成机制对影响因素机理表达更加清晰、明确，体现更佳的激励效果。同时，收入分成机制具有更大的灵活性，可替代政府承担最低收益担保和超额利润分配模式，减少政府相应补贴和债务风险；协助参与方在合同设计阶段做出更加合理的决策，减少合同执行期重新谈判概率，降低社会资本方利用重新谈判获利的机会主义问题；实现了在合同执行阶段达到动态精准的收入分配，避免或减少合同执行阶段局部收益分配模糊引起的争议。

7.2 展望

面对 TOT 项目合同期限长、项目收入不确定大、涉及利益方众多等特点，TOT 项

目收入分成合约结构均衡构建和收入分成机制的优化研究是一项富有挑战的工作。虽然目前针对 TOT 项目收入分成结构均衡、影响收入分成指标体系的构建和收入分成机制优化等方面展开了初步探索和研究，并取得了一些成果，但仍有一些工作有待进一步完善，比如研究成果如何扩展应用范围，以及更好地服务于实践项目。

1）拓展系列收入分成结构均衡模型，扩大其适用范围

本书提出的收入分成合约结构均衡主要针对有经济收益的存量项目，即经营性 TOT 项目。在接下来的工作中：（1）可以把经营性 TOT 项目收入分成合约结构均衡模型拓展到准经营性 TOT 项目或者其他类型经营性 PPP 项目中，构建统一的 PPP 项目收入分成合约结构均衡模型；（2）可以尝试构建多个关键利益相关者的收入分成合约均衡模型。（3）拓展均衡模型的假设条件，考虑不确定因素的影响，研究均衡模型解的变化，从而增加收入分成合约结构均衡模型普适性，为 PPP 项目效率提高和收益分配研究提供理论支持，同时完善 PPP 项目收入分成合约理论。

2）开发收入分成应用软件，简化和降低使用门槛

本书提出的公平合理且具有较大灵活性的收入分成机制涉及的概念和数据较多。若没有相应的软件程序，该模型运算机理的学习和重构成本较大，从而降低了该机制适用性。为了保障该机制应用的精准性和普适性，可以开发相关应用软件。一方面，使用者无需重新学习模型的运算过程；另一方面，使用者无需重复构建收入分成模型。使用者在理解模型机理之后，根据应用软件相关菜单输入项目数据，获得所需结果，简化该机制的应用门槛。

3）构建指标数据库，通过数据的机器学习与更新优化指标体系

TOT 项目应用范围比较广泛，比如城市供水、垃圾处理、污水处理、收费隧道等不同的方面，这些项目具有可经营性的共同点，本书正是基于经营性 TOT 项目共性提出优化的 TOT 项目收入分成机制。但具体细分行业的 TOT 项目在资源投入、关键风险、绩效考核指标等方面存在一定的差异，因此，在软件开发时要考虑数据库的灵活性和智能优化功能。一方面，提供特殊指标数据创新和添加，并根据创新或添加数据的模块完成这些指标同类模块的机器学习，以适应不同项目的需求；另一方面，根据软件处理过程添加频率较高的菜单，及时补充菜单数据库，或者删除一些冗余指标，优化相关指标体系，更好地为实践服务。

附录 A TOT 项目收入分成比例影响因素重要性调查问卷

尊敬的专家（先生/女士）：

您好！我是武汉理工大学土木工程建造与管理专业博士研究生，我们课题组正在进行关于 TOT 项目收入分配影响因素重要性调查研究，希望您能帮忙完成此项调查研究，感谢您百忙之中填写此调查问卷！

本调查问卷对 TOT 项目公司参与方之间收入分成比例影响因素的重要性进行评价。研究对象为政府与社会资本方共同投资的经营性 TOT 项目，即项目收益能够收回（覆盖）投资成本。项目公司由政府方和社会资本方共同出资组成，即政府方作为与社会资本方平等的民事主体关系参与项目公司。

第一部分：单位与个人基本信息

填写说明：

（一）请您填写空格或在对应选项前打勾；

（二）如无特殊说明，每个问题只能选择一个答案。

1. 您的工作单位所属性质（　　　）。

A. 政府部门　　　　　　　B. 企业　　　　　　　C. 金融机构

D. 科研院所或大专院校　　E. 其他

2. 您的职称（　　　）。

A. 高级　　　　　　　　　B. 中级　　　　　　　C. 其他

3. 您是否从事过 PPP（包括 O&M、MC、BOT、BT、ROT、TOT、BOO 等）领域相关工作（如管理、咨询、研究等）（　　　）。

A. 是　　　　　　　　　　B. 否

4. 您从事工程建设领域相关工作（投融资、勘察、设计、施工、监理、咨询、教学及科研等）的年限（　　　）。

A. 0～2 年　　　　　　　　B. 3～5 年

C. 6～10 年　　　　　　　　D. 11 年及以上

第二部分：对 TOT 项目公司中参与方收入分配比例影响因素重要性调研

表 A-1 为填写表格的相关说明。请各位专家对各影响因素重要性作出评价，并在表 A-2 的相应位置打勾。

影响指标的重要性等级说明　　　　　　　　　　　　　　表 A-1

标度	定义	说明
5	非常重要	该因素对参与方收入分配系数密切相关且影响非常大
4	比较重要	该因素对参与方收入分配系数密切相关且影响较大
3	一般重要	该因素对参与方收入分配系数关联密切,但影响一般
2	不重要	该因素对参与方收入分配系数间接关联,但影响一般
1	可以忽略	该因素对参与方收入分配系数间接关联且影响较小

TOT 项目收入分成比例的影响因素重要性得分　　　　　表 A-2

序号	影响因素	影响因素释义	1	2	3	4	5
	各参与方资源投入比例——要素投入						
1	投资比例	政府和社会资本双方在项目公司的综合出资比例					
2	风险分担比例	政府和社会资本方对收入影响的关键风险承担的综合比例					
3	创新投入比例	政府和社会资本方在制度、技术、管理和运营服务中创新投入比例					
4	突发事件贡献度	运维过程中发生预测风险以外的突发事件或者状况时,政府和社会资本方在处理该事件作出贡献或者投入比例					
	各参与方运营绩效水平——要素贡献						
5	合同任务履行度	双方对 TOT 项目的有效运行所进行的努力程度,主要为各参与方履行合同规定任务的比率					
6	承担任务复杂性	指参与方承担工作的技术复杂性、管理协调难度、时间紧迫性的综合。技术复杂性主要指专用技术关联度大、需要较大的改进和创新;协调复杂性主要指合作相互协调频繁程度、计划的冲突、地域、文化背景的差异等;时间紧迫性主要指承担工作处于关键路径[86,89]					
7	相互满意度	合作中一方对其他参与者所做工作的满意程度,包括信息交流共享度、平均响应度、协同合作性等方面,由参与项目合作的另一方评价得出					
	合作联盟供求水平——供求关系指标						
8	合作迫切程度	主要指参与各方对合作联盟需求的迫切性,迫切程度越高,需求越大,供不应求时其对收益妥协性更大					

附录 B TOT 项目风险对项目收入影响程度调查问卷

尊敬的专家：

您好！我是武汉理工大学土木工程建造与管理专业博士研究生，课题组正在进行关于 TOT 项目风险对其收入影响的量化研究，希望您能帮忙完成此项调查研究，感谢您百忙之中填写此调查问卷！

TOT 模式为存量项目市场化的主要模式之一，即把现有可经营的存量项目转让给社会资本方，由其经营管理，特许经营期结束，社会资本方再把项目无偿转让给当地政府的一种模式。

第一部分：单位与个人基本信息[186,187]

填写说明：

（一）请您填写空格或在对应选项前打勾；

（二）如无特殊说明，每个问题只能选择一个答案。

1. 您的工作单位所属性质（　　）。

A. 政府　　　　　　　B. 企业　　　　　　　C. 金融机构

D. 科研院所　　　　　E. 大专院校　　　　　F. 其他

2. 您的职称（　　）。

A. 高级　　　　　　　B. 中级　　　　　　　C. 其他

3. 您的年龄（　　）。

A. 25～35 岁　　B. 36～45 岁　　C. 46～55 岁　　D. 56 岁及以上

4. 您是否从事过 PPP（包括 BOT、BT、TOT、BOO 等）领域相关工作（如管理、咨询、研究等）（　　）。

A. 是　　　　　　　　B. 否

5. 您从事工程建设领域相关工作（投融资、勘察、设计、施工、监理、咨询、教学及科研等）的年限（　　）。

A. 0～2 年　　　　B. 3～5 年　　　　C. 6～10 年　　　　D. 11 年及以上

第二部分：对 TOT 项目收入影响的关键风险因素影响程度调研

请您结合知识和经验来选择您对表 B-1 所列 TOT 项目风险对收入影响程度的看法，并在相应位置打勾。

TOT 项目风险对项目收入影响程度调查　　　　　　　**表 B-1**

序号	风险因素名称	风险因素释义	可以忽略	较小	一般	较大	非常大
		政治风险					
1	政局变化风险	政局动荡或更迭的风险					
2	政府换届风险	短时间内地方政府主管部门换届的风险					
3	项目强制收回风险	政府原因导致项目中途被迫终止或强制收入的风险					
4	原企业人员安置风险	原企业人员安置中遇到的风险					
5	政府行为风险	政府不作为或相关政策执行不力或越权干预的风险					
6	公众支持度风险	公众对是否实施该项目的支持度的风险					
		法律风险					
7	法律法规行业标准变化风险	与该项目相关的法律法规政策变化的风险					
8	法律依据和保障欠缺风险	缺少与项目实施相关的法律依据或保障条文					
9	合同完备或变更风险	政府和社会资本签署合同的完备性或内容变更的风险					
		金融风险					
10	利率汇率风险	项目实施过程中,发生利率汇率变化的风险					
11	通货膨胀风险	项目实施过程中,发生通货膨胀的风险					
12	融资可得性风险	社会资本方融资获取的难易程度和时效性的风险					
13	融资成本风险	社会资本方融资成本超出预期的风险					
14	资金断裂风险	项目运营过程中社会资本方资金链断裂的风险					
15	经济环境恶化风险	经济大环境恶化或者金融危机风险					
		资产风险					
16	期初资产估值风险	第一个转让阶段项目资产估值较低造成国有资产流失的风险					
17	社会资本接受的资产状况与协议不符	第一个转让阶段项目资产状况与协议内容不符的风险					
18	资产余值风险	项目特许经营期结束后由于掠夺性经营等资产余值未达到预期的风险					

续表

序号	风险因素名称	风险因素释义	可以忽略	较小	一般	较大	非常大
		运营风险					
19	资源依赖风险	资源依赖型TOT项目关于资源的可开发利用程度不稳定或低于预测风险					
20	原材料、能源供应风险	项目运营过程中所需原材料、能源供应相关的风险					
21	运营及维护成本风险	项目运营及维护成本过高的风险					
22	产品/服务质量风险	项目产品/服务质量差的风险					
23	配套基础设施风险	项目运营所需的配套基础设施完备性的风险					
		市场风险					
24	同质项目竞争风险	与同类型或可替代项目竞争的风险					
25	政府对项目产品的定价、调价风险	政府对项目产品/服务价格及价格调整限制的风险					
26	使用量风险	公众对该项目产品/服务使用量低于预期的风险(需求高但不一定使用)					
		环境风险					
27	不可抗力风险	项目建设过程中发生洪水、暴雨、地震、瘟疫、罢工等不可抗力的风险					
28	环保风险	项目运营过程中违反环境保护相关规定的风险					
		信用风险					
29	政府履约风险	政府方发生违约的风险					
30	社会资本方履约风险	社会资本方发生违约的风险					
31	第三方履约风险	第三方与项目公司签订合同发生违约的风险					

除此之外，您认为影响 TOT 项目收入的关键风险因素还有哪些？影响程度如何？

附录 C 影响 TOT 项目收入的关键风险 发生概率调查问卷

尊敬的专家：

您好！我是武汉理工大学土木工程建造与管理专业博士研究生，课题组正在进行关于影响 TOT 项目收入的关键风险发生概率的调查研究。希望您能帮忙完成此项调查研究，感谢您百忙之中填写此调查问卷！

表 C-1 描述了 TOT 项目中对收入影响的风险因素发生的概率，请您结合知识和经验来选择表中所列风险发生的概率，并在相应位置打勾。其中，可以忽略（概率为 0.1），打分为 1；较小（概率为 0.3），打分为 2；一般（概率为 0.5），打分为 3；较大（概率为 0.7），打分为 4；非常大（概率为 0.9），打分为 5。

TOT 项目风险发生概率调查　　　　　　　　　　表 C-1

序号	风险因素名称	风险因素释义	1	2	3	4	5
政治风险							
1	政局变化风险	政局动荡或更迭的风险					
2	政府换届风险	短时间内地方政府主管部门换届的风险					
3	项目强制收回风险	政府原因导致项目中途被迫终止或强制收入的风险					
4	原企业人员安置风险	原企业人员安置中遇到的风险					
5	政府行为风险	政府不作为或相关政策执行不力或越权干预的风险					
6	公众支持度风险	公众对是否实施该项目的支持度的风险					
法律风险							
7	法律法规行业标准变化风险	与该项目相关的法律法规行业标准变化的风险					
8	法律依据和保障欠缺风险	缺少与项目实施相关的法律依据或保障条文					
9	合同完备或变更风险	政府和社会资本签署合同的完备性或内容变更的风险					
金融风险							
10	利率汇率风险	项目运营过程中发生利率汇率变化的风险					
11	通货膨胀风险	项目运营过程中发生通货膨胀的风险					
12	融资可得性风险	社会资本方融资获取的难易程度和时效性的风险					
13	融资成本风险	社会资本方融资成本超出预期的风险					

序号	风险因素名称	风险因素释义	1	2	3	4	5
金融风险							
14	资金断裂风险	运营过程中社会资本方资金链断裂的风险					
15	经济环境恶化风险	经济大环境恶化或者金融危机风险					
资产风险							
16	期初资产估值风险	第一个转让阶段项目资产估值较低造成国有资产流失的风险					
17	社会资本接受的资产状况与协议不符	第一个转让阶段项目资产状况与协议内容不符的风险					
18	资产余值风险	项目特许经营期结束后由于掠夺性经营等资产余值未达到预期的风险					
运营风险							
19	资源依赖风险	资源依赖型TOT项目关于资源的可开发利用程度不稳定或低于预测风险					
20	原材料、能源供应风险	项目运营过程中所需原材料、能源供应相关的风险					
21	运营及维护成本风险	项目运营及维护成本过高的风险					
22	产品/服务质量风险	项目产品/服务质量差的风险					
23	配套基础设施风险	项目运营所需的配套基础设施完备性的风险					
市场风险							
24	同质项目竞争风险	与同类型或可替代项目竞争的风险					
25	政府对项目产品的定价、调价风险	政府对项目产品/服务价格及价格调整限制的风险					
26	使用量风险	公众对该项目产品/服务使用量低于预期的风险(需求高但不一定使用)					
环境风险							
27	不可抗力风险	项目建设过程中发生洪水、暴雨、地震、瘟疫、罢工等不可抗力的风险					
28	环保风险	项目运营过程中违反环境保护相关规定的风险					
信用风险							
29	政府履约风险	政府方发生违约的风险					
30	社会资本方履约风险	社会资本方发生违约的风险					
31	第三方履约风险	第三方与项目公司签订合同发生违约的风险					

附录 D TOT 项目风险分担评价指标权重调查问卷

尊敬的专家：

您好！我是武汉理工大学土木工程建造与管理专业的博士研究生，课题组正在进行关于 TOT 项目风险分担评价的量化研究。希望您能帮忙完成此项调查研究，感谢您百忙之中填写此调查问卷！

TOT 模式为存量项目市场化的主要模式之一，即把现有可经营的存量项目转让给社会资本方，由其经营管理，特许经营期结束，社会资本方再把项目无偿转让给当地政府的一种模式。

第一部分：单位与个人基本信息（略，同附录 A）

第二部分：TOT 项目风险分担评价指标调研

请您采用 0.1～0.9 五标度数量标度法（详见表 D-2）分别对表 D-1 中建立的风险分担评价指标体系一级和二级评价指标打分，打分表见表 D-3。

风险分担评价指标体系　　　　　　　　　　　　　　表 D-1

目标层	一级指标	二级指标	指标描述
风险分担比例	风险控制能力 U_1	风险预测能力 U_{11}	社会资本方在风险事件发生之前对风险发生概率及其可能导致后果的预测能力
		风险评估能力 U_{12}	社会资本方在风险事件发生之后(未结束)对风险发生程度的评估能力
		风险管理经验 U_{13}	社会资本方具有的管理类似项目风险的经验
	风险承担意愿 U_2	风险偏好 U_{21}	社会资本方面对风险时所表现的态度和倾向
		风险期望收益 U_{22}	社会资本方通过承担风险所期望获得的收益
	风险承担能力 U_3	承担风险损失能力 U_{31}	社会资本方具有的承担风险发生所产生的一切后果的能力
		风险准备金率 U_{32}	社会资本方用来预防、控制风险和弥补风险损失而预先准备的资金比例

0.1～0.9 五标度数量标度　　　　　　　　　　　　　　表 D-2

标度	定义	说明
0.1	同等重要	相对于另一个因素极端不重要
0.3	明显不重要	相对于另一个明显不重要
0.5	同等重要	两个因素同样重要
0.7	明显重要	相对于另一个因素明显重要
0.9	极端重要	相对于另一个因素极端重要

风险分担评价指标相对重要性打分表　　　　　　　　　表 D-3

评价指标比较		打分
一级指标间的相对重要性	U_1 相对于 U_2 的重要性	
	U_1 相对于 U_3 的重要性	
	U_2 相对于 U_3 的重要性	
二级指标间的相对重要性	U_{11} 相对于 U_{12} 的重要性	
	U_{11} 相对于 U_{13} 的重要性	
	U_{12} 相对于 U_{13} 的重要性	
	U_{21} 相对于 U_{22} 的重要性	
	U_{31} 相对于 U_{32} 的重要性	

附录 E TOT 项目共担风险能力模糊评价调查问卷

尊敬的专家：

您好！我是武汉理工大学土木工程建造与管理专业博士研究生，课题组正在进行关于影响 TOT 项目收入的关键风险发生概率的调查研究。希望您能帮忙完成此项调查研究，感谢您百忙之中填写此调查问卷！

根据表 E-1 中建立的风险分担评价指标体系的二级评价指标，请您分别对 TOT 项目中社会资本方（企业）承担的关键风险因素能力予以评价，评价语义为很低、较低、一般、较高、很高，分别用数字 1、2、3、4、5 表示。

社会资本方共担承担风险能力模糊评价表　　　　　　表 E-1

二级评价指标 / 共担风险	风险预测能力 U_{11}	风险评估能力 U_{12}	风险管理经验 U_{13}	风险偏好 U_{21}	风险期望收益 U_{22}	承担风险损失能力 U_{31}	风险准备金率 U_{32}
原企业人员安置风险							
行业标准变化风险							
合同完备或变更风险							
利率汇率风险							
经济环境恶化冲击							
不可抗力风险							
需求变化风险							
资源依赖风险							
原材料、能源供应风险							

附录 F 影响 TOT 项目收入分成比例指标体系权重调查问卷

尊敬的专家：

您好！我是武汉理工大学土木工程建造与管理专业博士研究生，课题组正在进行关于 TOT 项目收入分成影响因素的量化研究。希望您能帮忙完成此项调查研究，感谢您百忙之中填写此调查问卷！

请您采用 1～5 比例标度法分别对表 F-1 中建立的收入分成评价指标体系中的双方运营绩效评价指标和承担比例指标进行两两比较评分，得到同层级指标间的相对重要程度。打分表见表 F-2，两两比较评分标准为：1～5 重要程度依次递增，1 表示非常不重要，2 表示明显不重要，3 表示两个因素同等重要，4 表示明显重要，5 表示非常重要。

影响 TOT 项目收入分成因素指标体系描述　　　　　　表 F-1

目标层	一级指标	二级指标	指标描述
影响收入分成因素	风险引发项目收入不确定		项目风险因素所致项目收入不确定
	运营绩效	合同执行度	运营任务的完成率
		承担任务复杂性	指参与方承担工作的技术复杂性、管理协调难度、时间紧迫性的综合[86,89]
		相互满意度	合作对方对另一方所做工作的满意程度（包括信息交流共享度、平均响应度、协同合作性三个方面）做出的评价
	资源投入比例	投资比例	双方在项目的特许经营费用投入比例及其他资金投入比例
		风险分担比例	对收入影响的关键风险的权重与各自承担比例加权平均值
		创新投入比例	双方在项目经营期间的技术创新、制度创新等投入及创新贡献的综合比例
		突发事件贡献度	在运营过程中出现了预测风险以外的突发事件或者状况时，双方在处理该问题时作出贡献或者投入比例

收入分成比例影响因素评价指标相对重要性打分表　　　　　　表 F-2

评价指标比较		打分
资源投入二级指标相对重要性	投资比例相对于风险分担比例的重要性	
	投资比例相对于创新投入比例的重要性	
	投资比例相对于突发事件贡献度的重要性	
	风险分担比例相对于创新投入比例的重要性	
	风险分担比例相对于突发事件贡献度的重要性	
	创新投入比例相对于突发事件贡献度的重要性	
运营绩效二级指标相对重要性	合同执行度相对于任务复杂性的重要性	
	合同执行度相对于相互满意度的重要性	
	任务复杂性相对于相互满意度的重要性	

附录 G 不同模式下项目利润与利润分配

"某市民政 PPP 项目实施方案"中对该项目采用 TOT 模式和传统模式的项目利润与利润分配表如表 G-1 和表 G-2 所示。根据"某市民政 PPP 项目实施方案"和"某市民政 PPP 项目物有所值评价方案"相关数据测算的私人模式项目利润与利润分配表见表 G-3。

TOT模式项目利润与利润分配表

表 G-1

序号	项目	运营期														
		1	2	3	4	5	6	7	8	9	10	11	12	13	14	15
1	营业收入	1890.91	1890.91	1890.91	1890.91	1890.91	2061.02	2061.02	2061.02	2061.02	2061.02	2248.14	2248.14	2248.14	2248.14	2248.14
2	营业税金及附加	50.11	46.48	46.48	46.48	35.70	51.12	51.12	51.12	51.12	39.27	56.23	53.60	53.60	53.60	40.57
3	总成本费用	1675.33	1686.29	1666.32	1645.37	1681.00	1651.83	1627.65	1602.28	1575.67	1611.12	1575.11	1566.17	1533.95	1500.15	1534.39
4	利润总额(1-2-3)	165.48	158.15	178.12	199.07	174.21	358.07	382.25	407.62	434.23	410.63	616.80	628.37	660.59	694.39	673.18
5	弥补以前年度亏损															
6	所得税(25%)	41.37	39.54	44.53	49.77	43.55	89.52	95.56	101.90	108.56	102.66	154.20	157.09	165.15	173.60	168.30
7	净利润(4-7)	124.11	118.61	133.59	149.30	130.66	268.55	286.69	305.71	325.67	307.97	462.60	471.28	495.44	520.79	504.89
8	提取法定盈余公积金(10%)	12.41	11.86	13.36	14.93	13.07	26.86	28.67	30.57	32.57	30.80	46.26	47.13	49.54	52.08	50.49
9	提取任意盈余公积金(5%)	6.21	5.93	6.68	7.46	6.53	13.43	14.33	15.29	16.28	15.40	23.13	23.56	24.77	26.04	25.24
10	未分配利润(8-9-10)	105.49	100.82	113.55	126.90	111.06	228.27	243.68	259.86	276.82	261.78	393.21	400.58	421.13	442.67	429.15

传统模式项目利润与利润分配表

表 G-2

序号	项目	合计	运营期														
			1	2	3	4	5	6	7	8	9	10	11	12	13	14	15
1	营业收入	27908.84	1704.11	1704.11	1704.11	1704.11	1704.11	1855.54	1855.54	1855.54	1855.54	1855.54	2022.11	2022.11	2022.11	2022.11	2022.11
2	营业税金及附加	518.08	38.83	33.38	33.38	33.38	22.61	36.72	36.72	36.72	36.72	24.87	40.39	39.34	39.34	39.34	26.31
3	总成本费用	23611.80	1620.47	1646.70	1627.15	1606.78	1643.15	1616.83	1593.78	1569.76	1544.74	1582.02	1550.23	1530.63	1501.13	1470.38	1508.05
4	利润总额(1-2-3)	3778.96	44.82	24.03	43.58	63.95	38.35	201.99	225.04	249.06	274.08	248.65	431.48	452.14	481.65	512.39	487.76
5	弥补以前年度亏损																
6	所得税(25%)	944.74	11.20	6.01	10.90	15.99	9.59	50.50	56.26	62.26	68.52	62.16	107.87	113.04	120.41	128.10	121.94
7	净利润(4-7)	2834.22	33.61	18.02	32.69	47.97	28.77	151.49	168.78	186.79	205.56	186.49	323.61	339.11	361.23	384.29	365.82
8	提取法定盈余公积金(10%)	283.42	3.36	1.80	3.27	4.80	2.88	15.15	16.88	18.68	20.56	18.65	32.36	33.91	36.12	38.43	36.58
9	提取任意盈余公积金(5%)	141.71	1.68	0.90	1.63	2.40	1.44	7.57	8.44	9.34	10.28	9.32	16.18	16.96	18.06	19.21	18.29
10	未分配利润(8-9-10)	2409.09	28.57	15.32	27.78	40.77	24.45	128.77	143.46	158.77	174.73	158.51	275.07	288.24	307.05	326.65	310.95

私人模式项目利润与利润分配表

表 G-3

	项目	合计	运营期															
			1	2	3	4	5	6	7	8	9	10	11	12	13	14	15
1	营业收入	31030.75	1892.75	1892.75	1892.75	1892.75	1892.75	2063.04	2063.04	2063.04	2063.04	2063.04	2250.36	2250.36	2250.36	2250.36	2250.36
2	营业税金及附加	768.84	52.66	49.03	49.03	49.03	38.26	53.93	53.93	53.93	53.93	42.08	59.32	56.69	56.69	56.69	43.65
3	总成本费用	24316.17	1699.34	1709.39	1688.40	1666.32	1700.70	1668.85	1643.14	1616.10	1587.65	1621.09	1581.45	1570.70	1535.27	1498.61	1529.75
4	利润总额(1-2-3)	5945.74	140.75	134.33	155.32	177.40	153.80	340.26	365.97	393.01	421.46	399.87	609.59	623.56	658.41	695.06	676.96
5	弥补以前年度亏损																
6	所得税(25%)	1486.44	35.19	33.58	38.83	44.35	38.45	85.07	91.49	98.25	105.36	99.97	152.40	155.89	164.60	173.77	169.24
7	净利润(4-7)	4459.31	105.57	100.75	116.49	133.05	115.35	255.20	274.48	294.76	316.09	299.90	457.19	467.67	493.80	521.30	507.72
8	提取法定盈余公积金(10%)	445.93	10.56	10.08	11.65	13.30	11.53	25.52	27.45	29.48	31.61	29.99	45.72	46.77	49.38	52.13	50.77
9	提取任意盈余公积金(5%)	222.97	5.28	5.04	5.82	6.65	5.77	12.76	13.72	14.74	15.80	15.00	22.86	23.38	24.69	26.06	25.39
10	未分配利润(8-9-10)	3790.41	89.73	85.64	99.02	113.09	98.04	216.92	233.30	250.54	268.68	254.92	388.61	397.52	419.73	443.10	431.56

参 考 文 献

[1] Chan A P C，Yeung J F Y，Yu C C P，et al. Empirical study of risk assessment and allocation of public-private partnership projects in China [J]. Journal of Management in Engineering. 2011，27 (3)，136-148.

[2] Cheng Z，Ke Y，Lin J，et al. Spatio-temporal dynamics of public private partnership projects in China [J]. International Journal of Project Management，2016，34 (7)：1242-1251.

[3] 王颖林，傅梦，陈玲，等. 基于公平偏好理论的 PPP 项目收益风险分配机制研究 [J]. 工程管理学报，2019，33 (02)：97-101.

[4] 王守清，张博，程嘉旭，等. 政府行为对 PPP 项目绩效的影响研究 [J]. 软科学，2020，34 (03)：1-5.

[5] Almarri K，Blackwell P. Improving risk sharing and investment appraisal for PPP procurement success in large green projects [J]. Procedia-Social and Behavioral Sciences，2014，119：847-856.

[6] Shan Xue-qin，Ye Xiao-su. Research on public-private financing mode of public rental housing and its selection [C]// International Conference on Management Science & Engineering. IEEE，2013. 1787-1993.

[7] 李新兵. PPP 模式的特点、类型、操作流程以及在水务工程中的案例浅析 [J]. 中国市政工程，2016 (01)：42-45，93.

[8] 徐可，何立华. PPP 模式中 BT、BOT 与 TOT 的比较分析——基于模式结构、风险分担、所有权三个视角 [J]. 工程经济，2016，26 (01)：61-64.

[9] 简迎辉，孙洁. 基于实物期权法的 TOT 水电项目定价研究 [J]. 武汉理工大学学报（信息与管理工程版），2015，37 (05)：493-496.

[10] 曹俊峰. 基于合作博弈的 TOT 模式高速公路经营权转让定价方法研究 [D]. 长沙：长沙理工大学，2014.

[11] 贾乃莹. TOT 项目特许经营权价值评估方法研究 [D]. 成都：西南财经大学，2013.

[12] Lee S，Choi J H. Wastewater treatment Transfer-Operate-Transfer (TOT) projects in China：The case of Hefei Wangxiaoying Wastewater treatment TOT project [J]. Ksce Journal of Civil Engineering，2015，19 (4)：831-840.

[13] 牛耘诗，褚晓凌，王守清，等. PPP 项目提前终止下社会资本机会主义行为研究 [J]. 系统工程理论与实践，2019，39 (11)：2784-2791.

[14] 张炳根，袁竞峰，贾斯佳. PPP 项目收益内涵与特征分析 [J]. 项目管理技术，2018，16 (05)：18-25.

[15] Kokkaew N，Chiarab N. A modeling government revenue guarantees in privately built transportation projects：a risk-adjusted approach [J]. Transport，2013，28 (2)：186-192.

[16] 刘婷，王守清，冯珂. 收费公路 PPP 项目最低收入担保机制设计 [J]. 清华大学学报（自然科学版），2017，57 (06)：661-666.

[17] Iossa E，Martimort D. The simple micro-economics of public-private partnerships [J]. Social Science Electronic Publishing. 2015，17 (1)，4-48.

[18] Nombela G，Rus G D. Flexible-term contracts for road franchising [J]. Transportation Research Part A Policy & Practice，2004，38A (3)：163-179.

[19] Teo P，Bridge A J. Crafting an efficient bundle of property rights to determine the suitability of a Public-Private Partnership：A new theoretical framework [J]. International Journal of Project Management，2017，35（3）：269-279.

[20] Zhuo Feng，Yiwen Zhang，Shuibo Zhang，et al. Contracting and renegotiating with a loss-averse private firm in BOT road projects [J]. Transportation Research Part B，2018，112：40-72.

[21] Martimort D，Sand-Zantman W. Signalling and the design of delegated management contracts for public utilities [J]. Rand Journal of Economics，2006b，37（4）：763-782.

[22] Ho，Ping S. Model for financial renegotiation in public-private partnership projects and its policy implications：game theoretic view [J]. Journal of Construction Engineering & Management，2006，132（7）：678-688.

[23] Nikolaidis N，Roumboutsos A. A PPP renegotiation framework：a road concession in Greece [J]. Built environment project and asset management，2013，3（2）：264-278.

[24] 亓霞，柯永建，王守清. 基于案例的中国 PPP 项目的主要风险因素分析 [J]. 中国软科学，2009（05）：107-113.

[25] Liu Guiwen，Wei Lizhen，Gu Jianping，et al. Benefit distribution in urban renewal from the perspectives of efficiency and fairnes：A game theoretical model and the government's role in China [J]. Cities，2020，96：1-9.

[26] 靳璐璐. 基于实物期权的公路 BOT 项目超额收益决策研究 [D]. 大连：大连理工大学，2015.

[27] Wang Y，Liu J. Evaluation of the excess revenue sharing ratio in PPP projects using principal-agent models [J]. International Journal of Project Management，2015，33（6）：1317-1324.

[28] Iseki H，Houtman R. Evaluation of progress in contractual terms：Two case studies of recent DBFO PPP projects in North America [J]. Research in transportation economics，2012，36（9）：73-84.

[29] Feng X，Moon I，Ryu K. Revenue-sharing contracts in an N-stage supply chain with reliability considerations [J]. International Journal of Production Economics，2014，147（1）：20-29.

[30] Lippman，Steven A，K F Mccardle，et al. Using Nash bargaining to design project management contracts under cost uncertainty [J]. International Journal of Production Economics. 2013，145（1）：199-207.

[31] Abhishek V，Hajek B，Williams S R. Auctions with a profit sharing contract [J]. Games & Economic Behavior，2013，77（1）：247-270.

[32] Kang C C，Feng C M，Kuo C Y. A royalty negotiation model for BOT (build-operate-transfer) projects：The operational revenue-based model [J]. Mathematical & Computer Modelling，2011，54（9-10）：2338-2347.

[33] 吴思材，郭汉丁，郑悦红，等. 公平视域下 PPP 项目收益分配 [J]. 土木工程与管理学报，2018，35（02）：181-188.

[34] 叶晓甦，吴书霞，单雪芹. 我国 PPP 项目合作中的利益关系及分配方式研究 [J]. 科技进步与对策，2010，27（19）：36-39.

[35] Guerrini A，Romano G. Contract renegotiation by an Italian wastewater utility：Action research to promote effective tariff revision [J]. Utilities Policy，48（2017）176-183.

[36] Ke，Y，Wang S，Chan A P C. et al. Preferred risk allocation in China's public-private partnership (PPP) projects [J]. International Journal of Project Management，2010，28（5）：482-492.

[37] Liu J, Gao R, Cheah C Y J, et al. Incentive mechanism for inhibiting investors' opportunistic behavior in PPP projects [J]. International Journal of Project Management, 2016, 34 (7): 1102-1111.

[38] Garg S, Garg S. Rethinking public-private partnerships: an unbundling approach [J]. Transportation Research Procedia, 2017, 25: 3793-3811.

[39] Engel Eduardo M, Ronald D. Fischer, Galetovic A. Least-Present-Value-of-Revenue auctions and highway franchising. [J]. Journal of Political Economy, 2001. 109 (5), 993-1020.

[40] Albalate D, Germà Bel. Regulating concessions of toll motorways: An empirical study on fixed vs. variable term contracts [J]. Transportation Research. Part A: Policy and Practice, 2009, 43 (2): 0-229.

[41] Xu Y, Sun C, Skibniewski M J, et al. System Dynamics (SD) -based concession pricing model for PPP highway projects [J]. International Journal of Project Management, 2012, 30 (2): 240-251.

[42] Cheah C Y J, Liu J. Valuing governmental support in infrastructure projects as real options using Monte Carlo simulation [J]. Construction Management and Economics, 2006, 24 (4/6): 545-554.

[43] Antonio L G, Sánchez Solio Antonio, Guirao A B. Sharing risks in toll motorway concessions: subsidies as real options on traffic volume [J]. Journal of Infrastructure Systems, 2018, 24 (4): 1-8.

[44] Quimbayo C A Z, Vega C A M, Marques N L. Minimum revenue guarantees valuation in PPP projects under a mean reverting process [J]. Construction Management and Economics, 2019, 37 (1-3): 121-138.

[45] Gundes S, Buyukyoran F. A model to assess government guarantees in BOT toll road projects using optimized real options approach [C]// 5th International Project and Construction Management Conference (IPCMC 2018), 2018: 1-12.

[46] 张河坤. TOT 项目方式在越南社会经济发展应用的特许经营权移交管理研究 [D]. 昆明: 昆明理工大学, 2006.

[47] Hanaoka, Shinya, Palapus, Hazel Perez. Reasonable concession period for build-operate-transfer road projects in the Philippines [J]. International Journal of Project Management, 2012, 30 (8): 938-949.

[48] Shen L Y, Bao H J, Wu Y Z, et al. Using bargaining-game theory for negotiating concession period for BOT-Type contract [J]. Journal of Construction Engineering and Management, 2007, 133 (5): 385-392.

[49] Feng K, Li N, Wang S, et al. Balancing public and private interests through optimization of concession agreement design for user-pay PPP projects [J]. Journal of Civil Engineering and Management, 2018, 24 (1-2): 116-129.

[50] Feng K, Wang S, Wu C, et al. Optimization of concession period for public private partnership toll roads [J]. Engineering Economics, 2019, 30 (1): 24-31.

[51] Krüger N A. To kill a real option-Incomplete contracts, real options and PPP [J]. Transportation Research, 2012, 46A (8): 1359-1371.

[52] Ma G, Du Q, Wang K. A concession period and price determination model for PPP projects: based on real options and risk allocation [J]. Sustainability, 2018, 10 (3): 706-726.

[53] Gao G X. Sustainable winner determination for public-private partnership infrastructure projects in

multi-attribute reverse auctions [J]. Sustainability, 2018, 10: 4129-4150.

[54] 王岭. 城镇水务项目特许经营权拍卖机制研究 [D]. 大连: 东北财经大学, 2012.

[55] Scandizzo P L, Venturab M. Sharing risk through concession contracts [J]. European Journal of Operational Research, 2010, 207 (1): 363-370.

[56] Carbonara N, Pellegrino R, Carbonara N, et al. Public-private partnerships for energy efficiency projects: A win-win model to choose the energy performance contracting structure [J]. Journal of Cleaner Production, 2018, 170: 1064-1075.

[57] 魏学成. PPP 项目的风险分担及收益分配研究 [D]. 重庆: 重庆大学, 2008.

[58] Cotula, L. Investment contracts and sustainable development: How to make contracts for fairer and more sustainable natural resource investments [M]. Natural Resource Issues No. 20. IIED, London, 2010.

[59] Feng Z, Zhang S B, Gao Y. On oil investment and production: A comparison of production sharing contracts and buyback contracts [J]. Energy Economics, 2014, 42 (1): 395-402.

[60] Igor K, Ekaterina L. Attraction of foreign capital, investment projects and mechanism of production sharing agreements [J]. Procedia-Social and Behavioral Sciences, 2015, 166: 127-130.

[61] 余珺. 产品分成合同中影响合同各方收益的因素分析 [J]. 西部财会, 2011 (4): 35-37.

[62] Qian D, Guo J. Research on the energy-saving and revenue sharing strategy of ESCOs under the uncertainty of the value of Energy Performance Contracting Projects [J]. Energy Policy, 2014, 73 (5): 710-721.

[63] Shang T, Zhang K, Liu P, et al. What to allocate and how to allocate? —Benefit allocation in Shared Savings Energy Performance Contracting Projects [J]. Energy, 2015, 91: 60-71.

[64] 刘晓君, 张宏. 基于 BOT 与 TOT 的基础设施项目融资模式——TBT [J]. 西安建筑科技大学学报 (自然科学版), 2004, 36 (1): 94-97.

[65] Qian G X, Zhang Y P, Jian-Guo W U, et al. Revenue sharing in dairy industry supply chain—A case study of hohhot, China [J]. Journal of Integrative Agriculture, 2013, 12 (12): 2300-2309.

[66] Sheu, Jiuh-Biing. Marketing-driven channel coordination with revenue-sharing contracts under price promotion to end-customers [J]. European Journal of Operational Research, 2011, 214 (2): 246-255.

[67] Song H, Gao X. Green supply chain game model and analysis under revenue-sharing contract [J]. Journal of Cleaner Production, 2017, 170 (1): 183-192.

[68] Almarri K. Improving PPP contract design for procurement of public projects [C]// The International Conference on Project Management, 2016, B04: 19-27.

[69] Domingues S, Zlatkovic D, Roumboutsos A. Contractual flexibility in transport Infrastructure PPP [C] //. European Transport Conference. ETC, 2014: 1-18.

[70] Feng Z, Zhang S B, Gao Y. Modeling the impact of government guarantees on toll charge, road quality and capacity for Build-Operate-Transfer (BOT) road projects [J]. Transportation Research Part A Policy & Practice, 2015, 78: 54-67.

[71] Zhang X. Web-based concession period analysis system [J]. Expert Systems with Applications, 2011, 38 (11): 13532-13542.

[72] Niu B，Zhang J. Price，capacity and concession period decisions of Pareto-efficient BOT contracts with demand uncertainty [J]. Transportation Research Part E Logistics & Transportation Review，2013，53：1-14.

[73] Zhang X，Bao H，Wang H，et al. A model for determining the optimal project life span and concession period of BOT projects [J]. International Journal of Project Management，2016，34（3）：523-532.

[74] 高颖，张水波，冯卓. 不完全合约下 PPP 项目的运营期延长决策机制 [J]. 管理科学学报，2014，17（02）：48-57＋94.

[75] Song J，Yu Y，Jin L，et al. Early termination compensation under demand uncertainty in public-private partnership projects [J]. International Journal of Strategic Property Management，2018，22（6）：532-543.

[76] 张红平. 经营性 PPP 项目提前终止的经济补偿研究 [D]. 北京：北京交通大学，2018.

[77] 肖明，张建红. 钢铁污水 TOT 项目实物期权法定价案例研究 [J]. 武汉理工大学学报（社会科学版），2010，23（1）：62-66.

[78] 邢秀凤. 城市水业市场化进程中的水价及运营模式研究 [D]. 青岛：中国海洋大学，2006.

[79] Ng S T，Xie J，Skitmore M，et al. A fuzzy simulation model for evaluating the concession items of public - private partnership schemes [J]. Automation in Construction，2007，17（1）：22-29.

[80] Peng Y，Zhou J，Xu Q，et al. Cost allocation in PPP projects：an analysis based on the theory of "contracts as reference points [J]. Discrete Dynamics in Nature & Society，2014，1-6.

[81] 王正新，王铱. 基于 Shapley 值的 PPP 项目公共部门和私营部门收益分配方案研究 [J]. 建筑经济，2018，39（07）：66-69.

[82] Wang Y；Liu J，Bon-Gang Hwang. Study of risk allocation in ppp projects based on altruistic theory [C]// International Conference on Logistics. IEEE，2016：1-4.

[83] 胡丽，张卫国，叶晓甦. 基于 shapely 修正的 PPP 项目利益分配模型研究 [J]. 管理工程学报，2011，25（2）：149-154.

[84] 樊亮. 基于 Shapley 值修正的 PPP 项目利益相关者收益分配研究 [D]. 天津：天津大学，2014.

[85] 刘伟华，侯福均. 基于修正 Shapley 值的高速公路 PPP 项目收益分配模型 [J]. 项目管理技术，2016，14（12）：7-12.

[86] 杨远. 基于多因子修正 Shapley 值的 PPP 基础设施项目利益分配研究 [D]. 北京：华北水利水电大学，2016.

[87] 徐健. IPD 模式下 PPP 项目利益相关者收益分配研究 [D]. 西安：长安大学，2019.

[88] 王平. PPP 项目收益分配修正区间 Shapley 值方法 [J]. 价值工程，2017.36（9）：59-61.

[89] 杨扬. 公私合作制（PPP）项目的动态利益分配研究 [D]. 大连：大连理工大学，2013.

[90] 何天翔，张云宁，施陆燕，等. 基于利益相关者满意的 PPP 项目利益相关者分配研究 [J]. 土木工程与管理学报，2015（3）：66-71.

[91] 柯永建，王守清，陈炳泉. 英法海峡隧道的失败对 PPP 项目风险分担的启示 [J]. 土木工程学报，2008（12）：97-102.

[92] 高华，齐浩，朱俊文. 轨道交通 BT 项目风险分担研究 [J]. 土木工程学报，2015（3）：128-136.

［93］ Wadhvaniya K V，Jayeshkumar Pitroda，Ashish H. Makwana. Analysis of Risk Categories and Factors for PPP Projects using Analytic Hierarchy Process（AHP）：A Review［J］. Journal of Emerging Technologies and Innovative Research 2019，6（4）：515-520.

［94］ Medda F. A game theory approach for the allocation of risks in transport public private partnerships. International Journal of Project Management，2007，25（3）：213-218.

［95］ Xu L P，Liu N，Zhang S X，et al. Efficiency and determinants analysis of Chinese infrastructure ppp projects in the construction and operation stages［J］. International Journal of Strategic Property Management，2019，23（3）：156-170.

［96］ Xu H，Li Q. The game theory analysis of risk share for PPP project based on Shapley value［C］// The，IEEE International Conference on Information Management and Engineering. IEEE，2010：112-115.

［97］ 冯珂，王守清，伍迪，等. 基于案例的中国 PPP 项目特许权协议动态调节措施的研究［J］. 工程管理学报，2015，29（03）：88-93.

［98］ 宋波，徐飞. 不同需求状态下公私合作制项目的定价机制［J］. 管理科学学报，2011，14（08）：86-96.

［99］ 宋金波，党伟，孙岩. 公共基础设施 BOT 项目弹性特许期决策模式——基于国外典型项目的多案例研究［J］. 土木工程学报，2013，46（04）：142-150.

［100］ 宋金波，宋丹荣，谭崇梅. 垃圾焚烧发电 BOT 项目特许期决策模型［J］. 中国管理科学，2013，21（05）：86-93.

［101］ 王茜. 不确定条件下 BOT＋EPC 项目特许经营期测定研究［D］. 重庆：重庆交通大学，2015.

［102］ Yuan J，Wang C，Skibniewski M J，et al. Developing Key Performance Indicators for Public-Private Partnership Projects：Questionnaire Survey and Analysis［J］. Journal of Management in Engineering，2012，28（3）：252-264.

［103］ 高雨萌，王守清，冯珂. 印度德里机场快线 PPP 项目的失败原因与启示［J］. 建筑经济，2017，38（06）：27-31.

［104］ Lahdenperä P. Conceptualizing a two-stage target-cost arrangement for competitive cooperation［J］. Construction Management & Economics，2010，28（7）：783-796.

［105］ 胡云鹏，王建平. 基于多方满意的城市轨道交通 PPP 项目收益调节模型研究［J］. 湘潭大学自然科学学报，2018，40（05）：95-100.

［106］ 石莎莎，杨明亮. 城市基础设施 PPP 项目内部契约治理的柔性激励机制探析［J］. 中南大学学报（社会科学版），2011，17（06）：155-160.

［107］ 李启明，熊伟，袁竞峰. 基于多方满意的 PPP 项目调价机制的设计［J］. 东南大学学报（哲学社会科学版），2010，12（01）：16-20，123.

［108］ 李祎，王保乾. 参与方地位不平等条件下 PPP 项目超额收益分配研究［J］. 水利经济，2017，35（03）：19-21，52，75-76.

［109］ 王永祥，胡致臻，俞锦. 考虑市场需求的 PPP 项目超额收益分配研究［J］. 华东交通大学学报，2017（05）：131-137.

［110］ Hu B，Meng C，Xu D，et al. Three-echelon supply chain coordination with a loss-averse retailer and revenue sharing contracts［J］. International Journal of Production Economics，2016，179：192-202.

［111］ 夏颖，刘洪积. 基于博弈方法的 PPP 模式收益分配研究［J］. 商场现代化，2010（16）：130-131.

［112］ 汪洪. 基于博弈论的 PPP 项目利益相关者收益分配研究［D］. 天津：天津大学，2011.

［113］ 武敏霞. 基于 NASH 谈判模型的 PPP 项目收益分配研究［J］. 工程经济，2016，26（08）：78-80.

［114］ 方俊，王柏峰，田家乐，等. PPP 项目合同主体收益分配博弈模型及实证分析［J］. 土木工程学报，2018，51（08）：96-104，128.

［115］ 段世霞，李腾. 基于不对称 Nash 谈判模型的 PPP 项目收益分配研究［J］. 工业技术经济，2019，38（08）：137-144.

［116］ Fatima S S, Wooldridge M, Jennings N R. A linear approximation method for the Shapley value［J］. Artificial Intelligence，2008，172（14）：1673-1699.

［117］ Gao J, Yang X, Liu D. Uncertain Shapley value of coalitional game with application to supply chain alliance［J］. Applied Soft Computing，2016，56：551-556.

［118］ Song B, Seol H, Park Y. A patent portfolio-based approach for assessing potential R&D partners：An application of the Shapley value［J］. Technological Forecasting & Social Change，2016，103：156-165.

［119］ Li Y, Huang T, Li N, et al. Equitable distribution of wastewater treatment PPP project on shapley value method with ANP risk correction［J］. Journal of Residuals Science & Technology，2016. 13（3）：810-817.

［120］ 陈述，蒙锦涛，姚惠芹. 引调水 PPP 项目利益分配的 Shapley 方法［J］. 南水北调与水利科技，2018，16（02）：202-208.

［121］ 刘泉钧. 特色小镇 PPP 项目收益分配研究［D］. 成都：中共四川省委党校，2019.

［122］ 盛松涛，安怡蒙. 基于 AHP-Shapley 值法的水利工程 PPP 项目收益分配研究［J］. 水利水电技术，2019，50（02）：161-167.

［123］ 喻天舒，李华祥. 基于 Shapley 值的 PPP 项目利益分配研究［J］. 中国房地产，2017（15）：33-41.

［124］ 邢潇雨，赵金煜. 基于改进区间 Shapley 值的养老 PPP 项目收益分配研究［J］. 工程管理学报，2018，32（02）：120-124.

［125］ 徐珊，刘澉. 基于修正区间 Shapley 值法的水电 PPP 项目收益分配研究［J］. 水电能源科学，2018，36（05）：122-126.

［126］ 杨畅. TOT 项目融资中国有资产转让定价的博弈分析［J］. 中国管理科学，2006（06）：22-28.

［127］ 王瑶. PPP 项目核心利益相关者的利益分配研究［J］. 全国流通经济，2017（4）：108-109.

［128］ 蔡蔚. 城市轨道交通的基本属性对投融资的启示［J］. 城市轨道交通研究，2007（01）：11-13.

［129］ Steven N. S. Cheung. The theory of share tenancy：with special application to Asian agriculture and the first phase of Taiwan land reform［M］. The University of Chicago Press. Chicago and London. 1969.

［130］ 张五常. 经济解释（第四卷）——制度的选择［M］. 北京：中信出版社，2014.

［131］ 周江霞. 我国收入分配领域中效率与公平的现实选择［J］. 山东工商学院学报，2015，29（01）：1-5.

［132］ 黄玲. 试分析收入分配中效率与公平［J］. 新经济，2013（20）：16-17.

[133] 陈享光. 论建立公平与效率协调统一的收入分配制度 [J]. 经济理论与经济管理，2013 (01)：20-26.

[134] 吴晓博. 海南收入分配效率与公平问题探讨 [J]. 知识经济，2018 (03)：52-53.

[135] 徐秀红. 收入分配中的公平与效率问题 [J]. 中共天津市委党校学报，2006 (04)：39-41＋110.

[136] 陈江玲. 公平与效率的辩证关系及其实践价值 [J]. 科学社会主义，2005 (04)：40-42.

[137] 陈帆，王孟钧. 契约视角下的 PPP 项目承包商治理机制研究 [J]. 技术经济，2010，29 (6)：45-48.

[138] 李蓉. 基于改进 shapley 值法棚户区改造 PPP 项目收益分配研究 [D]. 武汉：武汉大学，2017.

[139] 周宇骏. 基于风险评价和分担的 PPP 项目利益分配研究 [D]. 广州：华南理工大学，2018.

[140] Dewatripont M.，Legros P. Public-private partnerships：contract design and risk transfer [J]. Eib Papers，2005，10：120-145.

[141] 赵宝福，张艳菊. 要素双重模糊下的合作博弈 Shapley 值的算法 [J]. 计算机工程与应用，2013，49 (19)：25-30.

[142] Aubin J P. Coeur et valuer des jeux flous a paiements lateraux [J]. Comptes Rendus de I′Acad. Sci. Paris，1974，279：891-894.

[143] Butnariu D. Fuzzy games：A description of the concept [J]. Fuzzy Sets and Systems，1978，1 (3)：181-192.

[144] Tsurumi M，Tanino T，Inuiguchi M. A Shapley function on a class of cooperative fuzzy games [J]. European Journal of Operational Research，2001，129 (3)：596-618.

[145] M Mares. Fuzzy coalition forming [C]. in：Proceedings of 7th IFSA World Congress，Prague，1997，3：70-73.

[146] CHENWen，ZHANG Qiang，WANG Ming-zhe. Profit allocation scheme among partners in virtual enterprises basedon fuzzy shapley values [J]. Journal of Beijing institute of technology (in English) 2007，1 (1)：122-126.

[147] 于晓辉，张强. 基于区间 Shapley 值的生产合作利益分配研究 [J]. 北京理工大学学报，2008，28 (7)，655-658.

[148] Li S，Zhang Q. A simplified expression of the Shapley function for fuzzy game [J]. European Journal of Operational Research，2009，196 (1)：234-245.

[149] 孟凡永，张强. 具有区间支付的模糊合作对策上的 Shapley 函数 [J]. 北京理工大学学报，2011，31 (09)：1131-1134.

[150] Meng F，Zhao J，Zhang Q. The Shapley function for fuzzy games with fuzzy characteristic functions [J]. Journal of Intelligent & Fuzzy Systems，2013，25 (1)：23-35.

[151] 沈重. TOT 项目融资模式的问题分析 [J]. 建设科技，2017，(15)：79-80.

[152] 王松江. TOT 项目管理 [M]. 昆明：云南科技出版社，2005.

[153] 冯锋，张瑞青. 公用事业项目融资及其路径选择——基于 BOT、TOT、PPP 模式之比较分析 [J]. 软科学，2005 (06)：52-55.

[154] 陆文学. 基于 PPP 模式的苏州轨道交通项目融资应用研究 [D]. 上海：同济大学，2007.

[155] 王琨，胡总，苏媛. PPP 模式在保障房中的应用研究 [J]. 中国房地产，2015 (03)：56-62.

[156] 尹台玲. PPP 模式适用项目识别与选择路径探究 [D]. 杭州：浙江财经大学，2016.

［157］ 李文华. 基于 Shapley-理想点原理的 PPP 项目利益分配模型研究 ［D］. 西安：西安建筑科技大学，2017.

［158］ 许朝雪，姜军. 基于 Shapely 修正值的 PPP 项目利益分配研究 ［J］. 现代商业 2017，（8）：121-123.

［159］ 刘洪积. 基于博弈论的 PPP 模式收益分配研究 ［D］. 成都：西南交通大学，2010.

［160］ 王林秀，刘登，马强. PPP 项目核心利益相关者的利益分配策略研究 ［J］. 商业时代，2011（11）：99-100.

［161］ 张巍，任远谋. 公租房 PPP 项目收益分配研究 ［J］. 工程管理学报，2015，29（06）：59-63.

［162］ 白红飞，王刚. PPP 收益分配模型研究 ［J］. 合作经济与科技，2015（20）：72-74.

［163］ 刘治国. 高速 PPP 工程收益分配研究 ［D］. 石家庄：河北经贸大学，2018.

［164］ 张宏，董爱. 基于 SHAPLEY 值修正法的地铁 PPP 项目收益分配对策研究 ［J］. 北京建筑大学学报，2018，34（03）：57-62.

［165］ 曹文英，袁汝华. 基于 Shapley 值修正的跨区域水电项目收益分配研究 ［J］. 水利经济，2018，36（03）：16-20＋77.

［166］ 宋健民，张九龙，侯国强. 污水处理 PPP 项目动态收益分配研究 ［J］. 建筑经济，2019，40（09）：46-51.

［167］ 马占山. 公共体育服务 PPP 项目利益协调机制研究 ［D］. 苏州：苏州大学，2020.

［168］ 黄聪乐. HG 项目的改进 Shapley 值法收益分配研究 ［D］. 北京：北京交通大学，2020.

［169］ 范小军，王方华，钟根元. 大型基础项目融资风险的动态模糊评价 ［J］. 上海交通大学学报，2004（03）：450-454.

［170］ Sastoque L M，Arboleda C A，Ponz，J L. A proposal for risk allocation in social infrastructure projects applying PPP in Colombia ［J］. Procedia Engineering，2016，145：1354-1361.

［171］ 任志涛，武继科. 基于结构方程的 PPP 项目失败关键影响因素分析 ［J］. 天津城建大学学报，2017，23（01）：60-65.

［172］ 沈俊鑫，王松江. 基于着色 Petri 网的 TOT 风险评估仿真模型 ［J］. 科技管理研究，2012，32（08）：30-33.

［173］ Lee S，Choi J H. Wastewater treatment Transfer-Operate-Transfer （TOT） projects in China：The case of Hefei Wangxiaoying Wastewater treatment TOT project ［J］. Ksce Journal of Civil Engineering，2015，19（4）：831-840.

［174］ Almarri K. Critical Success Factors for Public Private Partnerships in the UAE Construction Industry-A Comparative Analysis between the UAE and the UK ［J］. Journal of Engineering Project & Production Management，2017，7（1）：21-32.

［175］ Dale F. Cooper. Project Risk Management Guidelines：Managing Risk in Large Projects and Complex Procurements ［J］. Production Engineers Journal of the Institution of，2005，14（7）：391-409.

［176］ 张水波，何伯森. 工程项目合同双方风险分担问题的探讨 ［J］. 天津大学学报（社会科学版），2003，5（3）：257-261.

［177］ Li B，A Akintoye，P J Edwards，et al. Perceptions of positive and negative factors influencing the attractiveness of PPP/PFI procurement for construction projects in the UK：Findings from a questionnaire survey ［J］. Engineering，Construction，and Architectural Management. 2005，12（2）：125-148.

［178］ 柯永建，王守清，陈炳泉. 基础设施 PPP 项目的风险分担［J］. 建筑经济，2008b（04）：31-35.

［179］ Chang，Chen-Yu. A critical review of the application of TCE in the interpretation of risk allocation in PPP contracts［J］. Construction Management and Economics，2013，31（2）：99-103.

［180］ Chan A P C，Yeung J F Y，Yu C C P，et al. Empirical study of risk assessment and allocation of public-private partnership projects in china. Journal of Management in Engineering［J］，2011，27（3），136-148.

［181］ Wu Shen-fa，Wei Xiao-ping. The rule and method of risk allocation in project finance［J］. Procedia Earth & Planetary Science，2009：1757-1763.

［182］ 邓斌超，赵博宇，彭鸣，等. WSR 理论视角下 PPP 项目再谈判风险分担研究［J］. 建筑经济，2020，41（04）：34-39.

［183］ 邓小鹏，李启明，汪文雄，等. PPP 模式风险分担原则综述及运用［J］. 建筑经济，2008（09）：32-35.

［184］ 刘江华. 项目融资风险分担研究［J］. 工业技术经济，2006，（08）：125-127.

［185］ Liu J，Wei Q. Risk evaluation of electric vehicle charging infrastructure public-private partnership projects in China using fuzzy TOPSIS［J］. Journal of Cleaner Production，2018，189：211-222.

［186］ 王伟铭. PPP 模式下综合管廊项目风险分担研究［D］. 武汉：武汉理工大学，2018.

［187］ 张逸萍. 所有权视角下 BOO 模式风险研究［D］. 武汉：武汉理工大学，2018.